南京掌故

陈济民 编著

南京出版传媒集团
南京出版社

图书在版编目（CIP）数据

南京掌故 / 陈济民编著. —南京：南京出版社，2008.3
ISBN 978-7-80718-357-0

Ⅰ. ①南… Ⅱ. ①陈… Ⅲ. ①南京市—地方史—掌故 Ⅳ. K295.31

中国版本图书馆CIP数据核字（2008）第029196号

书　　名：南京掌故
作　　者：陈济民
出版发行：南京出版传媒集团
　　　　　南 京 出 版 社
　　社址：南京市太平门街53号　　邮编：210016
　　网址：http://www.njcbs.cn　　电子信箱：njcbs1988@163.com
　　联系电话：025-83283893、83283864（营销） 025-83112257（编务）

出 版 人：项晓宁
出 品 人：卢海鸣
责任编辑：卢海鸣　范　忆
封面设计：赵海玥
版式设计：张　淼　王　俊
责任印制：杨福彬

制　　版：江苏凤凰制版有限公司
印　　刷：南京顺和印刷有限公司
开　　本：787 毫米 × 1092毫米　1/16
印　　张：24
字　　数：376千字
版　　次：2008年3月第1版
印　　次：2021年3月第5次印刷
书　　号：ISBN 978-7-80718-357-0
定　　价：49.80元

用微信或京东
APP扫码购书

用淘宝APP
扫码购书

序　言

“余生本是无为邑，随父垦荒入宁籍。”笔者出生于南京八卦洲，在日军入侵南京前夕，父母举家迁徙句容桥头长江边一圩村。在民族处于深重灾难、国乱民离的年代里，在风吹荻花秋瑟瑟的荒洲茅舍的窘境中，我度过了少年时代。自上世纪50年代初，我回到南京求学、工作和生活，迄今55年矣。由于工作的关系，最近30年来，开始关注、了解和研究南京。

南京是一座有悠久历史和深厚文化底蕴的古都名城。可是翻阅书籍文章，常有相互抵牾之事，令人莫辨。

南京古称金陵。金陵之名缘何而起？“南京”之名又始于何时？历史上几度称过南京？南京先后有十朝在此建都，故有“六朝古都”“十代都会”之称，那么“十代都会”之称是如何演化来的？想必你读过唐代诗人刘禹锡“朱雀桥边野草花，乌衣巷口夕阳斜”那首名诗，那么朱雀桥究竟在何处？六朝时的鸡笼山，何时由何人改称鸡鸣山？状元境之名真的是由秦桧父子而来的么？乾隆皇帝屡问清凉山扫叶楼，扫叶楼真的是龚贤故居吗？“吴宫花草埋幽径”，金陵何处是“吴宫”？秦淮河边、石头城上、桃叶渡口、胭脂井中、南唐琼楼、明宫宝殿、总督部院、天朝王府，又曾发生过怎样摄人心魄、令人情牵的历史故事？凡此种种，难以尽述。当你徜徉在南京繁华的街道上，你可曾想到南京历史上有一条长达千余年的古道——六朝御道，它当年沿途是何等的繁华，今天的遗迹又在哪里？

《南京掌故》远采旧闻，近摭逸事。它大事、琐事寻根逐末，较正史为详；异闻、野史毛举细故，补正史之阙，是一地域社会发展状态的真实记录，反映该地区特定的政治、经济、文化、风物、典制等诸多史事，既是历史车轮的斑斑轨迹，又是人类征途上的点点火把。编著者所撷取的“历史琐闻”既力求反映出这一地区的概貌，又能突出其特点，以求其有鲜明的地方特色。

中国四大古都之一的南京，历史文化内涵十分丰富。本书即介绍上自先秦，下迄21世纪初，两千余年来南京之异闻野史，包括城池演化、街坊探源、名人遗踪、文苑艺林、典章制度、民俗风情、物产风土等，载录了大量的第一手史料和流传于民间的口碑材料，并探求其源，详释演变，为完备翔实的地方掌故书籍。

编著《南京掌故》，既为存一邦之史料，传承中华文明，更是为加强精神文明建设和优良传统教育，促进社会和谐发展，为了解和研究江南名城南京，提供一本可信的乡土材料。

陈济民

目 录

京都

天府

金陵几度称南京

浩瀚的长江从南京穿城而过，江流构成了南京的天然屏障，不尽的江水孕育了南京的古老文明。南京是中国六大古都之一和历史文化名城。南京在历史上称过金陵、秣陵、建业、建康、扬州、丹阳、昇州、江宁、白下、集庆、应天、天京，名称屡有变易，唯“南京”和“金陵”之名，南京人却情有独钟，一直传承至今。那么南京之名是何含义，始于何时，又用了几次呢?

南京之“京”，古义为“大”；南，即南部，南京本意为南部之大城市。而帝王所居之地，即称京师。《公羊传》说：“京师者何？天子之居也。京者何？大也；师者何？众也。天子之居，必以众大言之。”南京建都十朝，先后有49位皇帝和2位元首驻此，算得上地位之高大，拥众之多了。

今南京之名起于何时？据诗文所述，始于南朝。南朝刘宋末年，建康（今南京）及京口（今镇江）一带，民间流传两句谶语。一谶说：“年历七七水灭

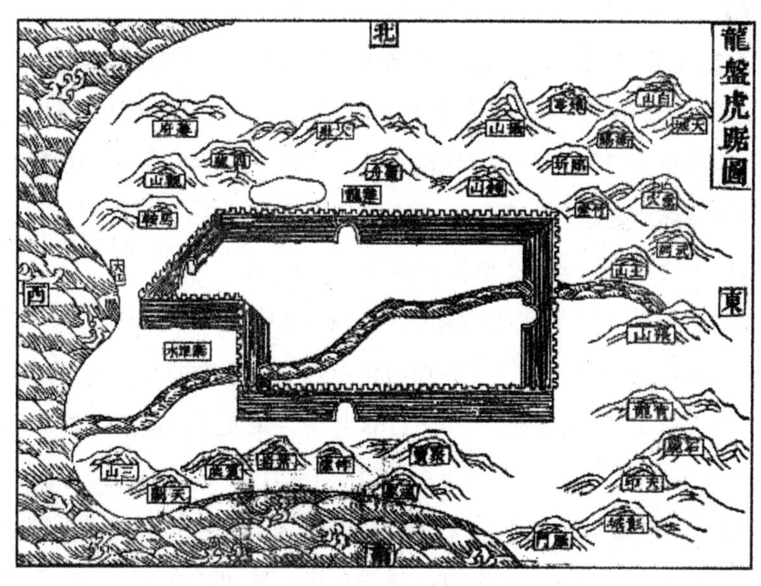

龙盘虎踞图（宋人绘）

绪，风云俱起龙麟举。”隐指“刘氏将灭”。“七七水灭”是指“水德”于“七七年”时，龙要腾云升天了。历史上，封建王朝皆分别以“金、木、水、火、土”五星为德，以德治天下。南朝刘宋以“水”为德，称“水德”。刘裕自东晋义熙元年执掌大权，在晋有16年；到宋永初元年即宋帝位，至昇明三年有61年，合计77年，水尽龙飞，不再延续了。另一谶说：“肃草成，道德怀书备出身，形法治吴出南京。”此谶隐含“萧姓当政”。“肃”“草”为“萧”。果不久，公元479年，萧道成即帝位，取代刘宋，国号齐，史称南齐。因为萧氏出生南兰陵（今常州西北），而府治在南徐州，即京口，所以此谶中“形法治吴出南京”。史家在《南朝齐会要》中引《祥瑞志》说：“南京，南徐州治京口也。”南齐时的“南京”是指京口，即今镇江。而今南京之名，则始于南朝梁代。

南朝梁代，名臣萧子显有一首《奉和昭明太子钟山讲解》诗：“崇岳基旧宇，盘岭跨南京。睿心重禅室，游驾陟层城。”萧子显，字景阳，是齐高帝萧道成的孙子，史学家。入梁后，以文才秀隽而为梁武帝爱重，历任建康令、中书郎、吏部尚书、侍中等职，撰著史籍有《后汉书》一百卷、《南齐书》六十卷等。上述诗即是他与梁昭明太子萧统的唱和之作。诗中“盘岭跨南京”之句，即指“龙盘虎踞”之地南京。这是今南京之名首见诸史籍。不过此时的南京，还只是诗文中的语言，尚不是建置名称。

南京之名第二次出现，是在栖霞山明征君碑文中。唐上元三年（676年），唐高宗李治为明僧绍立御碑，碑文云：“……凌江回憩（繁体字‘廻’，今简化为‘回’），遂届南京。负杖泉丘，游睨林壑。历观胜境，行次摄山……有终焉之志。”这里的南京即指今南京地区。

南京作为政治地域名称，则始于明朝。

明太祖朱元璋于元至正十六年三月初十（1356年4月10日），夺取集庆路后，遂改集庆路为应天府，并先在内桥南侧宋建康府旧址称吴王，府第即吴王府，其址今称王府园。洪武元年（1368年），朱元璋以应天立都，称南京，改年号洪武，元年元月登基。当年八月初一（9月13日）朱元璋分颁布《立南京北京诏》：“朕观中原土壤，四方朝贡，道里适均……以金陵、大梁（开封）为南北京，朕于春秋往来巡狩驻守。播告尔民，使知朕意。”这是第三次，也是第一次南京以正式地域建置之名载入史籍。直至清朝顺治二年（1645年），清军占领应天府后，改应天府为江宁府（同城设上元、江宁二县），改南京为江南省。明朝的南京之名，历时277年。

辛亥革命后，中华民国临时政府于1912年成立，定都南京。孙中山于1月1日宣誓就职临时大总统，宣告统治中国长达数千年的帝制的终结。临时政府废江宁府及同城上元、江宁二县，设置南京府。时隔不到一年，于民国二年（1913年）撤南京府，以旧上元、江宁二县之域复置江宁县，属金陵道（金陵道辖11县）。

此后，都城迁到北京。民国十六年（1927年）4月，国民政府宣布定都南京，改江宁县城区为南京市，废金陵道。同年6月，划原明外郭（城）以内及北岸浦口商埠地区为市域，称南京市。直至1949年春南京解放。

“钟山风雨起苍黄，百万雄师过大江。”1949年4月23日，中国人民解放军占领南京。南京从此迈入新的时代。

南京与江南

“日出江花红胜火，春来江水绿如蓝，能不忆江南？”这首脍炙人口的词把鱼米之乡锦绣江南的山川风物，十分形象生动地描绘出来。“江南”自古以来泛指长江中下游以南的广袤地区。南京是长江下游的中心城市，地处长江以南，早在南朝就有“江南佳丽地，金陵帝王州”之称。近有文说“南京不算江南”，该文主要观点是南京方言并非“吴语”，而吴语是考量江南的核心因素。此言一出，令众多专家学者和广大市民无不为之惊愕。

衡量一座城市是不是属于江南，有多种因素，但最主要的元素是人文地理。人文方面包含文化、语言和风俗习惯；地理又可分自然地理和政治区划地理。

就拿语言来说，吴地人说吴语。“侬”是典型的吴语，吴人自称我侬，称别人为他侬、渠侬、个侬，因此吴语也被称为“吴侬软语”。至今，上海话称你为侬，主宾虽发生变化，但是“侬”的字音字形和称谓却保留着。当今南京人虽不说吴语，但不能因此就判断南京不算江南。这种说法既片面，也不了解南京的历史。史籍告诉我们，南京也是“吴声”的发祥地之一。

1500多年前建康人自称侬

有人说南京人说的是“下江官话”，不是吴语，而江南人说吴语。这个观点其实是片面的，至少过去南京是典型的吴语区。

一地之方言不是固定不变的，南京本土人在南朝以前，也就是1500多年前说的是吴语，直到西晋末年“八王之乱”，几十万中原儿女南渡避难，其中，至少20万人落籍在建康（南京）及周边地区，使得建康外来人口超过了本地人口。一时间，“建康街头皆中原衣冠”，这座原为单一的南方城市，逐渐发展为全国性大城市，语言、习俗也随之改变。但是，建康本地人在一个相当长的

时间内依然说的是吴语。南朝文献中就有一个北方人讥笑建康人说“我”为“阿侬”的小故事。

南朝宋文帝刘义隆派遣大将沈庆之出使北魏，北魏杨元慎取笑建康人说的是蛮语：“吴人之鬼，住居建康。小做冠帽，短制衣裳。自称阿侬，语则阿傍……”“阿”和“侬”是吴语中最常见的词语，而建康人因为说“阿侬”，竟被北方人耻笑。可见，南京土语当时和“洛阳官话”的差别有多大。

从“侬”这个典型的词汇来看，建康此时的土语正是典型的吴语。

民歌道出南京曾盛行吴歌

其实，孙吴至南朝，建康流行的民歌《吴声歌曲》也多为吴语，著名学者萧涤非先生在《汉魏六朝乐府文学史》中即指出：吴歌实以江南之建业（今南京）为发源地。

《乐府诗集》有这样的一段文字：“《晋书·乐志》曰：‘吴歌乐曲，并处江南，东晋以来，稍有增广，其始皆徒歌，既而被之管弦。’盖自永嘉南渡之后，下及梁陈，咸都建业，吴声歌曲起于此也。”

这段文字非常明确地指出，从东晋到宋齐梁陈的六朝期间，江南的吴歌逐渐由简单的“徒歌”（清唱）演变成繁复华丽有丝竹伴奏的“乐曲”，而发祥地，就是今天的南京。

有一首著名的南朝民歌，叫做《华山畿》。内容是这样的：

> 华山畿，君既为侬死，
> 独生为谁施？
> 欢若见怜时，
> 棺木为侬开。

《华山畿》现存世共 25 首，这里的华山并非陕西华山，而是江苏句容（今属镇江，六朝时属建康下的侨郡）北面的一座山。

“畿”是指山边的意思，以这座山为题创作了那么多“吴歌”，足见吴歌在建康一地的流行。

这一首《华山畿》就是写华山附近一对青年男女的殉情悲剧。看歌词中的称谓，则是更典型的吴语，比如女子自称“侬”、称心爱的男子为“欢”等。这和《通典》中的说法“江南皆谓情人为欢”是一致的。

还有一则在南京广为流传的桃叶渡传说也可证明。王献之为迎爱妾作《桃叶歌》：“桃叶复桃叶，渡江不用楫。但度无所苦，我自迎接汝。”

这首歌流传数百年，史学家甚至把它写进了史书。《隋书·五行志》中说：“陈时，江南盛歌王献之桃叶之词曰：‘桃叶复桃叶，渡江不用楫。但度无所苦，我自迎接汝。’”一首情歌流传整个江南地区数百年，足见南京作为文化中心对整个江南地区的影响力。

南京人说吴语、唱吴歌，足以说明自古以来其正宗的“江南”地位。

唐朝史学家李延寿《南史》对南朝刘宋时的江南都城建康（南京）有一段精彩记述：“都邑之盛，士女昌逸，歌声舞节，袨服华妆，桃花绿水之间，秋

山水城林交相辉映之南京（晓梵摄于2006年）

月春风之下，无往非适。”

这里，山川明媚、水土和柔的建康所特有的江南特性在文学语言描绘下风貌毕现，到今天，南京这番景观并没有发生太大变化，但是南京的方言，却因为历史的变迁而发生了重大变化。

按地理概念及政治区划南京自古为江南

从地域概念上讲，据民国年间出版的《辞海》说：“江南，谓长江以南也。”1985 年，上海复旦大学历史地理研究所编著的《中国历史地名辞典》说：“江南，泛指今长江以南地区。具体所指又因时而异：秦、汉以前一般指今湖北长江以南和湖南、江西一带；近代又专指江苏长江以南与浙江地区。”

从政治区划来说，唐朝置“江南道”，其区域包括今浙江、福建、江西、湖南诸省全境，及江苏、安徽等省长江以南。宋朝置“江南路”，其范围为江苏省长江以南镇江以西；安徽省长江以南及江西省全境，治所在昇州（今南京）。后分为江南东、江南西两路，江南东路治所仍在昇州。元朝，设江南行御史台（简称南台），治所在今南京内桥东南。明朝建都前，即设江南等处行中书省于应天府（今南京）。建都后称南京，亦称南直隶，习惯也称江南行省。并于景泰五年（1454 年）兴建“江南贡院”，所辖府、州、县学子皆到江南贡院参加乡试，考举人，成为定制。明亡清立，顺治二年（1645 年）改“南直隶为江南省”“应天府为江宁府”，江南承宣布政使司治所即设在江宁府（今南京）。作为政治区划的“江南”，从唐朝贞观年间起，至清朝末年的 1300 年间，南京作为江南的政治、经济、文化的重心地位昂立于世。

以上诗文、典籍说明，上自六朝，下迄当今，所出版的典籍，近两千年来，无一不是把南京列在江南范围以内，所以不必有所疑惑。

“十代都会”之称的演变

南京是中国著名古都，山水环抱，钟灵毓秀，向有“江南佳丽地，金陵帝王州”的美誉。

千百年来，“都”因城而立，城因“都”而兴。几番风雨，几度辉煌，造就南京成为古今兼具，气势恢宏，财富汇集，民风淳朴，文化底蕴深厚，山、水、城、林融为一体的“十代都会”。

公元229年，孙权迁都建业（今南京），史称东吴或孙吴（229—280年）。其后，司马睿于公元317年建都于此，称为东晋（317—420年）。经过两朝150多年的开拓与发展，南京已从单一的南方城市，发展为全国性大城市，开创了金陵史上一个辉煌的时代。紧接着有刘裕建立的宋（420—479年）、萧道成建立的齐（479—502年）、萧衍建立的梁（502—557年）、陈霸先建立的陈（557—589年），史称南朝，相继建都于建康，达169年。加之此前的东吴和东晋合为六朝或六代。

从东晋至南朝，建康（今南京）经济繁荣，文化发达，科技兴盛，不仅保留了中华传统文化，而且使优秀文化得到了长足发展。在科学技术上，如医药学、造船术、数学、历法等；在文化上，如南朝乐府、山水诗章，更有鸿篇巨制，如《文心雕龙》《昭明文选》《诗品》《后汉书》《三国志注》，及有“华夏正音”之誉的音乐舞蹈。建康人口也由20万上升到约50万。南朝城市的发展，使市民生活显得丰富而多彩，史家赞之为“花团锦簇”的时代（郑振铎语）。只是后来，有些皇帝荒政误国，导致国力衰竭，不敌隋军，建康被占，宫城被“平荡耕垦”。“吴宫花草埋幽径，晋代衣冠成古丘”，昔日繁华，灰飞烟灭。

对上述六个朝代，唐、宋许多著名文人迭作诗词歌颂与咏叹。中唐诗人刘禹锡“台城六代竞豪华，结绮临春事最奢”的诗句，把人们引入一个令人神往

的昔日繁华意境的时代；而韦庄“江雨霏霏江草齐，六朝如梦鸟空啼”，则勾起人们对逝去的六朝的无限怀念与惋惜。宋朝诗人贺铸“南国本萧洒，六代浸豪奢”、杨备“六朝遗迹好山川，宫阙灰寒草树烟”则表达了人们对六朝挥之不去的深深眷念。“六朝古都”之称由此而来。

时光流逝，斗转星移。时隔350年后，南唐烈主李昪于公元937年在金陵即帝位，去杨吴天祚年号，改称南唐。经中主李璟、后主李煜，至公元975年，历时39年。使金陵一度恢复元气，实力及幅员为五代十国中的第一强国。这正如李后主日后以无限深情的笔墨追忆当年恢宏锦绣的南唐都城景象：“四十年来家国，三千里地山河，凤阁龙楼连霄汉，玉树琼枝作烟萝。”南唐宫城在今内桥往北一带（桥南为官署区），此处至今留有“金銮巷”的地名。

公元1368年9月13日，即洪武元年八月己巳（初一），明太祖朱元璋以应天为南京建都，史称明朝，成为一统中华的大王朝。至永乐十八年（1420年）秋，“六部政悉移而北”。十九年正月初一，明成祖朱棣在北京皇宫奉天殿接受百官朝贺。此后南京仍为留都，或称南都。

清朝末年，史家将六朝及南唐、明朝，并称之为“江南繁会，八代名都”。其实此前太平天国已在此建都，而清人对此讳莫如深，非但不承认其为一代政权，甚至把太平天国运动贬之为“洪杨之乱”。民国初期编写的《新京备乘》也沿称“八代”之说。该书在叙文中称：“金陵为八代王者之都。江山雄秀，土膏肥腴，人物昌明，风俗醇美，历代记载，昭昭可睹。”至此，南京又有“八代之都”之称。

此后，“十代都会”之说，渐显端倪。《新京备乘》书中虽无十代之名，却有十代之实。书中首列太平天国建都之事，并陈述：“予以为不考太平天国兴亡之迹，不能彰显中山先生功德之大也。金陵在四十年前，洪氏奠都焉。轶事传闻，应不随清兵一炬以尽。原隰周咨，或道其详，碎金散珠，可录必多。此有志信史者之责。”该书又将辛亥革命后于此建都，民国临时政府及至民国十六年四月，“党国要人本先总理遗嘱，奠都南京”，一一记述。十代都会之实明矣。

而真正有“十代都会”之称，则始于新中国成立以后。

20世纪80年代中叶，南京古都学会成立，学会集中了一批专家学者对古都南京进行了多方面深层次的研究。在研讨会上，多次有学者提到“十朝故都”之称。1986年12月，由南京地方志编纂委员会编纂出版的《南京简志》，在“概述”中，叙述了从三国吴迁都建业，直至中华民国定都南京，史称“十代都会”。这是首载于正史的这一称谓。

2002年3月15日，南京古都学会给中共南京市委、南京市人民政府呈送了《南京古都风貌主要特征及历史影响》的论文报告。报告一开头，就说：“南京……地处长江下游中心，面临近海之沃土，风光秀丽，物华天宝，历史悠久，人文荟萃，是中国历史上有重大影响的六朝古都、十代都会，全国第一批公布的历史文化名城。”该文接着按七个部分进行系统深入的论述。报告呈送后，时任市委书记李源潮、市长罗志军随即做出批示，要“有关部门认真研究，作为工作中重要参考依据”。接着《南京日报》、南京市社科联刊物全文转载，并发表评论。从此，南京为“六朝古都”“十代都会”的说法，成为官方正式对外的宣称。而在近年来，又逐渐将“十代”换为“十朝”，从此在许多书文及政府的文件中称南京为“六朝古都、十朝都会”。盖此，南京有近2500年建城史、447年建都史，为中国“四大古都”之一。古都换新貌，未来更可期。

金陵邑与“埋金碑”

南朝山水诗人谢朓有一首著名的诗作《入朝曲》，诗一开头就咏道：“江南佳丽地，金陵帝王州。”以其清俊秀丽的笔墨抒写金陵的山川秀美和帝王之都的大气。

金陵是南京的古名。周显王三十六年（前 333 年），楚威王灭越国后，尽占越国故地，就在石头山（今清凉山）设置金陵邑，这是今南京的建置之始。

金陵之名是怎么来的？一说楚威王时，“以其地有王气，埋金以镇之，故曰金陵”；又一说，因“地接金坛华阳之陵，其山产金，故名”。后人对两说并未指出孰是孰非，于是并存之。而当代史学家蒋赞初先生《南京史话》则说，“因为那时紫金山叫作金陵山，所以把此城命名为金陵邑”。

但“埋金”之说，千百年来相传不绝。除前述南宋周应合《景定建康志》“考之前史，楚威王时，以此地有王气，埋金以镇之”外，而最早见于史籍的是《史记·始皇本纪》：“秦始皇尝曰：‘东南有王气’，于是东游以厌之。”《三国志》更进一步说：“访问故老云：昔秦始皇东巡会稽经此县，望气者云‘金陵地形有王者都邑之气’，故掘断连冈，改名秣陵。”望气者，即风水先生。当时社会是崇尚风水之术的，经风水先生这么一说，秦始皇更是深信不疑，于是兴师动众，大动干戈，挖断山垄以泄王气。那么挖断的是哪一处山脉呢？《晋书·元帝纪》说：“堑北山以绝其势。”《宋书》也有类似的记载：“凿北山以绝其势。”那么“北山”又是哪座山呢？东晋至南朝，因钟山位于建康都城东北，故称钟山为北山。要凿断钟山可不是一件容易的事，于是放出话来，“于此山埋金以压之”。南宋周应合《景定建康志》说，楚威王是在今狮子山（古称卢龙山）以北江边，埋过黄金，并树了一碑，叫“埋金碑”。碑上刻有一段话：“不在山前，不在山后，不在山南，不在山北，有人获得，富了一国。”山上埋了黄金，而且数量之大可富一国，这是十分诱人的。于是许多人络绎不绝地，年复一年去挖，可都是劳而无功，什么也没有挖到。可对于楚威王来说，目的达到了。不花一文钱，就能动员这么多人不分山前山后、山南山北，遍地去挖，不就泄了王气了吗？以时下流行的话说，这是一则精心策划的十分诱人的“广告”。

史书指出，“埋金之说，所以为驱人凿山之术，岂真埋金也哉！”“千数百年来，无能发其诈者……人皆有求金于山之心”也（见《景定建康志》）。

俗话说：“天时不如地利，地利不如人和。”金陵，山川形胜，气温雨沛，物产丰饶，宜于人居，利于择业，天时地利，非古人“王气”所能概也。

金陵要塞石头城

诸葛亮画像

相传在赤壁之战前夕，诸葛亮为联吴抗曹，出使东吴，途经秣陵（今南京）石头山附近，驻马观看金陵山川形势，极为赞叹地说："钟山龙盘，石头虎踞，此乃帝王之宅也。"遂力荐孙权徙治秣陵。其实，早于此前孙权部将张纮就劝孙权迁治秣陵，现在经诸葛亮这么一说，于是下定决心迁治。当年诸葛亮驻马之处，至今留有"驻马坡"的地名。

金陵位于"吴头楚尾"，地处江南，域内"有钟山、石城之形胜，有长江、秦淮之天险"，向为政治家所看重。东汉建安五年（200年），当时东吴政治中心尚在苏州，孙权之兄孙策为征战需要，就在秣陵秦淮河之北建讨逆将军府。传说府址即今中山南路南京一中校内。后周瑜一度驻此。今该校内有一座小山，即传说为周瑜妻"小乔墓"。建安十三年（208年），发生了历史上传之久远的重大事件，即"赤壁之战"。由孙权部将周瑜亲率吴军与刘备联军大败曹操于赤壁（今湖北蒲圻西北赤壁市）。当时周瑜才34岁，英俊而又有谋略，人称其为周郎。此战孙刘联军大胜，为魏、蜀、吴三足鼎立的政治格局形成奠定了基础。苏东坡在著名的《赤壁怀古》一词中大加赞赏："大江东去，浪淘尽，千古风流人物。故垒西边，人道是，三国周郎赤壁。"从赤壁之战到苏轼写这首词，已过去了800多年，人们还在追念着这位英姿勃发的年轻战将。此战之后，公元211年，孙权就把政治中心由京口迁到秣陵。

公元212年，孙权就在石头山上当年的金陵邑重筑城防。当时江流紧迫石头山（今清凉山）麓，城西下临长江，南濒秦淮，是控扼建康的城西门户。城防筑好，改名石头城，又名石首城、石城，因城范围较小，故又称石头小城、斗城。随后，孙吴于该城坡下直到江边又筑一城，依山控江，是名副其实的军事关塞，仍叫石头城。东吴后期，孙皓当政，因其残暴豪侈，大失民心，国力锐减。面对晋军的进攻，无力抵抗，虽在上游西塞山江面用铁链拦江，仍无法阻止西晋水军的攻势。吴天纪四年（280 年），晋军将领王濬水师攻至建康，占领石头城，末帝孙皓自缚归降。“千寻铁锁沉江底，一片降幡出石头。”刘禹锡《西塞山怀古》诗句说的就是这件事。

时至东晋，对石头城又加修葺。咸和二年（327 年），苏峻叛乱，攻占石头城，并逼太子迁往石头城。元兴三年，“涛入石头，败舟万计”。义熙六年（410 年），对石头城加砖砌固，此时相连的大、小石头城周“环七里一百步”。南朝刘宋永光元年（465 年），“以石头城为长乐宫，东府城为未央宫”。齐立，以萧赜为世子（即后来的齐武帝），在石头城建“世子宫”。梁元帝承圣元年（552 年），叛将侯景缘淮筑城，自石头至朱雀街十余里。陈霸先于石头西落星山筑栅连八城，侯景亦于石头东北筑五城，随即为王僧辨所灭。陈后主祯明二年（588 年），“大风激涛入石头，建业城无故自毁”。从上述仅几例史料可见，六朝时期石头城为历代朝廷所看重，且屡派重臣镇守，历史上先后在此发生过十多次争夺战。西有石头，南有越城，所谓“攻守于此者，西

古石头城遗址（摄于民国初年）

则石头，南则越城，皆智者所必据”也。唐朝诗人王勃“关连石塞，地实金陵”之诗句即概说其地位之重要。

隋朝开皇九年（589 年），隋军平陈，改扬州为蒋州，移蒋州治所于石头城，后改名丹阳郡。唐武德三年（620 年），江南归唐，以丹阳郡治扬州。次年，扬州治所移此。后扬州治所北移江都（今扬州）。石头城渐为废城。“山围故国周遭在，潮打空城寂寞回”。四百年间，石头城为拱卫建康发挥了重要作用。以致历代众多名人如鲍照、刘禹锡、范成大、萨都剌、吴敬梓、袁枚等皆登临石头城探幽寻古，留下《登石头城》《金陵怀古》等不朽诗篇，借古吊今，以抒家国情怀。

六朝台城

南京有众多的名胜古迹，由于朝代更替，时过境迁，有的被湮没，有的被淡忘。但台城由于唐朝诗人韦庄的一首名诗《题金陵图》（亦称《台城》）而流传千古。“江雨霏霏江草齐，六朝如梦鸟空啼。无情最是台城柳，依旧烟笼十里堤。”这首诗给人们留下了诉说不尽的慨叹和苍茫之感，以致多少个世纪以来人们都在追寻它的踪迹。

“吴宫花草埋幽径”，李白诗中的吴宫是指何宫，又在何处？所谓吴宫即泛指以太初宫、建康宫为主体的六朝皇家宫苑地“台城”。台城即宫城，魏晋称皇帝所居的禁省为台，故称其宫城为“台城”。孙吴时筑太初宫。东晋咸和五年（330年）“作新宫”于太初宫东北面，咸和七年十一月“新宫城，署曰建康宫，亦名显阳宫”。此后即以建康宫城为台城，南朝宋、齐、梁、陈沿用未改。历经数百年的五朝皇家宫城——台城，究竟在何处，近200年来书文所述互有抵牾。

20世纪30年代，朱偰先生在《金陵古迹图考》中说：“台城当南至干河沿，北至北极阁下鸡鸣寺前，西至今中山路西，东尽成贤街，可无疑矣。”将台城北界定在“鸡鸣寺前”，可能是受到清朝嘉庆年间由江宁知府吕燕昭主修、四品顶戴刑部侍郎姚鼐总修的《嘉庆江宁府志》（习称《吕志》）的误断所致。《吕志》称：“鸡笼山为台城故址，鸡鸣寺后古城为确据。”当即为同时代的江宁文人周宝偀在诗序中所指正：“今鸡鸣寺侧为台城语，多不合。”早在南朝《梁书》中即有记载，梁太清二年（548年）八月，侯景自寿阳起兵，兵入建康，将建康宫城（即台城）包围，“引玄武湖水灌台城，城外水起数尺，阙前御街并为洪波矣”。如若台城在鸡笼山上，玄武湖水是再也淹不到台城的。台城绝非在此，明矣。

据《晋书·谢安传》，晋孝武太元三年（378年），尚书仆射谢安对宫城

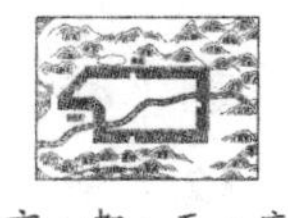

台城（摄于2006年）

进行翻修扩建，二月动工，“秋九月，新宫城，内外殿宇三千五百间”。台城位置与规模从此基本定局。唐朝许嵩在《建康实录》中云：“〔建康宫城〕案，《图经》：即今之所谓台城也，今在县城东北五里，周八里，有两重墙。”台城至唐宋时“基址尚存”，此说可信。南宋周应合《景定建康志》亦曰：台城“在上元县东北五里，周八里，濠阔五丈，深七尺”。上元县署在古冶城东，即今建邺路江苏省社科院所在地。近有文说“台城西近新街口”。此说与文献记载及考古发掘的遗迹相去甚远。由于台城外围还有一重六朝都城，先把六朝都城位置搞清楚了，台城位置的真正所在也就不言自明了。

六朝都城是台城的外城，都城的北墙不在鸡鸣山后，而在九华山至鸡鸣山一线的潮沟以南。据《建康实录》引《舆地志》说：“都城周长二十里十九步。”若城以方形每边均为五里（当时1里约合今440米），周长约2200米。都城的北墙开有四门，靠近西端的城门叫“大夏门，直对归善寺”（位于鸡鸣山东南麓坡下，今中科院南京分院处）；而东端的门叫“广莫门”。据《景定建康志》引《宫苑记》说：“都城北墙广莫门正对乐游苑南门，乐游苑在覆舟山南。”覆舟山即今九华山，九华山至今尚存，这是最稳固最可信的坐标。南朝的乐游苑范围在山南，包括今中科院南京地理与湖泊研究所、南京外国语学校东北部一带的范围。既然都城最东的北门“正对乐游苑南门”，就是说都城的北限是在“苑南”一线。

如前所述，都城边长五里（约2200米），都城北墙（北京东路偏南）向南推进2200米，即为今淮海路、仁寿里一线。就是说六朝都城南墙在今淮海路沿线，都城南门宣阳门约在淮海路东口附近。而台城的南门叫大司马门，大司马门“南对宣阳门，相去二里”。就是说台城的南门大司马门与都城的南门宣阳门有“二里”的距离（约合880米）。如果从这里向北退二里（880米）就是台城的南限，位置在原大行宫口北。这与《肇域志》所说台城“大司马门在今西华门西大街”较为吻合。近年南京图书馆工地挖掘出诸多六朝遗迹也证明了这一点。台城周长八里，每边以二里（约880米）计，从大行宫口向北880米，约在今珠江路（东段）以北花红园及双井巷东西一线，台城的北限当在此处。其与都城北墙相距约一里，这正符合台城与都城的长度及对应位置。而台城东西界限，卢海鸣博士《六朝都城》一书有深入考证。笔者以为东限在东箭道附近；西限约在网巾市至邓府巷一线附近。直至隋军攻入建康，台城被“平荡耕垦”，昔日繁华，灰飞烟灭。

六朝御道

古都南京从东吴起先后有十个朝代在此定都，兴建过三处宏伟壮丽的皇宫殿宇，与皇宫相连有三条宽阔平直的御道。这三条御道历经风雨，其中轴线至今犹存。很多年来，南京城的几条南北干道、街巷皆是沿着这三条御道的走向布局，一直延续至今。从内桥至中华门镇淮桥，今称中华路的原为南唐御道；城东从午朝门至光华门，今称御道街的为明朝御道；城中总统府一带向南沿太平南路西侧一线曾经是六朝御道。

六朝时的繁华地

南朝顾野王《舆地志》和唐朝许嵩《建康实录》所引《宫苑记》等文献的记载，及近年考古发掘出的遗迹告诉我们，六朝台城南面正中大司马门向南二里到六朝都城南门宣阳门，再向南五里到朱雀门，全长七里的道路即为六朝御道。而朱雀门南临淮水，在朱雀航前。朱雀航于六朝晚期梁天监年间移至今镇淮桥北。后人误把后者当前者。《白下琐言》说：“《金陵记》谓：朱雀航非今之镇淮桥，乃桐树湾长乐渡处。”明《万历应天府志》更明指：“长乐渡在武定桥西。”清陈文述《南京历代名胜志》在文图中也标明六朝御道从台城南直到淮水弯曲处的武定桥长乐渡。长乐渡至20世纪80年代尚存。就是说从今天的大行宫稍北街区（原大司马门处），向南经过淮海路东口（原宣阳门处），到今武定桥西，基本上沿今太平南路西侧一线，即为六朝古御道。

六朝御道，宽阔平直，东晋时两侧开凿御沟，沟旁栽植万千株槐树和柳树，一到春夏绿荫如盖。古诗赞云：“路平如砥直如弦，官柳千株拂翠烟。”到南朝宋武帝时，又在这条御道沿宫城两侧作驰道直达玄武湖畔，把城南与城北连成一体，畅达方便。宋马志纯有诗云：“南城来到北城隅，更北直趋玄武湖。”

六朝御道（摄于2002年）

这条御道两旁不仅是“屯营栉比，廨署棋布”，而且商铺林立，寺院相属，与城东南的达官富胄之区及秦淮古渡相连接，整天“轻舆鞍辔以经隧，楼船举帆而过肆”，朝朝暮暮，歌声笑语、梵呗磬音不绝于耳，是当时南方最大都市的最为繁华显赫之处，是“六代豪华”的集中反映。

唐宋时期的重要驿道

隋灭陈以后，台城被毁，社会繁荣受到极大的冲击。原先的朱雀航处的朱雀桥已物是人非。刘禹锡咏叹道：“朱雀桥边野草花。”当年宫城东南豪族的朱门大户已不复见，代之是荒草萋萋，野花摇曳。不过原先的御道仍存并成为唐宋时期连接江浙的重要通衢。该道南出通向“金陵驿”，中段折向东即到白下桥（今大中桥），是“白下驿”所在处。唐朝大诗人李白即到此处饮酒赋诗：“小子别金陵，来时白下亭”，“驿亭三杨树，正当白下门”。至南唐和南宋时期，这里又是南唐宫城、南宋行宫东侧的要道，南端连着南唐国子监和宋朝县学贡院；北端西侧是南宋时的御教场。著名女词人李清照即经此去御教场驭马以表心志。

南宋时期，金陵是茶、酒、盐的重要屯集地和转运地，设有专门的茶、酒转运司及诸多酒库，许多重要物资皆经此道外运。

明太祖在此办钱厂

明代沿这条古道又再度繁华，北段为义祥街（清中叶改称吉祥街），中段有钱厂，稍南为明初大将军开平王常遇春的府邸，并建有华丽的牌楼，此段遂称“常府西牌楼”（清道光间改称“花牌楼”）。

影响最大的当属钱厂。元末，朱元璋攻占集庆后改称应天（今南京），即于1361年设宝源局，在此处（今白下会堂处）建厂铸造“大中通宝”钱币。洪武元年（1368年），朱元璋即帝位后，又令在此处铸“洪武通宝”铜钱。此钱名称一改历代开国之时铸钱叫“开元通宝”的惯例，为避太祖名讳改称“洪武通宝”。后因铜源不足，改印钞票。洪武十三年，罢相、废中书省，改设户部与工部，户部印票，工部又在此恢复铸钱。永乐时期，因郑和下西洋造船需大量铁锚，此钱厂（钱厂旁有座桥因之称钱厂桥）又铸大量铁锚，其中有几只铁锚一直留存到清咸丰年间。由于日久天长，铁锚深陷土中只露一叉角，形同男根，传说不孕女子于中秋之夜抚摸此物即可生子，于是形成中秋到钱厂桥摸锚生子的“摸秋”之俗。

明朝末年，该厂又铸造出一种十分罕见的“崇祯通宝”。因该铜钱背面方孔下有一奔马形象，俗称“崇祯奔马”。后来奔马钱被附会上许多说法，有的说“一马乱天下”，明亡于闯王李自成，闯王的“闯”字就是一马进门。还有的说南京后来为马士英所失，奔马钱的出现就是预兆。

乾隆帝钟山书院点进士

进入清朝，此条道路的走向未有大变，只是把一条长街分成几段分别命名：吉祥街、花牌楼、门楼桥、四象桥，直到奇玩街（后称奇望街）旁的状元境。在这条街上又出现几处显赫的景点。

其北端最为显赫的是临近两江总督署和操江衙门的江宁织造署。曹家祖孙三代居此56年，曹雪芹以此处生活场景为题材创作了不朽名著《红楼梦》。康熙帝从康熙二十三年（1684年）十一月起先后六次南巡，就有五次驻跸织造署。到乾隆第二次南巡时，两江总督已将织造署扩建为规模宏大的乾隆行宫。这就是今天“大行宫”之名的由来。

该路中段的明朝钱厂，清初改为义学。雍正二年（1724年），由总督查弼纳创办钟山书院，雍正帝还御题“敦崇实学”匾额。该书院仿效朱熹白鹿洞书院条例及分年读书法，以朱子“忠孝廉节”四字刻于堂上作为校训。乾隆六次南巡，六次皆从路北端的江宁行宫南行到钟山书院，亲自召试士子，对成绩优秀者授举人，对成绩特佳者点进士，以示皇恩浩荡。

民国时期的商业街与书店街

民国时期，这条路自北至南分段为东海路、吉祥街、花牌楼、太平街、门帘桥、朱雀路。南京开埠后，西方文化渐渐传入南京，这条街尤为繁华，商埠林立，酒楼、绸布庄、银楼、南北货栈各式招牌十分抢眼，彩色霓虹灯日夜闪烁，黄包车、汽车、马车川流不息。尤其是那段名为花牌楼的街市，大小书店鳞次栉比，形成颇有名气的“书店街”，集中了著名的商务印书馆（今古籍书店所在地）、中华书局、世界书局，以及开明书店、中央书店、生活书店、良友书店等四五十家。那时“中大”“金大”“金女大”的教授或清贫的学生都爱到这里淘书，有钱的买书，无钱的看书。有的书店还布置桌椅，甚至备好茶水免费供应读者，即使不买书也欢迎，所以书店生意红火。

今日的太平南路又是一番新景象，一条街集中了太平商场、宝庆银楼、江苏饭店、九龙绸缎庄、四川酒家、绿柳居素菜馆等一批有影响的商号，车水马龙，人头攒动，显示出千载繁华地，今朝胜六朝的一派生机勃勃的景象。

六朝御道旧址（20世纪30年代的太平路）

南唐金陵城

南唐是五代十国时期于大动乱中崛起的重要政权。唐末，兵起云涌，诸雄相争，藩镇割据，是中国历史上著名的分裂时期，史家称之为“乱世”。相对而言，南方的南唐据守江淮以南，坐镇金陵，背依江南平原的鱼米之区，临江据险，息事干戈，兴农助蚕，轻徭薄赋，经济、文化繁荣，一跃成为十国之中国力最为强盛的政权。正如史家所言，南唐“中外寝兵，耕织岁滋，文物彬焕，渐有中朝风采”（《钓矶立谈》），是隋灭陈以后，金陵史上又一个辉煌的时期，并为后世留下誉满文坛的辞章文韵。

在10世纪初中叶，即公元907年前后到960年前后，就是唐朝末年到宋朝建立这五六十年间，北方除辽以外，先后有后梁、后唐、后晋、后汉、后周，史称“五代”；同时南方出现吴、南唐、吴越、楚、闽、南汉、前蜀、后蜀、荆南（南平）、北汉（位偏于山西），史称“十国”。在这十国中，南唐地域最大，国力最强，对北方“野蛮”统治者构筑一道坚固的防御阵线，阻止北方战乱波及长江流域以南，对南方各国起到了减少更大破坏和痛苦的缓冲作用（白寿彝《中国通史》）。由于有了相对安宁的政治环境，使南方经济得以更快发展，人口迅速增加，地域范围也超过北方。“从此以后，南方人口超过北方，经济文化的重心也确实转移到长江流域”（范文澜《中国通史简编》）。当时在经济上，南方的繁荣富庶与北方的萧条贫困形成鲜明的对照。南唐在这一社会、经济发展的进程中，起到了重要的推动作用。

南唐在立国前，杨吴已在金陵经营了20余年，为南唐立国创造了条件。

杨吴天祚三年（937年）十月，徐知诰正式受禅，在金陵即皇帝位，仍以封号“齐”为国号，封杨溥为“让皇”。改金陵府为江宁府，定为国都，改天祚三年为昇元元年。

南唐立国

昇元三年（939 年）正月，徐知诰接受宋齐丘等大臣奏议，恢复李姓，以唐室为祖先，改国号“齐”为“唐”，史称“南唐”。二月，改名李昪，为感徐温知遇之恩，尊徐温为“义祖”。

李昪即帝位后，着力开创一个清明的政治局面。继续实行杨吴时期的治政之策。抑武扬文，招贤纳谏。四方贤才陆续投奔其幕下，其中最著名的有宋齐丘、王令谋、王翃、曾禹、孙鲂、徐融、马仁裕、周宗等，另外北朝韩熙载、史虚白亦来归。李昪从他们那里得到宝贵的为政之道。对内整肃吏治，逐渐建立一套法律体系，宽刑百姓，严惩酷吏；形成宽松的社会生活环境；发展生产，给流民们土地，实行轻徭薄赋，与民休息的政策；对自己克勤克俭，律己甚严。对州府贡献的珍禽奇兽及时鲜水果，下诏罢献，并严令宦官、外戚不得干预政事，使文武大臣不敢有越轨之举。对外，与周边国家实行修好的外交政策。南唐通过务实的睦邻友好政策，以使周边各国深知南唐没有吞并他国的企图，从而获得良好的发展经济的外部环境。

李昪通过实行一系列的政策措施，使南唐国力大增，掩有江淮，比同时期割据诸国地大力强，人才众多，且据长江之险，俨然大邦。

修筑金陵城

从杨吴天祐六年（909 年）起，徐知诰就开始修筑金陵城。其后，又几次大修，至吴武义二年（920 年）金陵城修建完成。吴大和四年（932 年），徐知诰为以后的政治中心做准备，又进一步加宽金陵城并增筑供羊马使用的羊马城。这是金陵历史上规模最大的砖砌城墙，其中部分城墙为明城墙所沿用，一直传至今日。金陵城是将六朝至唐代金陵最为繁荣的商业区及人口集中的富庶区围圈在内。据宋《景定建康志》载：“（金陵城）周长二十五里四十步，上阔二丈五尺，下阔三丈五尺，高二丈五尺。内卧羊马城，城阔丈一尺。”其位置“夹淮带江，以尽地利，城西隅据石头岗阜之脊，其接长干山势，又有伏龟楼在城

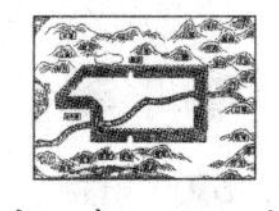

上”。明陈沂《金陵古今图考》进一步指出，金陵城“西据石头，即石城、三山二门；南接长干，即今聚宝门；东以白下桥为限，即今大中桥；北门以玄武桥为限，即今北门桥”。据此，当代研究者则进一步指明：南唐金陵城，东至大中桥西侧；东南至今雨花桥，东南角建有伏龟楼；南至今中华门；西南至今凤台山南麓；西至今水西门、汉西门一线；西北至石头山，即今清凉山南麓；北至今珠江路南侧，东北至今竺桥（邹劲风《南唐历史与文化》）。

金陵城水陆共开八门，据《景定建康志》记载：由尊贤坊东出曰东门（在今大中桥西塊），镇淮桥南出曰南门（明为聚宝门，今中华门），由武卫桥西出曰西门（明为石城门，清汉西门，今汉中门稍南），由清化市而北曰北门（又称玄武门，约在今北门桥南塊），由武定桥溯秦淮而东曰上水门（今东水关），由饮虹桥沿秦淮而西出折柳亭前曰下水门（今水西门之南的西水关），由斗门桥西出曰龙光门（明为三山门，今水西门），由崇道桥西出栅寨门（该水门通古运渎，在今虎踞南路的涵洞处）。

金陵府城内还有宫城，宫城周长四里二百六十五步，高二丈五尺，下阔一丈五尺，有东、西、南三门。南唐宫城正南有虹桥（即今内桥），以东有东虹桥（即今升平桥），西有西虹桥（明为大市桥，今为羊市桥），另有飞虹桥、小虹桥（宋《景定建康志》）。明代陈沂指出小虹桥为南唐宫城北限。经近代学者朱偰实地考察论定，宫城北限在“今卢妃巷北口，近户部街处，犹有石桥一道，半没淤泥中，一沟自西而东，可五六丈……然由此可推得南唐宫北界（朱偰《金陵古迹图考》）。

从虹桥往南至镇淮桥抵南门，即今内桥到今中华门，为宽阔的御道。南唐宫城，从先主李昪起，至中主李璟、后主李煜三代国主均居此主持国政。至北宋时为江宁府署，后遭火焚；南宋时又在此修筑南宋皇帝行宫。元军占领后，部分宫殿被拆，后经整修作元东南行御史台衙署。朱元璋进占集庆后，又以台南官署作吴王府，至今留有王府园的地名。明代以下至清代，殿宇颓废，市民平整后作为菜圃。有诗曰“王府门前作菜园”谓世事之多变也。

南唐金陵城经济富庶，市场繁荣，是一巨大的商贸市场。金银制品作坊、花饰及编织作坊连成街市，鸡行、猪行、牛马市、鲜货市等为市民生活服务的集市遍布，酒楼、店家栉比，市民生活丰富多彩。一到传统节日，上至宫廷下至市民都闲情逸致地忙于欢庆，娱乐气氛甚浓，充满生机活力。南唐金陵又重新成为长江下游的政治、经济、文化中心，并为宋、元时期成为东南首府和明代成为统一的国都奠定了基础。

南唐衰亡

南唐昇元七年（943 年）二月，李昪去世，长子李璟即南唐帝位。李昪在临终时，唯恐这份艰难创下的基业失落，便谆谆交代李璟："汝守成业，宜善交邻国，以保社稷。"（宋陆游《南唐书》）继位之初，李璟牢记父训。可是这种局面没有维持多久，朝中文臣武将群情高昂，纷纷要求开疆拓土，对外用兵征战，"定中原，复旧都"。其时邻国闽、楚相继发生内乱，给南唐提供了向外出兵的机会。在大臣的一再鼓动之下，李璟贸然出兵。

保大二年（944 年），首先发兵闽国。保大九年，又出兵楚国。对闽、楚用兵皆先胜后败，损兵折将，消耗国力，仅福州城下一仗就伤亡唐军 2 万余人。南唐为此付出了惨痛的代价，"未及十年，国用耗半"（《钓矶立谈》）。可是，当北方郭威以周代汉之时，李璟还想用兵，经韩熙载等人力谏，李璟这才罢手。

郭威建周，史称后周，是五代中最后一个王朝。郭威采取新政，革除弊端，使中原逐渐恢复生机。保大十二年，郭威养子柴荣继承后周帝位，进一步施行新政，召流民回归，减轻赋税，使抛荒的土地恢复生产。而此时南唐连续三年大旱，又遭蝗灾，饥疫流行，百姓生活雪上加霜，纷纷渡过淮河去后周求生。保大十二年十一月，柴荣下诏征讨南唐。次年，后周军直抵寿州（今寿县），攻取滁州，南唐已无力御敌。中兴元年（958 年）二月，后周攻占扬州。李璟唯恐周兵渡江，遣使向周上表、贡方物，请求停战，双方以长江为界，并自请传位太子弘冀。

南唐失去江淮大片土地之后，既失去了缓冲地带，又失去了丰富的盐产巨额利税，南唐国势江河日下。是年三月改元交泰，五月"去帝号，称国主，去交泰年号，称显德五年"，奉后周为正朔，为避周讳，改"璟"为"景"。

此时，南唐金陵与后周仅一江之隔，时时感受到来自北方的军事威胁。李

李煜画像

景考虑迁都，择洪州（今南昌）为新都。因太子弘冀亡，留从嘉（即李煜）在金陵监国。后周显德七年（960年），柴荣去世，五代至此结束。赵匡胤称帝，建宋朝。北宋对南唐虎视眈眈。

李景深感大势已去，愁肠万结，在悲愤与无奈中发出“细雨梦回鸡塞远，小楼吹彻玉笙寒，多少泪珠何限恨，倚阑干”的深深慨叹。北宋建隆二年（961年）六月，李景去世，“遗令”就地安葬。而继任者未从命，仍将李景遗体从洪州移葬金陵祖堂山。

中主李景去世，太子李煜继国主之位。李煜初名从嘉，是李景第六子。因前面有五兄长，从嘉从未想过皇冠会落到他的头上，黄袍会加到他的身上。只是众兄皆亡，李煜以顺次封王，直至就国主之位。

此时尽管北宋放慢了南下的步伐，但摆在李煜面前却是国破力衰，民生困顿。他只得一面向北宋增加纳贡，上表臣服，以自己的一片赤诚来换取宋太祖的宽容之心。一面操练水军，以增强防御能力。然而这些措施收效甚微，北宋又一步步向南进逼。

开宝七年（974年）十月，宋军曹彬于石碑口架浮桥渡江。不久，宋军攻克铜陵，直逼采石，击溃南唐军2万人。随后又在采石移架浮桥，宋军由此源源不断渡江，前锋已逼近南唐都城，金陵城危在旦夕。

开宝八年二月，曹彬军于金陵城外白鹭洲大败南唐军，其余南唐军退城内固守。十一月乙未（976年1月1日），宋军与吴越军合击攻破城池，涌入都城，直抵虹桥（今内桥）南唐宫门。李煜身着青衣小帽，手捧玉玺率众文臣武将于宫门外归降。至此，四十年来三帝业，一江春水送南唐。

三日后，当他与家人合族三百口离开故国移步远去他乡之时，再一次回头遥望笼罩在雨雪之中的金陵城阙，情不自禁地咏道：

南唐皇宫禁地旧址（今洪武路，茅鸿兵摄于 2021 年）

江南江北旧家乡，三十年来梦一场。
吴苑宫闱今冷落，广陵台殿已荒凉。
云笼远岫愁千片，雨打归舟泪万行。
兄弟四人三百口，不堪闲坐细思量。

随着政治舞台大幕的落下，历时 39 年的南唐，至此已是逝去的历史篇章。

南唐虽存世不到半个世纪，却是五代十国中的强者，经济繁荣，其文化成就之卓然，在五代十国中堪称翘楚。更由于词、画诸方面的璀璨篇章，承唐代之成就，开宋代之文风，奠定了在中国文化史上的特定地位。其技法之清新隽逸，意蕴之凝重深邃，文华之朗朗灼灼，作为文学阆苑中的芬芳奇葩而享誉后世。

南宋建康行宫

北宋末，金兵不断南犯。靖康二年（1127 年）五月，汴京（今开封）城破，徽、钦二帝被俘（秦桧也在被俘之列），史称“靖康之变”或“靖康之耻”。康王赵构随即在南京（今河南商丘）即帝位，是为高宗，当即改年号建炎，靖康二年为建炎元年，史称南宋。

此时的金兵入侵如箭在弦上，是在中原坚守还是南迁，是摆在新即帝位的赵构面前必须决断的难题。

朝廷在建康建行宫

时任尚书右仆射兼中书侍郎的李纲面对严峻的军事形势，向高宗献言：“天下形胜关中为上，建康次之，宜以长安（今西安）为西都，建康（今南京）为东都，各命守臣葺城池，治宫室，积糗粮，以备临幸，则天下之势安矣。”高宗见众大臣附议，遂改建康府为帅府，以备驾幸。

建炎三年（1129 年）春正月，高宗移驻扬州，并打算过江后到金陵，随后却把六宫护送去杭州。高宗于二月渡江后至镇江府，右谏议大夫郑土奏请皇上移跸建康，而宰执阻止（注：宰相李纲被罢相后，此时左、右相皆为主和派人物）。郑土再奏，高宗对郑土说：“不用卿言！”中书侍郎朱胜非遂奏请高宗径往杭州。二月高宗驻跸杭州。四月，将建康“帅府”诏改“江宁府”。

虽然高宗未驻江宁（今南京），但对宫城修缮仍一直未断。

行宫在内桥以北，即以原南唐皇宫修建而成。南唐亡后，皇宫改作宋昇州节度使衙署，后又改为江宁府衙。因江宁为江南要地，早在天禧二年（1018 年），宋真宗封第六子寿春王赵祯为江宁府尹，充建康军节度使，进封昇王，称江宁为“昇国”，驻原南唐皇宫。江宁府衙迁到内桥东南东锦绣坊。四年后，

17 岁的赵祯继承皇位，即宋仁宗。庆历八年（1048 年）正月十三日，仁宗原驻江宁的王宫（即南唐皇宫）发生火灾，宫宇尽毁。仁宗得悉自己的“龙兴之地”被毁，十分恼怒，诏令撤李宥江宁府尹之职。新任知府又在原地重建衙署。

行宫就是在新建的府衙基础上进行扩建。高宗诏知江宁府尹“赐盐钞十万缗”；后又增拨两浙、淮南盐钞 40 万贯（实拨 50 万贯）。经过整修扩建，一座崭新巍峨的行宫再现于内桥以北，即今洪武路两侧地区。行宫周“四里二百六十五步”，约合今 2618.9 米，城高二丈五尺，下阔一丈五尺。行宫仍保留原南唐皇宫的南、东、西三门。南门正对虹桥，即内桥，宋称天津桥；西门前有月华桥，正对上元县衙（约在今建邺路江苏省社科院所在地）前大街；东门门前有日华桥。行宫由南而北，沿中轴线依次为宫门、殿门、朝殿、寝殿、复古殿、罗木堂。宫城东及东北为内东宫及花园所在；东至东南面依次为御马院、皇城司、天章阁、御辇院；西南自东而西依次为学士院、资善堂、御酒库、御醋库及钱物库；正西为内侍省及军器南库、军器北库、椿积库、椿积钱库，再西为御教场、大射殿、山子堂；西北侧为进食殿、小射殿及备用西屋等。宫署殿宇达数百间之多，周有护龙河环绕，终年树木葱茏。宋高宗虽下诏行宫“不事华壮”，但宫室之华美，花园花草奇石之巧设，仍不下南唐皇宫。

宋高宗三幸建康行宫

由于主战派的一再奏请，宋高宗先后三次来到建康。

第一次，是于建炎三年（1129 年）春，杭州宋廷内乱初平。三月十八日，高宗下诏：“以江宁王气龙盘，地形绣错，据大江之险，兹惟用武之邦，当六路之冲，实有丰财之便。将移跸暂驻六邦，外以控于多方，内以经乎中国……”遂于四月二十日从杭州出发，五月初八抵达江宁府。先驻城西南保宁禅寺（一度改为神霄宫）。同日，御笔改江宁府为建康府，改府治为行宫。六月二十七日，“移御行宫”（见《景定建康志》）。

不久，金兵大举入侵。宋高宗担心江防难御，遂于闰八月二十六日，匆匆赶往临安（此前改杭州为临安府）。宋高宗在建康实驻五个月零四天。

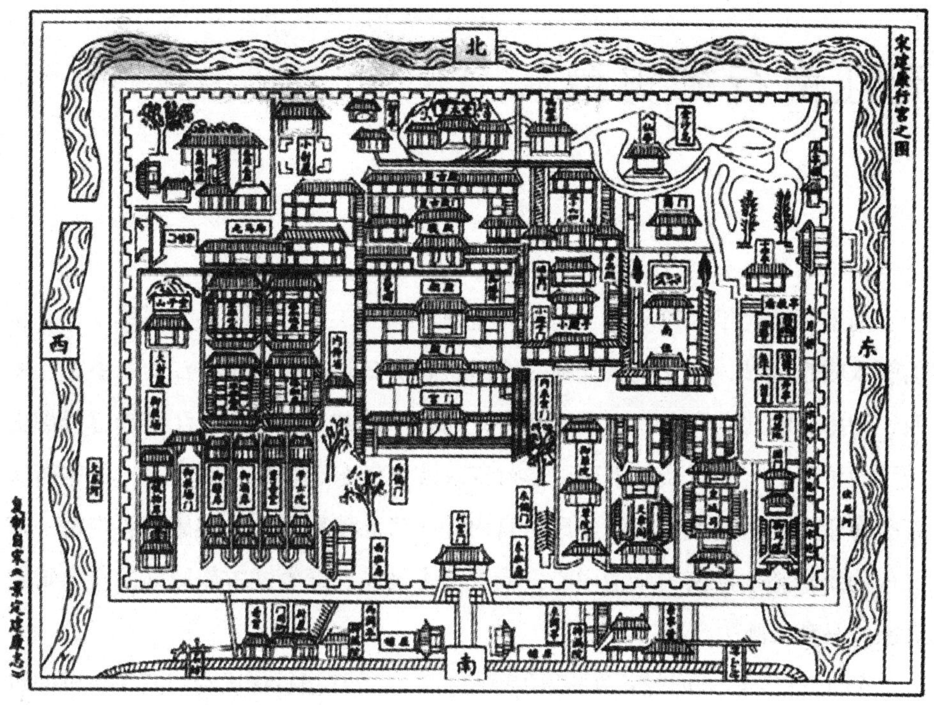

宋建康行宫图（宋人绘）

此后，主战派虽屡请高宗驾幸建康，以鼓舞大江南北抗金将士，但由于主和派尤其是从金逃归的秦桧极力反对而未能成行。绍兴六年，秦桧因擅权被罢相。绍兴七年三月初九（1137 年 4 月 1 日），高宗由岳飞护驾，第二次来到建康，入驻行宫。可是不到一年即于绍兴八年二月初七离开建康，返回临安。随之秦桧复相。此后，秦桧罗织罪名将岳飞等迫害致死，主战派受到严重打击。建康行宫即以江南东路安抚大使、知建康府兼领行宫留守公事 20 余年。

绍兴三十二年（1162 年）正月，宋高宗第三次来到建康行宫。这次到来是与金使臣议和，划江淮以北大片疆土归金，以求安保。随后于二月初七离开建康行宫返临安，置“遗民泪尽胡尘里，南望王师又一年”于不顾，从此“直把杭州作汴州”。南宋末，大臣文天祥被俘后路过金陵，遥望行宫，遗恨难持，作诗慨叹：“怪底秦淮一水长，几多客泪洒斜阳。江流本是限南北，地气何曾灭帝王。台沼渐荒基历落，莺花犹在意凄凉。青天毕竟有情否？旧月东来失女墙。”

公元 1275 年，元军南下，建康行宫改为元江南诸道行御史台，直至元末。

元江南行御史台

南宋德祐元年（1275 年），元军进攻江南。二月二十七日元军统帅、宰相伯颜入驻建康城，建立统辖江浙、江西、湖广三行省及江东、江西、浙东、浙西、湖南、湖北、广东、广西、海南、闽海十道共 450 个县的江南诸道行御史台（简称南台），以及行枢密院、行宣政院、江东道宣慰司等衙署。这些衙署皆分布于原南唐宫城即南宋建康行宫内外一带。建康府改称建康路。内桥一带又成为统治整个江南的政治中心，成天车水马龙，穿着蒙古族服饰的官兵骑着高头大马奔来驰去。

公元 1328 年，元文宗图帖睦尔即位后，传旨江南行御史台将其在建康的府邸兴建“大龙翔集庆寺”，建康路亦改名集庆路。意为百喜聚集庆有余。由于元朝宫廷需要大批丝织品，集庆路的缫丝、纺织及印染等手工业有了大的发展，经济也有所复苏。其时有一位杰出的蒙古族（因其先祖居住在山西雁门回族聚居区，有的史书说其为回族）诗人萨都剌为人称道。

萨都剌，字天赐，号直斋，约生于公元 1300 年。他为官清正，在官民中有口皆碑。元至顺二年（1331 年）初秋，他被调来集庆路，在内桥南台任掾属。他在集庆期间广交名流学者，登石头城、泛舟青溪、游凤凰台等处，实地考察金陵的情况。他目睹金陵因战争和往日统治者的虐政所造成的衰败景象，疾书了一阙《满江红·金陵怀古》：“六代豪华，春去也，更无消息。空怅望，山川形胜，已非畴昔。王谢堂前双燕子，乌衣巷口曾相识。听夜深寂寞打孤城，春潮急。思往事，愁如织；怀故国，空陈迹……到如今只有蒋山青，秦淮碧。”通过山水风物依旧、六代豪华消歇的对比，抒发了吊古伤今的感慨。他在诗中多次吟咏当地风情：“不到青溪三四日，藕花无数水中开”，“青溪鸥鹭白荡荡，白下杨柳青依依”。元统二年（1334 年）八月，在他离开内桥南台北上之时，深情地写出了“八月中秋别，三年此日分”的依依惜别之情。

明朝都城南京

公元1368年9月13日，朱元璋以应天为基地“建南京”，立为国都，明朝成为第一个立足江南完成全国统一大业的封建王朝，南京也第一次成为统一中国的首都。从此一个辉煌繁盛的大明政权雄冠于世。南京为都历洪武、建文、永乐三朝共54年。京师北迁之后，南京为两京之一，称“留都”200多年。整个明代，南京是一个特殊政区，在建置沿革上成为一个重要阶段，不仅是东南半壁的军政中心，而且为封建帝国统治全国的重要支撑。

所辖疆域 明朝的南京有广义与狭义之别。

从广义来看，南京既同于十三行省，又别于十三行省。“初，太祖下集庆（今南京），自领江南行中书省……后每略地方即置行省”。洪武元年（1368年）八月建南京为都，罢行中书省。洪武九年改诸行省为承宣布政使司。永乐元年（1403年），以北平布政使司为北京。永乐十一年，分置贵州布政使司。这样除南北两京外，定为十三布政使司。自此以后，疆域机构渐趋稳定。“终明之世，为直隶者二：曰京师、曰南京；为布政使司者十三：曰山东、曰山西、曰河南、曰陕西、曰四川、曰湖广、曰浙江、曰江西、曰福建、曰广东、曰广西、曰云南、曰贵州”。与明初所不同者，原仅南京，后改北平为北京，曰京师，又增设了云南，分置了贵州二布政使司，但南京或为首都或为后来的留都，皆在十五行省之列。南京统府十四（应天、凤阳、淮安、扬州、苏州、松江、常州、镇江、庐州、安庆、太平、池州、宁国、徽州），直隶州四，属州十七，县九十有七。北至丰、沛（与山东、河南界），西至英山（与河南、湖广界），南至婺源（与浙江、江西界），东至海，为一幅员辽阔的南直隶。在所领十四府中，首府为应天，下辖八县（上元、江宁、句容、溧水、溧阳、高淳、江浦、六合），有人口1193620人。

前湖畔明城墙（黄正平摄于2021年）

从狭义来看，首都或曰京城南京的疆域，未见有明确的文字记载，仅是一模糊的概念，一般即视为“天子脚下的一小块”。这一块有多大呢，就是都城内外之地，大体说相当于应天府八县之中的上元、江宁两县境。该二县在明代升为赤县，知县的品阶也由正七品升为正六品。民国时期，由南京文献委员会编纂的《南京》一书，就将明代都城的辖境记为：“辖县上元、江宁。”

机构设置 明朝南京，作为统辖十四府的行省级大区域，却与其他行省不同，既未设布政使司衙署，又未调配布政使官员；从京城所辖小区域来看，也没有一个机构和相应的官员来统辖，只照例运用府县机构管理。可以说，其时的南京没有上下管辖的行政机构，没有政府首脑，没有人员配额，没有办公场所，有其名无其实，其职能上隶中央各部，下由府县自行管理。这在中国政权建置史上是非常罕见的特例。它既非遵循先例，又非出于实际需要，其真实原因，诚如史书直言：“帝乃自操威柄。”

都城与宫城 明朝南京以筑城而著称于世。南京城垣体系，由四道城墙组

成，由内而外依次为宫城、皇城、内城、外郭。宫城、皇城通常合称皇宫，位于京城东南隅。都城又称内城，通常称南京城，现代实测为35.267公里，为世界第一大砖城。城墙高14—21米，底宽14米左右，顶宽4—9米，开城门13座。南京城形状并不规则，没有遵循传统的方形规制，但大体上仍为三个方形叠加而成。一是改筑南唐以来的金陵旧城，旧城本为方形，是商业、手工业集中区及居民稠密区；东南部新建的皇宫区，成为方正的政治中心区；后期城墙修筑向北拓展至长江边，增拓的地区，尽量利用地形而不如前述两区方整，属于军事守备区。

洪武二十三年（1390年）四月，动工建造外郭城垣，将幕府山、紫金山、雨花台等制高点包进外郭。外郭北、东、南三面阻山控野，西面以长江天堑为防，实际周长60公里，外郭内面积约300平方公里。

明城墙集中体现了我国数千年筑城史的经验，在继承的基础上创新和发展，针对不同地段的地形，采取不同的筑城方式。城墙砌筑技术达到中国古代筑城史上最高水平，对明清两代全国性的筑城高潮起到肇始的作用，并对南京城市几个世纪的发展产生重大影响。

市政建设与繁荣经济 南京素称经济重区，“天下财赋出于东南，而金陵为其会”。明初南京官营手工业发达，门类很多，全城有100多个行业，其中纺织、矿冶、制瓷、造船尤为发达。

明初，为建设都城，加速经济发展和市场繁荣，从全国各地调集匠户45000户（占全国匠户的五分之一）至南京，形成百业兴旺的景象。出现了织锦坊、鞍辔坊、箭匠坊、铁作坊、银作坊、毡匠坊和杂役坊等。朱元璋又把南方各省14300多户富庶的大户强行迁来“充实京师”。当时都城人口超过47万，是全国人口最多的城市。城内城外大小市场几十处，有丝市、绸市、网巾市、花市、鱼市、米市、油市、木料市、牛市、羊市等，其中以三山街市、内桥市、新桥市、大中桥市、长安街市、北门桥市最为繁华。明人所绘的《南都繁会图卷》上就绘有109种店铺招牌，“粮食豆谷老行”“铜锡老店”“画脂杭粉名香官皂”“立记川广杂货”“福广海味”“西北两口皮货发售”“东西两洋货物俱全”“应时细点名糕”……可谓应有尽有，形象地表现出当时南京都城的繁华景象。明代中叶南京手工业产品享有盛名，人们以用南京产品为荣。《金瓶梅》

第 97 回中写道："走苏、杭、南京，无比好人家，都是南京床帐箱笼。"嫁女娶媳以有南京产的"床帐箱笼"才有脸面。西门庆嫁女儿陪送的嫁妆就有南京描金彩漆拔步床，价值白银 60 两。《金瓶梅》中说买个丫鬟不过 5 两，买一处小院落只要十几两，可见此床之名贵。

朱元璋还下令在都城内外交通要道开设 16 座大型官办酒楼，接待四方宾客。茶楼酒肆应运而生，在文人笔下留下了"花月春风十四楼"的诗句（其后又建二楼，故有"十六楼"之说）。对外贸易日渐发达，开辟海上丝瓷之路。永乐年间，又派郑和率领庞大船队七下西洋，开展对外经济文化交流，结交友好往来，弘扬大明国威。

文化教育 朱元璋在做吴王时，就在南京夫子庙开办国子学。因夫子庙地狭隘，改筑国子学于鸡鸣山之阳；洪武十五年（1382 年）建成，改称国子监。最初国子监生仅五六百人，永乐时达到近万人。国子监还招收部分外国留学生，主要来自高丽、日本和暹罗等国。国子监收集江南各地的木刻书版，多次连续印刷，史称"南监本"。朱元璋还征集浙江等地印刷工人到南京刻印《元史》《蒙古秘史》《大明律》《大诰》和各种"藏经"。官营印刷业的发达，促进民间雕版印刷业的兴盛。除普通木刻书版外，还开始使用木活字和铜活字。南京成为全国印刷出版业的中心。

明初徐达攻克元大都后，将元大都的天文仪器运到南京，安装在鸡笼山观象台上，并铸浑天仪等新的观测仪器。到洪武十八年（1385 年），扩建为国家天文台。它比举世闻名的英国格林尼治天文台（建成于 1670 年）早 295 年。

明朝，南京在历史上第一次成为统一帝国的最高政治中心，南京的经济文化、城市建设等各方面都呈现繁荣景象。

至明朝末年，巍峨壮观的都城墙依然屹立，而原先金碧辉煌的明皇宫已是"一代规模成往迹，千秋兴废逐流波。宫墙断缺迷青琐，野水湾环剩玉河"。顺治二年（1645 年）五月，清军占领南京，闰六月改南京为江南省，改应天府为江宁府。明朝南京至此成为历史的一页。

（陈济民　乔　鸣）

南京城门的变迁

世人现在见到的南京城墙是明代南京的都城。当初建城时，开设城门十三座，每座门阙上部，都建有壮观的城楼。《读史方舆纪要》上说："都城凡十三门：南曰正阳，正阳之西曰通济，又西曰聚宝；西南则曰三山、曰石城；北曰太平，太平之西曰神策，又西曰金川、曰钟阜；东曰朝阳，西曰清凉，清凉之北曰定淮、曰仪凤。"《江宁府志·城邑考》又说："明初鼎新，京城唯南门、水西、大西三门尚仍旧，而易新名。"即是说除这三门是南唐金陵城原有外，其余十门为明代扩建都城时辟建。

对南京城门之多，老南京会向你脱口说出"里十三，外十八"的门名。"外十八"是指明都外郭的十八座城门。对"里十三"，南京民间有句顺口溜，即"神策金川近钟阜，仪凤定淮清石城，三山聚宝连通济，正阳朝阳定太平。"随着时代的变迁，这十三门的名称累有更易。

正阳门　都城南面东首第一门，它与明皇城、宫城的洪武门、承天门、端门、午门、奉天门和皇宫三大殿，直到宫后北安门同在一条南北中轴线上。为纪念辛亥革命江浙联军攻克南京，1928 年改名光华门。20 世纪 40 年代后此门及左右一段城墙拆除，门名沿用。

通济门　位于正阳门以西，都城南面第二门，下临秦淮，故名。原有城墙四道，形成三个"瓮城"。20 世纪 50 年代此门拆除，门名沿用。

聚宝门　本为南唐都城南门，明初加筑城堡、楼阙，因前对聚宝山（雨花台），故名。此门设计奇巧，工事之坚固，为十三门之最。有三个瓮城和四道拱门贯通，每道门券有门两重，外门建有可上下启动的"千斤闸"，城门两侧砌有缓坡，可策马登上城头；瓮城上下和内外城壁建有"藏兵洞"27 个，用以储备军事物资和埋伏士兵，总计可藏兵三千人。城门上层建重檐庑殿顶敌楼等设施。城堡总面积 16500 多平方米，墙高 25 米。1928 年更名中华门。此门是城南交通要道。

三山门 都城西南第一门，下临秦淮，原为南唐时的龙光门。以南眺三山故名。又因内外秦淮经此，俗称水西门。此门构造与通济门略同，规模次于聚宝门，是通往西郊上新河等地的要道。20 世纪 50 年代初门券及右侧沿界城墙拆除。

石城门 在水西门以北，南唐的大西门。门以北里许便是著名的石头城所在，故名。俗称旱西门或汉西门。1931 年在其门侧辟汉中门后，老门遂废。现遗老门券及瓮城之台。近年因建城西干道和汉中门广场，汉中门随之拆除。

清凉门 在石城门以北，清凉山的西麓，因山得名，又因前有清江河，曾名清江门。此门幽僻，明永乐年间之后即封闭，门券至今犹存。

定淮门 在清凉门以北，古平岗西头，初名“怀远”，门外是三汊河河口，秦淮河流此入江，故名。20 世纪 60 年代门券及南侧城墙拆除。

仪凤门 在定淮门以北，下关狮子山南麓。1928 年改名兴中门，20 世纪 40 年代门券拆除，左右两侧城墙完好。

钟阜门 位于狮子山东侧，因门对钟阜（钟山），故名。此门与仪凤门东西相对，形成“雉堞相向”。清代俗呼“小东门”，后来拆除。

通济门（摄于民国初年）

金川门 在钟阜门东南，朝向西北，因金川河经此得名。1908 年建宁省铁路（市内火车道），轨线即从下关穿越金川门入城。20 世纪 30 年代曾改名“三民门”。

神策门 今中央门广场东南，旁临玄武湖，西北遥对北固山。清代一度易名“得胜门”，1928 年改名和平门。城楼及瓮城城垣尚存。

太平门 位于玄武湖东南角，富贵山与小九华山之间，1931 年曾改“自由门”，但民间仍以旧名沿称。20 世纪 40 年代门券拆除。

朝阳门 都城东面之门。与明皇城东安门、东华门、西华门、西安门同位于东西向的横轴线上。1928 年改名中山门。1929 年在此门稍北开辟，旧门遂废，原有月城亦拆除。左右城垣完好。

1908 年在定淮门与清凉门之间开草场门；1908 年在神策门与太平门之间开丰润门（1928 年改玄武门）；1921 年在仪凤门与定淮门之间开海陵门（今名挹江门）；1929 年在通济门与聚宝门之间开武定门；1931 年在石城门与清凉门之间开汉中门；1931 年在神策门左侧开中央门（其时只开个豁口，因战事滞延至 1941 年建成）；1931 年在中华门城堡两侧开中华东门和中华西门；1934 年在钟阜门与金川门之间开新民门；1936 年在武定门与中华门之间开雨花门以通市内火车轨线出城抵达中华门站；1936 年在金川门与中央门之间开小北门；1952 年，在玄武湖西南角（与明代“后湖小门”相对）增开解放门。随着城市的发展和交通建设的需要，1991 年，在城西南隅开集庆门。2006 年，又在富贵山隧道东侧面向琵琶洲，利用原城墙豁口开“琵琶洲小门”（暂名）。2007 年 10 月，在挹江门之西的华严岗建成有 4 座通道的城门。

古今城门凡二十八座。至 2004 年基本完整的有中华门瓮城、挹江门门券及城楼、和平门门券及城楼，以及中山门、玄武门、解放门、清凉门和石城门门券。2005 年，对多年关闭的神策门（和平门）进行了大修并对外开放；2005 年复建了仪凤门及城楼；2007 年又复建了中华东门和中华西门；同年复建了武定门及城楼。其余的城门虽然名存而实无，但仍为出入南京城区的重要孔道，四通八达。

（冯世治）

从明皇城到清满城

珠江路东段有处地名叫后宰门街、后宰门小区，与其紧邻的又有北安门街、北安门桥。这些地名到底据何地标而取？后宰门与北安门有无关联？要搞清其来龙去脉，还得从明代的皇城宫阙与清代的满城构筑来追寻其本来面目。

登上午门寻迷踪

登上 11 米多高、90 多米长的巍峨壮观的午门，遥想当年这里的宫阙城郭是何等的辉煌，“神京天府之雄，龙蟠虎踞之胜”，那是何等盛大的景象。

元至正十六年（1356 年），朱元璋率军夺占集庆路改为应天府（今南京），即以此为基地进而夺取全国建立统一的明朝政权，并筹划于元至正二十六年八月，先拓展建康宫城，随之于钟山之阳填燕雀湖建造皇宫奉天殿等三大殿及乾清宫、坤宁宫等六宫。皇宫是皇城与宫城的统称。皇城在外，宫城在内，皇城与宫城，前后左右、正门侧门共置门四十座。

对上述城门名称及所处内外位置，由于历史的变迁，“城郭规制，随时异态”，因而后人有了不同的解析。据《洪武京城图志》奉天殿正对的是宫城南门，称午门，俗称午朝门，又称五凤楼。与午门中轴线直对正北的宫城北门是玄武门。宫城的东门叫东华门，西门叫西华门。午门中轴线向东到东华门今测距离为 375 米，向西到西华门因为对称亦为 375 米，东华门到西华门则为 750 米。而宫城南北的长度，以现存午门到北面宫城护城河，实测为 950 米（见梁庆华、邢国政《南京明故宫范围有多大》，载《南京史志》1989 年总第 37 期）。就是说南北的长度比东西的长度略长，宫城基本上为四方形。

午门之名取纵横“交相通达”之意。午门名称始于何时？见有文说：“午门之名始于南京宫城。”也即明朝，其实不然。唐朝都城长安宫城就有“午门”

之名。唐朝著名诗人王建有诗云：“百官朝下午门西，尘起春风过玉堤。”就描写大批身着朝服的大臣在风和日丽的春光里下朝时跨过金水桥穿过午门的生动景象。

后宰门由何门演化而来

与午门对应的宫城北门到底叫何名？历来争议颇多，有的说是北安门，有的说是玄武门。而众多文献亦互有歧见。明礼部纂修《洪武京城图志》是最早记载明皇城宫殿城阙的一部志书，最接近史实，因而也最为可信。但该志所载宫城、皇城门名未标在图上，而是用文字记述。记述的方法，又比较特殊，既非从东到西，又非从南到北，它是以皇权为尊的理念，以奉天殿为中心，由内到外、由近及远的记述。

据《洪武京城图志》宫城北门为玄武门。后称厚载门，改名时间疑在永乐迁都北京以后。至明正德年间因避皇帝名讳遂改称“后宰门”。说明后宰门是由玄武门演化而来，其位置在御河南岸（见《明应天府城图》），即 1985 年新建的北安门桥（应称后宰门桥）之南。该桥 2000 年又做扩建，加筑了汉白玉雕塑的龙头、云纹栏杆。其实明朝北安门并非在此，后宰门与北安门也并无关联。由此今天的后宰门街、后宰门社区之名取自邻近的宫城北门后宰门，是符合地名取名规则的。

玄武门内筑有乾清宫、坤宁宫等东西六宫，为皇帝、皇后及妃嫔生活与寝安之所。宫城玄武门外至皇城北墙之间，由东到西驻有羽林左卫、金吾后卫、羽林右卫等皇宫禁卫军及御厨制酒、醋作坊。

北安门位于何处

既然北安门不是后宰门，那北安门又在哪里？据《洪武京城图志》宫城之外筑皇城，皇城南门有三重，由内而外，即由北向南，先为端门，端门之南为承天门，再向南凸出之南端为洪武门。承天门以南两侧，东侧由北向南有宗人府及吏、户、礼、兵、工五部，西侧由北向南为中、左、右、前、后五军都督府及太常寺。从承天门起形成正方形的皇城，皇城的东门为东安门，西为西安门，北为北安门。

北安门的位置并非与宫城后宰门在一条中轴线上。北安门在后宰门北面偏西，后宰门在北安门南面偏东两门相距里许（见《明应天府城图》）。北安门北面有一水流，上架北安门桥，正对香林寺（明时叫兴善寺，清康熙时改称香林寺，今尚存部分庙宇）。从往昔文人笔记中可见当年皇宫中的妃嫔宫女到兴善寺敬香，出北安门跨过北安门桥即进入兴善寺。北安门曾建有粮仓，与西安门粮仓一样储粮供守军之用。北安门之名从明朝初期直至清朝后期的太平天国期间都叫北安门，五百年间一直没有变化。如太平天国建王府官署需要建筑材料，于是拆城墙“自西长安门至北安门，南北十余里，穷砖石筑宫垣”（清《同治上江两县志》）。说明北安门并无改名“后宰门”之事，其位置也从未移动。

皇城西墙在哪里

西安门所在的皇城西墙，在永乐时有所移动。明洪武时期的皇城西墙，以承天门为中轴线，以东的东安门与以西的西安门是对称的，距中轴线向东为1500米，向西亦为1500米。到永乐时拓建西墙。据《明实录》记载，明成祖朱棣永乐三年六月诏原西安门外地改筑新西门城墙。七月“徙府军右卫治于鼓楼之西，旧治在西安门外，以拓皇墙故徙之”。皇墙向西移有多远？据朱偰先生《金陵古迹图考》所言，皇城西抵近杨吴城濠。以后各书刊皆据此说皇城西墙在“竺桥、逸仙桥一线”。但据南京市博物馆考古队于2006年5月在龙蟠中路东侧金城机械厂工地发掘1米多深的地下层，发现了明皇城西墙遗址，由黄土、碎砖交替垒叠夯实，有六层之多，还有多块1米多长的条石，城垣基宽达10米，向北与西安门构成一条直线。该城垣的南端在今金润发超市（瑞金路北侧）向东拐弯。发现的西垣遗址，西距杨吴城濠约百米（《南京明皇城西垣破土而出》2006年5月16日分别刊载于《南京日报》《金陵晚报》《南京晨报》）。就是说皇城西墙在永乐时向西移约400米，所以后来的东安门与西安门距中轴线并不对称。

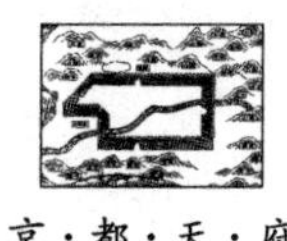

满城西墙起点与北墙位置

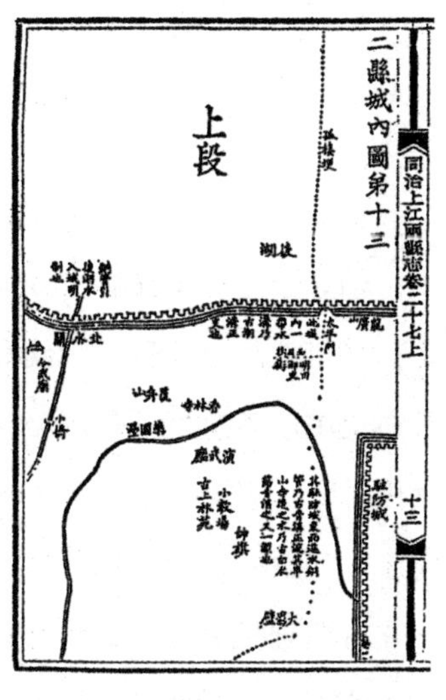

《同治上江两县志》刊载的上元、江宁二县城内图

“天上无端催晓暮，人间何事有兴亡”。历史的发展，朝代的更替犹如奔腾的长江之水不可阻挡。至明朝末年，绵延壮观的都城墙依然屹立，而原先金碧辉煌的明皇宫已是“一代规模成往迹，千秋兴废逐流波。宫墙断缺迷青琐，野水弯环剩玉河”。顺治二年（1645 年）五月，清军占领南京，闰六月改南京为江南省，改应天府为江宁府。

清军进入驻防即选中了明皇宫这块宝地，于是加筑城墙，与河西的居民分隔开来，形成“城中之城”，称八旗驻防城，俗称“满城”。据《康熙江宁府志》记载，顺治六年始筑满城。顺治十七年二月重建满城，起太平门沿旧皇城基至通济门止，长九百三十丈。而《嘉庆江宁府志》记述：“略因明旧内，其城西一面……起太平门东至通济门东，长九百三十丈，建女墙高二丈五尺五寸。”折合约 2.98 公里，而太平门到通济门今测约 4 公里，少约 1 公里。说明西墙北端起点并非太平门，而是有段距离。实际上满城的西墙是从明皇城北墙的西端向南加筑到通济门。这在清《同治上江两县志》卷二十七上《二县城内图第十三》上清清楚楚地画着“驻防城”的西北角在“太平门”东南面约二里处，折拐向东沿皇城北安门墙东去。满城的北墙是在原北安门一线墙基上修筑而成，即在香林寺南侧向东延长经“石子场”至明城墙。

满城筑成后，“建将军、都统二署于中，满洲八旗分屯左右，各立屋宇，星罗棋布”（《钟南淮北区域志》）。及至太平军攻破驻防城，衙署、屋宇尽毁。太平天国败亡后，清军重入虽有修复，已不如前。到辛亥革命，驻防城再次大毁，仅存午门、东华门、西安门等遗迹。今天人们到午朝门公园和明故宫遗址公园游览，目睹一处处遗迹会勾起无限遐想。那一草一木，一砖一石，都在无声地诉说盛衰的往昔，也在倾听今日的世界。

江南省及江苏、安徽、江宁布政使司

清顺治二年（1645年）五月，豫亲王多铎率清军占领南京，南明弘光政权灭亡。当年六月十三日，清廷命秘书院大学士、太子太保、兵部尚书兼都察院右副都御史洪承畴总督军务经略江南各省地方。顺治四年七月十九日，改经略招抚为江南总督。康熙二十一年（1682年）定名“总督江南江西等处地方军务”，直至清末。如康熙二十三年十月，康熙皇帝玄烨巡幸至江宁，“总督江南江西等处地方军务兼理粮饷操江兵部右侍郎兼都察院右副都御史王新命”及巡抚、布政使等“大小有司”皆前去恭迎圣驾。乾隆元年十月该官职署名为“兵部尚书兼都察院右都御史总督江南江西等处地方军务兼理粮饷操江加二级纪录十次赵弘恩”。

总督称制台或制军，驻江宁（今南京），衙署以明“汉府故址”建总督部院（习称督署），西与“沐府东街”（沐府即黔宁王沐英府邸，在估衣廊）相接。署址今为长江路292号。太平天国时为天王府。民国时为国民政府、总统府。新中国成立后为江苏省政府、省政协机关大院。

江　南　省

顺治二年闰六月二十五日，改明南京（南直隶）为“江南承宣布政使司，驻省城（今南京）”，所辖地区包括今江苏省、安徽省和上海市。

关于江苏、安徽两地下文将分述，对上海将不再涉及，故在此略记一二。上海本为华亭县域。元至元十四年（1277年），升华亭县为华亭府，十五年改为松江府，于府下复置华亭县。至元二十七年，分置上海县。清时上海县属江苏布政使司松江府。

因“江南为东南大省”，初领十四府五直隶州，处于“四省漕艘要津，上关国政，下利民生……食货则田赋当天下六之一，关税当天下十之七，盐课当

两江总督署西辕门旧影

天下五之三，生聚之繁，物产之富，甲于海内”。鉴于江南地位之重，应江南经略招抚郎廷佐之奏请，于清顺治三年（1646年）二月，在江南设江南左、右布政使，以助治理。

顺治十八年（1661年），“为左布政使领安庆、徽州……九府和四州；分置右布政使，驻苏州，领江宁、苏州……五府”。康熙五年（1666年），右政使司增领扬州、淮安二府及徐州。康熙六年，“定为江苏、安徽二布政使司，领府如故”（《江南通志》）。于是在近十多年来出版的几本书籍皆持康熙六年“江南省分为江苏、安徽两省”之说，对于这一点似有值得商榷之处。

各书表述虽略有不同，但对康熙六年江南省分为江苏、安徽两省及右布政使于顺治十八年驻苏州的记述却是一致的。

但经检阅《康熙江宁府志》等志书及康熙皇帝玄烨南巡时的两座碑文，与上述记述多有不合。《康熙江宁府志》纂于康熙六年（七年秋刊刻），碑文一为康熙二十四年、一为康熙三十八年，皆为康熙皇帝南巡纪事；还有一本《江南通志》都可参证。而《康熙江宁府志》比《江南通志》要早70年，比《清史稿》更要早200年，为当时人记当时事，应更接近历史真实。

康熙六年江南省并未分省

其一，《清史稿》说于康熙六年“江南更今名”。“更今名”是何意？是更为“江苏”，还是更为“安徽”，未明说。不过其意还是看得出来，“江南省”的名字改了，改为江苏、安徽两省。可是成书于康熙七年的《康熙江宁府志》多处仍标为“江南省”。康熙二十四年及三十八年的两座碑文皆刻为“江南江苏布政使司”“江南安徽布政使司”，没有一处记述为“江苏省”“安徽省”。直至乾隆元年秋成书的《江南通志》，该志是奉朝廷之命纂修，有前后任总督、巡抚、布政使、按察使等一批朝廷命官署名的官修志书（该志虽有前后矛盾之处，但总体内容是可信的）还是记为：“今江南省江苏布政使司领江苏八府、直隶三州；安徽布政使司领安徽八府直隶五州。”其志后文也说江南省“凡为府十六，直隶州八，属州七，县一百一十二”（《江南通志》卷之四“建置沿革总表”）。志文记载十分明确，不但在康熙六年未分省，甚至在七十年后的乾隆元年，江南也未分省、未改名，还依旧继领十六府一百一十二县，而江苏、安徽所设布政使司，应视为江南省的派驻机构，其衙署及职官名称亦可佐证。尤其是于乾隆元年冬十月，兵部尚书兼都察院右都御史总督江南江西等处地方军务之职的赵弘恩为《江南通志》所作的“序”中说：“直省各志已次第进呈，而江南独居其后。江南为东南大省，掌故事实浩如烟海，纂集综核未敢猝成……”序中明确无误地视江南为一省。此时距“康熙六年分省”已过 69 年，“江苏”“安徽”并非“直省”，而江南仍为“直省”。直至乾隆中期，朝廷任命的官员职务前仍冠以“江南”二字，后文引例亦可印证。

其二，说右布政使司，也即后来的江苏布政使司于顺治十八年“驻苏州”。但成书于康熙七年的《康熙江宁府志》是这样记述的：“安徽布政使司衙门在府治（指江宁府治，在今府西街南京一中处）南，旧大功坊内；江苏布政使司衙门在本司（指安徽布政使司）左。按察司衙门在淮清桥大街。盐法道衙门、督粮道衙门俱在府治南，旧大功坊内。”说明江苏布政使司非但在顺治十八年未“治苏州”，即使到康熙六年也未“仍驻苏州”，而是在江宁（今南京）大功坊（今瞻园）内。

其三，在康熙末年，江苏、安徽两布政使司职能渐趋强化，如雍正二年（1724年），总督查弼纳提出“量地制宜”而置机构；雍正八年总督史贻直、九年署总督尹继善接连上疏请改府州县，此后府州县设置迭有变动。江苏、安徽两地的行政职能分割日渐明细，但军务、粮秣、教育等尚一体管理。如两地的粮秣，就由“管理江南江安督粮道……布政使”统管；再如每三年一次的乡试，两地的学子皆会集江南贡院统一进行考试，所取士子“上江居其四，下江居其六”。即使在太平天国建都天京期间，三次江南乡试分别借用顺天（今北京）、浙江考场，也是两地学子同赴一处应试。

实质意义上的分省应在乾隆二十五年（1760年）。是年，安徽布政使司迁徙安庆；而江苏又分设江宁布政使司，江苏一地分为两布政使司。由此，管理更为细化，集权相对分散、减弱。

江苏布政使司

清顺治十八年，分置右布政使，领江宁、苏州、松江、常州、镇江五府。康熙五年，将扬州、淮安二府及徐州从左布政使司划属右布政使司。康熙六年，右布政使司定为“江南江苏等处承宣布政使司”，当时职官为“江南江苏等处承宣布政使司布政使加一级佟彭年”。其衙署驻地，于七年编成的《康熙江宁府志》记为：在本司旧大功坊左，即今瞻园路126号南京航天管理干部学院。此时，江苏布政使司辖江宁府、苏州府、松江府、常州府、镇江府、扬州府、淮安府及徐州等七府一直隶州。雍正二年，改苏州府之太仓州为直隶州，淮安府之邳州、海州（连云港）为直隶州，扬州府之通州（南通）为直隶州。雍正十一年，升徐州为徐州府，复改邳州为府属州。就是说从雍正十一年至乾隆二十五年，江苏布政使司辖八府、三直隶州。乾隆二十五年，设立江宁布政使司，从此直至清朝末年，江苏布政使司辖苏州府、松江府、常州府、镇江府等四府及太仓直隶州。江苏布政使司于康熙七年后某个时期从江宁移驻苏州，未见确切记载，不过乾隆元年“驻苏州”已见史记载。乾隆元年八月该司职官为“江南江苏等处承宣布政使司布政使张渠”。江苏布政使司迁苏州后，江安督粮道署即由大功坊内迁此，直至清末。民国时期，此处为国民党中央宪兵司令部。现为南京航天管理干部学院。

清江南省江苏（右）布政使司署（后为江安督粮道署）旧址（范必胜摄于2012年）

安徽布政使司

清顺治二年，设江南省左、右布政使，以助治理。顺治十八年，“为左布政使，领安庆、徽州、宁国、池州、庐州、凤阳、淮安、扬州九府，徐、滁、和、广德四州”（《江南通志》）。康熙五年，左布政使司之淮安、扬州二府及徐州划属右布政使司。此时，左布政使司领安庆、徽州等七府三州。康熙六年，左布政使司定为“江南安徽等处承宣布政使司”，其时职官为“江南安徽等处承宣布政使司布政使金铉”，仍领七府三州。雍正二年，改凤阳府之颍、亳、泗三州及庐州府之六安州为直隶州。雍正十三年，“改颍州为颍州府”，“以直隶亳州改隶府州”。乾隆元年，江南安徽布政使司“领安徽八府直隶五州”，该年八月的职官为“江南安徽等处承宣布政使司布政使晏斯盛”（《江南通志》）。治所在江宁旧大功坊。乾隆十一年，陈德荣从贵州布政使司调任“江南安徽布政使司布政使”。乾隆二十二年，乾隆帝弘历南巡驾幸此署，为安徽藩司题写“瞻园”二字匾额（注：有文据此说“瞻园”之名始因乾隆帝题额。实误。瞻园之名，雍正时已见史载，只是乾隆帝为园名题字。南京另一处“瞻园”在武定桥东，为乾隆

清江南省安徽（左）布政使司署（后为清江宁布政使司署）旧址（范必胜摄于2012年）

时状元秦大士之园宅）。

乾隆二十五年，安徽布政使司由江宁移驻安庆，驻江宁时达百年。江苏、安徽两地实质上的分治应自此始。当然某些职能并未完全分隔。安徽布政使司迁安庆后，新成立的江宁布政使司即驻此。

江宁布政使司

乾隆二十五年八月，“以江宁钱谷务剧，增置布政使一人”，设“江南江淮扬徐海通等处承宣布政使”。江苏一地设两布政使司，在全国仅此一例。江宁布政使署即驻旧大功坊原安徽布政使署。此时，两江总督、江宁将军、江安督粮道、江南盐法道与江宁布政使司同驻江宁（今南京）。新成立的江宁布政使司领江宁府、扬州府、淮安府、徐州府，海州（连云港）、通州（南通）等四府二直隶州，直至清朝末年，达140多年。该署民国时期为国民政府内政部及国民党“中统局”，今为太平天国历史博物馆。

其时，江宁府为首府，全称为“江南江宁布政使司江宁府”，府城称“江宁省城”或“金陵省城”。

清两江总督署

"天上无端催晓暮，人间何事有兴亡"。历史的发展，朝代的更替，犹如奔腾的长江之水不可阻挡。想当年，今长江路汉府街一带，是何等的显赫和风光！除明初为归德侯陈理府第，及稍后朱高煦在此筑汉王府（至今留有汉府街地名及煦园遗迹）之外，整个清代在此设两江总督衙署，长达250余年之久，中间太平天国在此建立的天朝政权，又历十有二年！今日，人们在西花园游览时，间或还可觅得前朝的垣础或瓦砾，它启示人们：这里曾是藏龙卧虎之地，历五百年盛衰，阅三朝之兴废！

顺治二年（1645年）五月十五日，清军进入南京，二十四日，统帅多铎身穿红锦箭衣，骑着高头大马在大批武士的簇拥之下，由洪武门入城，从此奠定了清朝在南方的统治。清军在平定江南后，改南京为江南省，设"经略招抚内院大学士"，执掌江南的军政大权，官衔为从一品，养廉（年薪）一万八千两。四年改称总督。首任此职的是明降清大臣洪承畴。当时他的头衔为"钦命招抚江南各省地方总署军务兼理粮饷内院大学士太子太保兵部尚书兼都察院右副都御史"。清廷委洪承畴担任此职，一是利用他明降重臣的身份，笼络江南明代的一批大臣及知名文人，也是对洪承畴恩宠的表示；同时也是对江南所处地位的特别看重。

两江总督顺治初始辖江南（包括今江苏、安徽）、江西、河南三省；顺治六年改辖江南、江西二省（十八年江南省分设左右布政使司）。康熙三年（1664年）只辖江南一省（六年改左、右布政使司为安徽、江苏二布政使司）。康熙二十一年，复辖江南、江西二省。

洪承畴任职后，深感"江南兵马钱粮，满汉事务文移最多，即一日亦未易停歇"，以至劳顿生疾。他在顺治三年十二月给顺治皇帝的奏折中写道："……乃臣年五十有四，血气渐衰，精神顿减。本年十一月十九日平明，臣正进公署，

清两江总督署（摄于1911年）

忽右目如有蒙蔽，及至衙门办事，右目瞳子已有内翳，若自掩左目，则右目竟不能见字，数步之内不能辨人物……臣于十二月初一日起，未能进公署，每日惟在私衙理文书，稍省接见官员烦苦。意谓调数日，可望复明。不虞至今十二月十二日，延医调理，犹然罔效……唯臣自上年九月起至今年十一月，每竭一日之力，至酉时犹必亲灯，五更复秉烛理事，原不敢以为劳。今右目有疾……若渐至两目受患，则臣报圣恩之日长，而臣之目力渐短矣。臣私心忧闷，出于无可奈何……不敢不披沥叩陈于君父之前，伏乞皇上垂怜鉴察施行……”顺治皇帝于十三日复旨：“朕知道了。卿暂在私衙理事，少痊即入公署。”四年二月，洪承畴向顺治皇帝启奏，他刚从来衙署的家人处获悉，其父于上年九月二十七日病逝，请准回家“守制三年”。顺治皇帝于十五日即降旨抚慰，并留“卿且于衙内守制”。此时的洪承畴因伤父“方寸已乱，精神昏愦”，但还是留在两江总督的位置上，朝夕料理江南事务，“不敢顾及私家”。

总督衙署今虽仅存大殿、穿堂及西花园，但仍可想见当年的宏大规模。其建筑气势恢宏，气氛威严肃杀。老远就看到耸立两旁的东西辕门。署前有“两江保障”“三省均衡”二坊。巍峨的衙署大殿门楼上高悬乾隆皇帝二十二年

（1757 年）春南巡至此时，为总督尹继善所题的“惠洽两江”的金字匾额。文武百官老远就得下轿下马，以示尊崇。

咸丰三年（1853 年）二月，太平军攻占金陵，总督陆建瀛离府出走，至小营黄家塘被太平军追杀。天王洪秀全入城后驻此，并在此基础上扩建了天朝宫殿，俗称天王府。1864 年，曾国藩、曾国荃率湘军攻打太平军，城破后，宫殿毁坏殆尽。埋在大殿地道内的洪秀全遗骸也被掘起焚烧。“十年壮丽天王府，化作荒庄野鸽飞”。

同治十年（1871 年）正月，对总督衙署开工重建，次年四月落成。新建正宅、门楼、穿堂、厅楼、亭阁等计 1189 间，又吹鼓楼二座、牌坊四架，并整修了西花园、荷花池、驳岸等，池中的石舫保存依旧。时光转到 1911 年（辛亥年）11 月，大炮在石城上空轰鸣，沉寂的古老金陵立刻翻腾起来。不日江浙联军光复南京，末任总督张人骏落荒而逃，与江宁将军铁良溜到下关江面日舰上才保住了性命。这时镇军司令林述庆首先进入总督府，驻在正殿内，随后联军总司令徐绍桢率兵进入。昔日府衙迎来了新的主人。1912 年 1 月 1 日，孙中山在此就任中华民国临时大总统，历史翻开了新的一页。

太平天国天京十九座王府

太平天国癸好三年二月十四日（1853年3月19日），太平军攻占江宁（今南京），改名天京，定为首都。自天王以下各王在南京都建有宏伟壮丽的王府。后曾国藩、曾国荃率军攻占金陵，纵兵烧杀，“贼所造宫殿行馆皆为官军所毁”，各王府及官衙所存无几，在天王府遗址上只能看到石舫等不多的遗物。现根据当时人的记载，及访问南京耆老，将考证出来的太平天国王府略述如下：

天王府 天王府在今长江路292号，以清朝两江总督署改建而成。天王洪秀全于太平天国癸好三年二月二十四日由水西门坐黄轿进城，四月建天王府于总督署。何绍基的绝句诗曰：“十年壮丽天王府，化作荒庄野鸽飞。”我们从这句诗中可以体会到天王府建筑的宏伟壮丽。《同治上江两县志·建置考》说：“往者粤匪作逆，陷金陵，伪称为天京，据总督署为天王府（始居将军署，后徙此），堕明西华门一面城，自西长安门至北安门，南北十余里，穷砖石，筑宫垣九重。”可见天王府的范围是很大的。孙亦恬《金陵被难记》里对天王府的建筑描述很具体，据记载：“天王府就制台署改造以外，如吉祥街、清溪里巷、大行宫（即南巡行宫）等处民房全行拆毁，周围厚筑墙垣高五六丈，仅辟一门。复添造房屋作头门，门上绘龙虎形象，门内不准擅入，门外两旁造伪朝房，伪官厅无数，居中去头门约一箭路，建一牌楼，上书‘天子万年’四字，离牌楼约一箭路，建一高台，名曰‘天父台’，设长胡梯，不禁人登，惟登台者必令下跪，明敬天父意也。跪起，任人眺望，于城外四处，无不在目。”作者在太平天国初期，曾是太平军一员，在城中住了一年半，凡所见闻比较确实。这是天王府前期的情形。

后期的天王府，从陈庆甲著《补患斋诗存》中可以了解一个大概。陈庆甲于1862年5月被抓到天京，住在天王府附近。他把在天京所闻所见，写成《金陵纪事诗》若干首。天王府一首诗说：“天堂底事众争夸，地是当年制府衙。”

天朝宫殿正门（西方人绘）

又一首说："皇天门接圣天门，殿号真神体势尊。几幅舆图嵌四壁，鸣钟伐鼓闹黄昏。"下面加注说："头门为皇天门，门内殿为真神殿，殿后为圣天门，四壁嵌砖镌地理图，旁列龙凤钟鼓。"写得虽然很简单，然从头门到圣天门的情形已大致描绘出来，圣天门以内就是后宫了。圣天门以内，作者另一首诗说："天日荣光结构深，重门掩处尽沉沉。"下面加注说："自圣天门以内，人莫能到，执役悉用女官，有女丞相、女指挥等名目。"圣天门以内普通人不容易进去，所以记载就比较少了。

东王府　东王府先后三次迁移，瞻园做过几天东王府，以后迁到今莫愁路堂子街一带。东王府为何几次迁移，有过不少传说。东王杨秀清，太平天国癸好三年二月二十三日，由水西门坐轿进城，先驻将军署，旋移藩署，后移旱西门前山东盐运使何其兴宅，又把姓史的住宅一并圈入。地址在今汉西门黄鹂巷一带。关于东王府的建筑，南京图书馆所藏山曲寄人题壁诗稿本，第一首《初立东王府》诗："紫禁城中虎血攒，谁知鬼瞰胆都寒。烦冤不定分新故，任使强徒也不安。"诗说东王本来想驻清将军署，诬蔑东王因怕鬼不敢住。第二首《再立东王府》诗："藩署宜将旧制还，胜朝王府虎中山（藩署为明功臣中山王徐达帅府，供有神像）。匪人入座三批颊，到底威灵总不刊。"这首诗诬蔑东王驻藩署时梦被中山王神像三批其颊，而迁移。第三首《三立东王府》诗前两句说："黄鹂雅号是高岗，筑起巍峨四面墙。"黄鹂岗又叫做黄泥巷，在汉西门附近，包括堂子街一带，今 74 号东王府衙署内仍保存着珍贵的太平天国壁画。《同治上江两县志》卷五里说："黄泥巷，古运巷。按《建康志》：运巷，与今天庆观相接，即黄泥巷。沈约《自序》曰高祖赐馆于都亭里之运巷，即此。有何其兴运使宅。"

西王府和南王府　西王萧朝贵于太平天国壬子二年七月（1852 年 8 月）猛

攻长沙时牺牲；南王冯云山于同年四月进攻全州时阵亡，天王笃念功勋，到南京后，仍各建王府，安置幼西王和幼南王。西王府设在布政使司衙门，在现在的瞻园；南王府设在按察使司衙门，在今建康路淮清桥附近，即针巷南口夫子庙小学分部所在地。

堂子街太平天国壁画

北王府　北王韦昌辉太平天国癸好三年二月二十一日由仪凤门骑马进城，先驻西辕门李氏宅，又迁上江考棚，最后移中正街李姓住房。在上述山曲寄人题壁诗，同东王府一样，亦有《初立北王府》《再立北王府》《三立北王府》诗三首，同样说明北王府三次迁移的过程。《初立北王府》诗："青年甲第自堂皇，制府辕门共一方（李氏宅与总督衙门相近）。最好灵狐知节义，逼他叛贼远飞飏。"这首诗说北王韦昌辉住富室李姓宅，距离制府辕门不远，诬蔑北王为狐所祟，因而迁移。第二首《再立北王府》诗："相定安徽试院前，崇宏两宅却毗连（安徽试院，即上江考棚，在今建邺区小王府巷，原与邢王两姓住宅相连，并打通为一）。无端委地茶瓯破，盗贼惊慌又避迁。"这首诗说北王因茶碗忽然堕地，迁出上江考棚。第三首《三立北王府》前两句说："迁来又属谪仙家，涂抹垣墉甚不华。"这诗说北王第三次又迁移到一个李姓的房子，把墙壁加以粉刷，并加上彩画。

翼王府　天国癸好三年二月，石达开到南京后先驻大中桥附近斛斗巷旁刘氏宅，距离北王府不远，门面很宽敞。当时各王府都就旧房加以改造，唯翼王府只把门面加以修刷，宅内没有多大变更（据《金陵杂记》）。是年八月出巡安庆，冬天回来，因人多又迁到上江考棚，在今建邺区小王府巷。王韬《翁牖余谈》卷六说："金陵初陷，入据大中桥刘氏宅，改建为伪府，栋宇固宏敞即仍其旧，未毁民居。"又说，"自安庆退，人众屋小，且旷废之后，时有鬼狐为祟，乃移于上江考棚，并扩并前任安徽道王宅及邢园而居之。"

忠王府 忠王李秀成，太平天国己未九年五月（1859 年 6 月）封忠王。他的王府先在明瓦廊，王府中的情形，英人富礼赐《天京游记》有详细描述，并说当时忠王方建造新邸，地址离旧府约一里半，工程宏伟，工人千余在那里工作。唯新府址究在何处没有明确指出。中文书刊亦未见有记载。赵烈文《能静居士日记》记载，同治三年七月二十日（1864 年 8 月 21 日）："出城道过废伪忠王府，墙高宜天，袤延数百步，故江宁府署改造而扩充之也。"从这里可以看出新建的忠王府地址在江宁府署。江宁府署在内桥西南、府西街今南京一中一带。由明瓦廊到这里约一里半路。

英王府 英王陈玉成，太平天国己未九年夏（1859 年）封王。他的王府据陈作霖《炳烛里谈》、杜福堃《新京备乘》等书，都说是在新桥钓鱼台原明代孔贞运的故宅。后来，看到赵烈文《能静居士日记》抄本记载，同治三年七月初九（1864 年 8 月 10 日）："入城循秦淮西行，至伪侍王府，钓鱼台汪氏宅也。又至伪英王府，水西门张氏宅也。英王府拟中堂居，侍王府拟中丞居。"七月初九系天京陷落后一个月零三天，这个记载是可靠的。为这个问题，笔者曾几度跑到水西门附近，访问多位年纪在 70 岁以上的居民，他们一致地说英王府在登隆巷和仓巷之间，所有安徽会馆附近的房子都是英王府的范围。从前在油市大街那边有一个辕门，安徽会馆这边有一个辕门，规模很大。按曾国藩日记记载，同治三年七月十一日："中饭饭后至伪英王府小歇，酷热异常，不能治事。将来拟即以伪英王府为总督衙门，因将应行修改之处料葺一番。酉正至善后局一看。夜阅本日文件，核批札稿，即在伪英王府住宿，以明早须拜寿也。"同月十二日日记又说："是日恭逢慈安皇太后万寿，借伪侍王府设帷幛，率各文武行礼，即在该处早饭。饭后余仍至伪英王府小睡，指示委员将房屋应行修改之处粘签。午初再至伪侍王府听戏陪客。"又黎庶昌编的《曾国藩年谱》卷九载："金陵之克，贼所造宫殿行馆皆为官军所毁，公乃于水西门择房屋稍完者委员葺治，以为衙署。"据这些记载，可以知道英王府规模宏大，当初曾国藩本拟把总督衙门设在这里，后来虽然没有实现，但英王府的遗址在登隆巷安徽会馆是毫无疑问的了。

侍王府 侍王李世贤，忠王李秀成的堂弟，太平天国庚申十年三月（1860 年 4 月）封王。他的王府设在新桥钓鱼台，面临秦淮河，地方很宽敞。1864

年7月19日，天京沦陷后，曾国藩于同治三年六月二十五日（1864年7月28日）到南京。七月初十日记里说：“进城至侍王府，沅弟请诸将戏酒酬劳，余与会看戏，至午正开筵。”七月十二日，清皇太后慈安诞辰，曾国藩、曾国荃在这里祝寿，已见上述英王府。后来这个房子由湘军头目加以扩充修葺，作为湖南会馆。曾国藩、曾国荃兄弟捐银5072两（见湖南会馆捐项碑）。大门口有石狮一对，门前空地上有牌坊石墩一对，墩四周刻有回文图案，中间刻鸳鸯鱼花，没有人物，可能是太平天国遗物。大门内有同治年间湖南会馆条规、捐项等石碑。

燕王府　燕王秦日纲，太平天国甲寅四年四月（1854年5月）封王。太平天国癸好三年初入城，时驻中正街董宅，以后移驻昇平桥前任湖北宜昌府程家督宅（据《瓮牖余谈》卷七）。

豫王府　豫王胡以晃，太平天国甲寅四年五月（1854年6月）封王。驻府西街江宁府署（据《贼情汇纂》卷一）。

信王府　信王洪仁发，天王洪秀全长兄。太平天国丙辰六年（1856年）秋封安王，后改封信王，驻珠市前四川布政使李宗传宅（据《贼情汇纂》卷二），在今建邺路。

慕王府　谭绍光，以平定苏浙功封为慕王，王府设在铁作坊，后为金陵书局局址（据《新京备乘》卷中），在今三山街。

赞王府　赞王蒙得恩，太平天国己未九年（1859年）封王。王府设在马道街前南河河道总督潘锡恩宅。据英人富礼赐《天京游记》译本说：大门上绘有龙形，各屋宇俱是簇新的，大堂四壁满挂黄缎或黄纸的长条，旁边绘龙形，中间为联语，客厅四壁有五彩图画。

章王府　章王林绍章，太平天国庚申十年（1860年）封王。先驻四条巷，后驻巡道署（据《贼情汇纂》卷二），即奇望街针工坊口。

力王府　力王张朝爵，是后期封王的，年月不详。其王府设在九儿巷直隶按察使周开麒宅内（据《贼情汇纂》卷二）。

辅王府　辅王杨辅清，东王杨秀清族弟，太平天国庚申十年三月（1860年4月），击破江南大营后叙功进封为辅王。辅王府府址在夫子庙附近奇望街。

听王府　听王陈炳文的王府，据曾国藩同治三年十月二十二日（1864年11

月 20 日）奏请江宁省城建立湘军昭忠祠折里说：“江宁城北莲花第五桥地方有伪听王府一所，系贼中新造之屋共七进，前临小塘后抵石婆婆巷，东至进香河，西有围墙。”同年十一月初一（1864 年 11 月 29 日）在日记中说：“又看鼓楼昭忠祠即伪听王府，轩敞宏深，极为惬意，定于日内入主。”十月二十二日奏请改建江宁昭忠社祠，十一月初一说是定于日内入主，可知听王府完全没有损坏，不用修葺，即可利用。据传当时里面还有贞烈祠，并设有忠裔院，以培养所谓忠烈的后裔。

顾王府　顾王吴如孝，癸好三年二月攻克镇江后调回天京，与燕王秦日纲合围清军，在高资大破清军吉尔杭阿。不久封为顾王，设王府于黄泥岗。

大家知道太平天国尤其在后期封王很多，号称三千（当然其中许多是有封号无府的），其中在南京的王府就不少。

（朱子爽）

民国临时参议院

“梦里依稀慈母泪，城头变幻大王旗”。每当人们走过湖南路10号这座塔楼式西洋建筑的时候，总是联想起鲁迅先生这两句诗。不是吗，这座典型的近代建筑，在不到一百年里，历经了几番风雨、几度春秋：一会云遮雾障，电闪雷鸣；一会烟消云散，天朗气晴。它总是和专制与民主、压迫与反抗、沦落与自立联系在一起的。民主革命先行者孙中山先生，就是在这里被选为临时大总统，又是在这里被解除总统职务；更滑稽的是，以刺杀清廷摄政王而名噪一时的汪精卫，也是在这里被人所刺伤……它是中国近代史的一座活的见证，是以民国第一个立宪机构而被载入史册。它就是中华民国临时参议院。

封建历史翻到最后几页，中华大地掀起了一阵立宪风潮。古都金陵时为江宁布政使司所在地，习称“江宁省城”，一批文人与全国各地的文人一道发起了立宪运动。慈禧太后为了笼络人心，饬光绪帝颁发了一道道“圣旨”，“预备立宪”，“图谋改良”。光绪三十三年（1907年）八月二十三日，“钦奉电传上谕：朕钦奉慈禧端祐康颐昭豫庄诚寿恭钦献崇熙皇太后懿旨，宣布宪政，业经明白宣谕，近已降旨，先设资政院，以立宪基础……开办自治局并设咨议局。”而两江总督考虑到“中国法制未备，人民程度不齐……于上元、江宁两邑先行试办”（见《南洋官报》）。当年十一月二十六日在江宁省城开办了自治局并设咨议局。可是还未过几个月，即光绪三十四年六月二十四日，“宪政编查馆”又向全国发文：“查咨议局关系重要，选举事宜尤属创办……应就省会地方先行设立该局筹办处，筹限一年。”原已在评事街七家湾成立的江宁咨议局，只得改设“江宁咨议局筹办处”。

筹办处成立后，即呈报兴建正式办公场所，不久即获准。宣统元年（1909年）闰二月二十二日，接“奉朱砂批该衙门知道，钦此钦遵到部，原奏内称……就江宁省城北（即丁家桥16号，今湖南路10号）购备空旷之地，以为会场基址，刻期营构。其开办常年额支、活支既司选员书旅费，以及购地、建筑各项经费，均饬由财政部陆续筹拨”。

宣统元年八月，江宁咨议局正式成立。接着江苏咨议局也于九月一日成立。不久，两局合并。首任江苏咨议局议长为南通实业家张謇。他接任后，在原江宁咨议局拟建会所的基础上，改委通州师范学校测绘科学生孙支厦到日本考察，提出新的设计方案。当时日本的行政会堂建筑，大多采用近代西方行政会堂形式。考虑到江苏咨议局作为名义上的立法机构，仿用法国古典式建筑形式是较为恰当的。

现在我们看到的这座建筑，即出自孙支厦之手。整幢建筑中有塔楼，两边对称；圆拱门窗框、墙线壁柱及深绿色陡峭的屋顶，配上突出的大门厅，规则匀称，浑然一体。尤其是钟楼，装饰较为华丽，蒙莎式屋顶别具特色，给人以质朴庄重、明快而有生气之感。

1911 年（即辛亥年）10 月，武昌首义成功，各地纷纷响应。11 月 19 日，江浙联军进攻南京。12 月 1 日夜，江南提督张勋眼看大势已去，溜出南京，经大胜关至浦口北逃。12 月 2 日城区全部光复，3 日浦口亦光复。当日，江苏省临时议会议员开会选举原清廷江苏巡抚程德全为江苏都督。江苏咨议局的使命至此结束。

12 月 24 日，各省都督府代表联合会由武昌移到南京，在丁家桥原江苏省咨议局衙署（今湖南路 10 号）开会，出席会议的有 17 省代表共 45 人，29 日选举建立南京临时政府，推选孙中山为中华民国临时大总统。汤尔和、王宠惠分别当选为议长、副议长。

1912 年 1 月 28 日，在该大楼开会成立中华民国临时参议院，由 17 省选派的议员和代理员 42 人组成。1 月 29 日，选出首任议长林森。3 月 15 日又补选副议长王正廷。参议院系临时性国会，拥有立法、制宪、财政预决算、弹劾，以及选举临时大总统、副总统等职权。参议院是民国史上第一个名副其实的立宪机构。4 月 1 日，参议院接受了孙中山辞去大总统职位。4 月 29 日，参议院迁往北京。

从 20 年代起，这里成了国民党中央党部（后国民党中央广播电台在此开播）。在原主建筑周围又新建了礼堂及重要设施。新建筑为著名设计师关颂声

清江苏咨议局（后为民国临时参议院）

设计。从此，民国的许多“国是”即在这里或明或暗中作出；各派势力的聚合与离析，也在这里的讨价还价中达成。尤其是不甘居蒋介石之下的行政院长汪精卫，1935 年 11 月 1 日在出席国民党四届六中全会的时候，突遭三枪袭击，1944 年终因子弹炎症而命归黄泉。

新中国成立后，这里为华东军区政治干部学校，后为工程兵司令部。今天，这里是中国人民解放军江苏省军区、南京警备区司令部机关驻地。在此期间，又修建一批房屋，现在有新老房屋共 72 幢，建筑面积为 78921.8 平方米，是一座规模宏大的院落。

民国总统府

位于国府路（今长江路）上的总统府，一座高大的圆拱式门楼居高临下，显得那么威严和不可一世。虽其统治在当时是何等的脆弱与不稳，但蒋介石总是以一国最高统治者的身份，从这里不断向各地发布“政令”和“军令”。现在的影视上常出现这样一个镜头：1949 年春天，蒋政权摇摇欲坠，4 月 23 日夜，解放军渡江至下关，从挹江门进城，南京解放。24 日晨，解放军占领总统府，“青天白日旗”从门楼的旗杆顶飘然坠下，标志着国民党政权在大陆 22 年统治的完结。

“天若有情天亦老，人间正道是沧桑。”22 年，风风雨雨；22 年，国乱民离。

1927 年 3 月 24 日，国民革命军攻占江宁省城。蒋介石连忙从安庆赶到南京，在今长江路 292 号原两江总督衙署大院内设立军事委员会。4 月 12 日，蒋发动了反革命政变。17 日于南京召开中国国民党中央执行委员会第七十四次政治会议，议决国民政府定都南京。4 月 18 日，南京国民政府正式宣告成立。

1928 年 2 月，蒋介石把临时大总统府作为国民政府办公地并加以扩建。原大门的两边是灰色围墙，当中一个矮矮的圆门，门前有一对石狮和两个木岗棚。大门与大堂之间的空场上，还有一道隔墙和二门。每逢举行纪念周或其他会议时，大院内车水马龙。当时的外交部长王正廷向蒋介石建议，把原两江总督衙署的辕门改建为门楼，因为国民政府为首都的中心，中外观瞻所系，屋宇太差，有失“国体”，亟须改建，以壮观瞻。蒋介石采纳了他的意见，命参军处负责承办这个工程。1929 年新建成的正门是一座砖结构水泥面、正面有三个圆门八根抱柱的三层门楼。门楼上有水泥塑制、表层贴金的“国民政府”四字，系行政院长谭延闿所书。这四个字在国民党统治时期未有变动。直至 1948 年 5 月，蒋介石当上了“中华民国总统”，才将“国民政府”四字换上“总统府”三字。

通常皆说“总统府”三字为内政部长周钟岳所写，近有文章指正应为在内政部供职的书法家陈义经所书。

进入大门原是太平天国天王府的金龙殿。厅上有孙中山亲书的“天下为公”四字匾额。厅前东西两侧各有内外两个小门：西侧外门额刻“璇原”，内门额刻“飞黄”，里面为收发室；东侧外门额刻“琼树”，内门额刻“清峙”，里面为机要室。1930年又扩建了礼堂。据传，有一次英国驻华大使许阁森前来呈递国书，按外交礼节，大使进礼堂门，首先一鞠躬，上前数步，至主席面前再一鞠躬。国书递毕，须从原位后退，再次鞠躬后，至礼堂门口转身出门。那次许阁森后退时步子跨大了，退到门槛边，几乎被绊倒。事后经典礼局呈请蒋介石批准翻修礼堂，将原来权充礼堂的那座旧花厅屋面翻盖，延伸花厅外的天井，面积扩大约三分之一，礼堂大门改为南向。1948年5月1日，蒋介石宣誓就任总统典礼仪式在这里举行。那天先出台的是穿长袍马褂的监选人吴稚晖，随后出来的文官是身穿硬领燕尾服的国民大会秘书长洪兰友；武官是身穿陆军便服、胸前挂了一排大大小小勋章的副总统李宗仁。最后出来的是蒋介石，他穿的是长袍马褂，胸前佩戴一枚青天白日勋章。大厅东侧平房为总统府参军处。大厅前西侧有小门，直达西花园。1929年曾在西花园水池北端盖了一幢西式大楼，作为军事委员会参谋本部办公室。

再进为三开间二厅。东厅为总统休息室，西厅为外宾接待室。大厅、二厅全是朱漆房柱，遇到重要节日，悬挂宫灯，显得古色古香。过二厅进入方门，门内为水磨石甬道，正中为双扉朱漆大门，名麒麟门，只有蒋介石到来时才打开。二厅至子超楼前两旁的厢房和正中的二层楼等建筑，是文官办公的地方。

大院最后的部分是子超楼和图书馆。子超楼即总统办公楼，是一座简朴实用的五层楼房。建于1936年，为林森（字子超）任国民政府主席时所建。楼前两株大雪松，系林森亲手种植。子超楼有半层在地下。二层楼东南角向南的三个房间，中为蒋介石办公室，东为休息室，西为接待室，林森时此室是书房。蒋介石对面的房间是副总统李宗仁的办公室，但李宗仁从未在此办公过。三楼正中为会议厅，是召开“国务会议”的地方。会议厅北面墙壁上有一块长方形的汉白玉石，上刻“忠孝仁爱信义和平”八个金字。会议桌呈“山”字形，蒋介石的皮靠椅在正中坐北向南，比其他皮靠椅更高出一头。子超楼西边为西花

总统府（范必胜摄于 2012 年）

园，军务局、参军处办公室设此。

1937 年“七・七”事变爆发，12 月，国民政府西迁。1938 年春，汉奸梁鸿志在南京成立“维新政府”，公开卖国投敌。这个傀儡小朝廷就设在总统府大院内。1940 年汪伪政权在南京建立。梁鸿志仍盘踞在院内，其时为伪监察院及伪立法院院址，并划西花园等处为伪考试院及宪兵司令部。

抗战胜利后，1946 年 5 月国民政府还都南京。1948 年 3 月至 5 月，国民政府在南京召开“行宪国大”选举“总统”。5 月 20 日，蒋介石、李宗仁就任正、副总统职，国民政府改称“总统府”，仍实行五院制。1949 年 4 月，南京解放，宣告国民党政权在大陆统治的结束。总统府现为全国重点文保单位，成为游览胜地。

（庄淑玉）

文化

渊薮

南朝乐府《华山畿》

东晋至南朝的270多年间，建康（今南京）既为京都，又是首屈一指的大城市。文化繁荣，诗歌创作空前活跃，“吴声歌曲”应运而生，以致流行于江浙广大地区。歌时常用箜篌、琵琶和篪，或加用笙和筝伴奏；有时也用单一的筝伴奏。《乐府诗集·上声歌》曰：“初歌子夜曲，改调促鸣筝。四座暂寂静，听我歌上声。”

“吴声歌曲”多为歌咏男女爱情之作，其中在建康地区以《华山畿》为代表。《华山畿》收情歌25首，曲曲怀思，字字柔情，语言晓畅，风格清新，是男女恋情的赤诚表露。

其中一首歌词云：“相送劳劳渚，长江不应满，是侬泪成许！”一对恋人在南京城东南方劳劳山下的江边洲头依依送别，面对滔滔大江抒怀：这江水本来不是这样满的呀，应是我的眼泪流成！这是何等深切的感情！劳劳山上有劳劳亭，古为惜别之所。后至唐代，大诗人李白曾游此，并作《劳劳亭》诗、歌各一首。

《华山畿》中最有代表性的乃是第一首，歌词为：“华山畿，君既为侬死，独生为谁施？欢若见怜时，棺木为侬开！”（注：“侬”，指妹妹我；“欢”，指情哥哥）此歌源于一个民间故事，情节和《梁山伯与祝英台》颇类似，流传年代也大体相同。《古今乐录》对这首歌的背景记述道：南朝宋时，有一士人路经华山，见了客店中的少女，遂生恋情，但又苦于无法接近她，后来含恨而死。他于临终时嘱咐其母，死后棺柩要从女家门前经过。这天，灵车经过女家门前，那女子听说后无法克制内心的激动，从房中奔出，哭唱上述情歌一曲。哪知此时棺木竟应声而开，女子便纵身跳入棺内，随即棺合而死。人们便将两人合葬，此坟取名“神女冢”。

这里提到的华山，一说是现在临近南京的宝华山，坐落在栖霞区与句容市交界处，另一说指镇江丹徒境内的华山。

南朝石刻

蜚声海内外的南朝陵墓石刻，现存有 30 多处，其中大部分在南京东郊和东南郊，尤以南京栖霞一带最为聚集。这些高和长达 3 米以上、雕工精湛的艺术杰作，是我国石刻艺术史上的瑰宝。

笔者第一次见到这种石刻雕塑纯属偶然。那是 1963 年深秋，当时笔者在南京市政府办公厅政法文教处工作，因紧急处理一起边界纠纷事件，陪同杨之水处长连夜赶到栖霞十月公社，到达时已是夜 10 时许，见到村口一片黑压压的社员，在群情激愤地叫嚷，心中不免有些忐忑。好在有市领导和江苏省民政厅领导的处理原则精神，杨之水处长便大声告诉大家：我们一定会秉公处理，请大家放心。随后邀请被推举出来的 7 位代表与公社领导一起到甘家巷小学听取意见。直到深夜 12 时许会议才结束，见社员们陆续散去，我们一颗不安的心才算放下来。此时笔者走出教室透透空气，在星光下忽见一尊庞然石刻大兽，虽然此夜没有月光，但依稀能辨出它的雄姿，我十分惊奇。时光已过去数十年，但那尊石兽的威猛形象却在脑海中时隐时现。

以建康（今南京）为政治中心的南朝，历经宋、齐、梁、陈四朝 170 多年历史，前期也曾相当繁盛，社会相对稳定，经济较为繁荣，文化“花团锦簇”，显露过特有的光华。帝王、贵族生活渐趋奢靡，不仅在世追求享受，还讲究死后安葬气派，于是在帝陵和王侯墓前神道两旁树立起一尊尊雕刻精美的艺术石刻制品。

南朝陵墓前的雕刻分为三类，即石兽、石柱和石碑，组成一组完整气派的石刻群。而帝陵神道旁的石兽，如宋武帝刘裕初宁陵、陈武帝陈霸先万安陵、陈文帝陈蒨永宁陵的石兽为麒麟和天禄，王侯墓前的石兽则为辟邪。

麒麟与天禄　古人视其为符瑞之物。麒麟的形象“麋身而牛尾，狼项而一角，黄色而马足”，而天禄为双角，两者其余则大同小异。形体高大，高约 3

米，长3米许，昂首挺胸，呲目张口，舌尖上翘，唇角有巨牙，颔下有长须，腹两侧有翼，前为鳞羽，后为长翎，遍体浅刻勾云纹，四足前后交叉，做奔跑状。造型浑厚凝重，雕刻精细圆润，简朴而生动。

辟邪 视为辟除邪恶之物，形体高约4米，长约3.6米，无角、颈短，仰首垂舌，颏下无须，其两侧双翼有凹道，胸突腰耸，挺胸跨步，威猛而浑厚。

神道石柱 或称石阙，又称华表、望柱等，为古代“诽谤木”演化而来。石柱分为柱础、柱身和柱盖三部分。目前尚存的石柱中，以尧化门十月村的萧景墓神道石柱最为完整。该柱通高6.5米，其中柱础高0.98米，柱身高4.2米，柱盖高0.51米，顶处小石兽高0.81米。柱身雕刻隐陷直刳棱纹24道，其上方近圆盖处有长方形柱额，侧面浅刻披身袒肩、赤脚、手执花草的人像。额中间反刻“梁故侍中中抚将军开府仪同三司吴平忠侯萧公之神道”。造型精巧，装饰华美。1980年南京特仿雕一座赠给日本名古屋市。

石刻辟邪

石碑 主要是介绍墓主人的时代、官衔、谥号等。目前保存较好的为始兴忠武王萧憺神道石碑。碑刻为碑首、碑身、龟趺组成。该碑通高5.61米，其中龟趺高1.16米，碑身（包括碑首）高4.45米。碑额上书“梁故侍中司徒骠骑将军始兴忠武王之碑”，碑文长达3096字，文为东海徐勉所撰、吴兴贝义渊书写、丹阳房贤明刻字。该碑刻向为史家称誉。清代金石家莫友芝称“上承钟（繇）、王（羲之），下开欧（阳询）、薛（稷）”；近代著名学者梁启超赞美该碑刻“南派代表，当推此碑”。

明初三朝会试及“状元碑”

明初洪武、建文、永乐三朝在南京举行的全国会试拔贡士、考进士、点状元，三年一试的考举选官，引起全国上下的高度关注，朝廷也极为重视，每届都派有声望的官员主考。士子一旦中了进士，尤其是被点中状元，那种“金榜题名”的至高荣耀与无比欢欣，令多少人为之钦慕。可这三朝在南京举行的会试留下多少内幕秘闻至今尚不为人知晓。

小教场内考举人、拔贡士

明朝定都南京，全国一统，急需人才。明太祖朱元璋采取两项培养和选拔人才的重大措施：一是恢复古已有之的科举考试；二是举办国学（而后兴建规模宏大的国子监）。

明洪武三年（1370 年）五月己亥下诏：“时以天下初平，官多阙员，令各行省连试三年，官足任使，嗣后三年一举，著为定例。”明代设科取士自此发端。当年秋季八月全国举行明朝开国后的首次乡试，称为“大比”。因乡试在秋季举行，故称“秋闱”。江南行中书省（包括今江苏、安徽、上海）区域内的十四府、四直隶州、十七属州及九十七县推荐的优秀学子满怀希望与紧张的心情，水陆兼程蜂拥赶到南京，参加首届江南乡试。

明初三朝，在何处举行这样规格高、规模大的乡试、会试成为一大难题。现在众多书籍报刊文章，都说“明初集乡试、会试于江南贡院举行”。此说有误，却广为流传。

其实明初三朝乡试、会试都未在江南贡院举行，因江南贡院其时尚未兴建。后经江南行省与中书省勘选并报奏明太祖朱元璋准奏，“在北城演武场”举行。据《洪武京城图志》载，演武场在覆舟山南，称“御教场”。因该教场与正阳

门（今光华门）外大教场（今人误写“大校场”）相区别，习称小教场（后称小营）。位于明宫城西北侧，南至珠江路以北红花园以东一线，北至覆舟山（今九华山）南，西到珍珠河东约200米南北一线，其中心位置在今演武厅东。当时为驻军习武演练之所，驻有“操练官旗军一万三千三百二十六”名。由于时间紧迫，只得在军营搭建临时芦席棚。为赶工期，除招募工匠外，还组织千余名士卒日夜搭建。一排排临时号舍建成后，进门当口竖挂一竿大旗，上书“有恩报恩，有仇报仇”。传说考试如同过阎罗关，往昔祖上积德的，自有神灵庇祐；如果祖上有过劣行，以至杀人越货的，这回就要遭报应。由于考场气氛森严威武，士子进场见此情此景无不为之一怔。明朝景泰年间建贡院后，直至清朝，在科考前要举行“招鬼”仪式，并制三色旗——请神以红旗、招亡灵以蓝旗、引恩怨鬼以黑旗，插于明远楼四角。夜晚号兵巡号时，一边敲打打更的梆子，一边高喊：有冤报冤，有仇报仇。吓得考生汗毛倒竖。

经过三场九天七夜的艰辛考试，遴选出明朝第一批举人。放榜时，人山人海，中举的春风得意，欣喜若狂，从此步入仕途；落榜的顿足叹息，有的甚至号啕大哭。

放榜次日，举行隆重的“鹿鸣宴”。主考官以下各级官员及新科举人皆乘轿赴宴，畅饮喜酒，奏乐诵诗，其乐融融。

洪武四年（1371年）二月，各行省录取的举人皆齐集南京，由礼部主持举行全国首次会试。考场仍旧在小教场芦席棚内进行。礼部委任会试主考官，称会试总裁。该科会试总裁三人，为临海陶凯、当涂潘庭坚、金陵赵权。举人士子进小教场考场时，文官监考，除有军士在大门把守，检查极为严格外，还在每间号房门口站立一名军士，称“号军”，进一步核对字号无误后方准入内。经会试考取者为“贡士”，其遴选程式习称拔贡。

金銮殿上点状元

洪武四年三月初一，在辛亥科会试中录取的贡士齐集明宫城午门内奉天殿，习称金銮殿。洪武皇帝朱元璋身着朝服，端坐在龙椅上，首次亲自策试贡士。由皇帝主持的策试称廷试或殿试。辛亥科廷试共录取120名，统称“进士”，

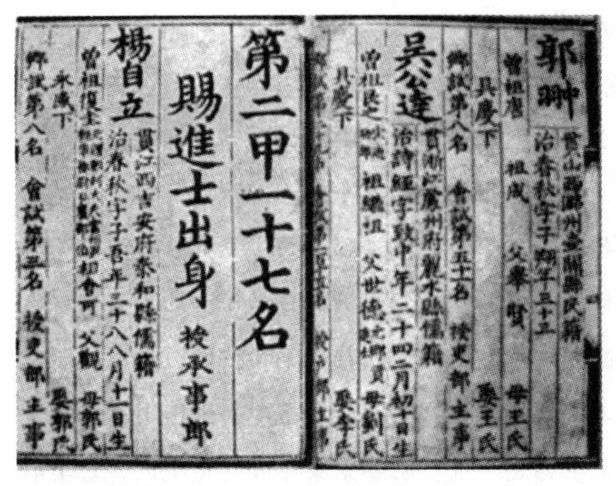

洪武四年会试榜

高丽人金涛在该科考中进士。遂于午门处放榜，榜按一、二、三甲分别授予进士及第、进士出身、同进士出身抄录公布。一甲为三名，即第一名为状元、第二名榜眼、第三名探花。而状元由皇帝亲自圈点认定，所以称为点状元。该科状元是吴伯宗。公布录取的名单写在黄纸上，称“金榜题名”。每写一个名字要唱名一声，叫“传胪”。录取的通知书叫“捷报”。

被录取的进士张榜后，朝廷立即派员骑快马向各行省飞传捷报。当地官府接报后即派员向中进士的府第报喜。报喜人员到进士家老远就喊“报喜！报喜！”该户家人齐聚门前迎接喜报。报喜人员下马走进府邸用棍棒打破几样物件，谓“除旧布新”。府上一边包送银两给报喜人员，一边说“同喜！同喜！”遂之鞭炮齐鸣，张灯结彩，当地官员名士纷纷到府致贺，可谓极尽风光荣耀。

洪武四年的首次点状元程式甚为庄重，由皇帝朱元璋亲自在“奉天殿宣谕名册，赐宴中书省，授吴伯宗为礼部员外郎”。次日，中书省为进士隆重举行宴会，该宴称“琼林宴”。琼林宴始自北宋政和年间，因该宴会曾在皇家园林琼林苑举办，故称“琼林宴”。明朝，初为中书省举办，废中书省后为礼部主办，招待会试总裁以下各级官员和全体新科进士。琼林宴自此形成定制。

按明朝规制，洪武十八年恢复第二次科考后（第一次辛亥科考后中断科考十三年），所取“进士皆入翰林院”，其后“使内外文臣皆由科举而进，非科举者毋得与官”，礼部尚书、侍郎及吏部右侍郎非翰林不得委任。形成“非进士不入翰林，非翰林不入内阁”的局面，科举拔贡成了朝廷官府选才用士的主要途径，因而也导致封建社会许许多多的文人为此苦苦拼斗了一生。

一科两殿试　同科双状元

科举举行之中，往往发生难以预料之事。洪武三十年（1397年）丁丑科会试，可谓一波三折，震惊朝野。

该科会试总裁为明大臣翰林院士刘三吾与白信蹈。经会试所取宋踪等52人。三月初一癸丑殿试，经皇帝朱元璋点陈郊为状元。张榜公布后，引起一片哗然，因所取者皆“南士”。消息传到皇帝朱元璋耳里，“怒所取之偏”，于是传谕侍读、三年前的甲戌科状元张信等十二人复阅试卷。阅卷后，仍报陈郊等人。朱皇帝尤为恼怒，一气下令将总裁刘三吾遣戍边疆，主考官白信蹈及前届状元张信、新科状元陈郊一并诛杀，引起全国极大震动。并传旨取来试卷，皇上亲自审阅，遂取任伯安等61人，皆为“北士”。又传旨礼部于六月初一辛巳复举行廷试，并亲点韩克忠为状元。

这就是丁丑科的“一科两殿试，同科双状元”，成为中国科举史上绝无仅有之事。而更可怜的是新科状元陈郊被点中状元，历时不到三个月就遭诛杀，成为中国科举史上最短命的状元。

明成祖北巡不归　众贡士望眼欲穿

明成祖朱棣取代建文帝后，永乐元年癸未，按祖制逢“辰、戌、丑、未”年应举行会试，可是这年刚取得江山，大政方定，无法举行会试，于是下诏：令各行省今年先行乡试，会试改在永乐二年甲申举行；永乐四年丙戌按例举行会试、永乐七年己丑又该举行会试。

永乐七年（1409年）正月刚过，各行省举人纷纷赶到南京，准备参加会试。二月，会试改在原国学文婎宫举行。会试后，本应于三月初一要赴皇宫奉天殿参加廷试，可是永乐皇帝朱棣却于二月初九壬午离开南京第二次巡狩北京，使会试考中的陈燧等95名贡士在南京心急火燎地等候。无奈之下，由在南京监国的太子朱高炽将这95名贡士送到成贤街国子监一边学习一边“俟车驾还京廷试”。

明成祖为何丢下令全国关注的会试而去北京？这与一件秘闻传说有关。

传说，朱棣夺取侄儿建文帝皇位后，心中常有惶恐之感。永乐元年夏天，他在皇宫奉天殿打盹，突然梦见有人抽刀刺杀。惊醒后就一直心中不安，担心有人要谋杀夺位，就与近臣密商回銮北京。近臣劝慰大祀初定，不宜速迁，暂缓决计。可是在永乐四年（1406 年）三月殿试后不久，朱棣就以狩猎为名匆匆出巡北京，走时连皇后徐氏也未偕同随行，实际上是为迁都建宫进行实地考察。遂于闰七月初五“诏以明年五月建北京宫殿”。永乐五年秋七月初四，明成祖皇后徐氏（中山王徐达长女）去世，临终前悔恨不迭，“未获随皇帝北巡”。按常规皇后去世后应在京师南京建陵安葬，可明成祖执意要在北京为皇后建陵。此后成祖更常往北京。

永乐七年二月是明成祖即帝位后第二次去北京，非但当年未回南京，且于永乐八年二月丁未从北京率师北征，至七月壬未大胜回到北京，并在新落成的北京皇宫奉天殿接受群臣朝贺。直到永乐八年十一月十二日才回到京师南京。致使这批贡士在南京国子监望眼欲穿苦苦等了两年时光，才于“永乐九年辛卯补行殿试”，从 95 名贡士中录取进士 84 名，使本该早已得到的荣耀迟滞了两年终才归主。永乐十年按例又该举行会试、廷试，于是壬辰科照例举行。这样一来，永乐九年、十年连续举行两次廷试。永乐十一年，朱棣再去北京，又是迟迟不归。礼部先后奏准，永乐十三年、十六年两次全国会试、廷试只得移到北京举行。即从永乐十年明朝在南京举行最后一次会试、廷试后，明朝就再也没有在南京举行过会试和殿试。其间，明成祖朱棣也只是短暂地回过一次南京。十七年秋，南京中央“六部政悉移而北”，朱棣再也没有回到南京。

洪武皇帝倡立“状元碑”

为弘扬科举文化，表彰和传承进士的砺志精神与功名荣耀，更为激励后生文人勤苦治学成材，报效朝廷，洪武二十一年戊辰科廷试后，明太祖朱元璋得知南京国子监的监生任亨泰廷试第一，十分高兴，当即诏谕翰林学士、国子监祭酒（国子监总监）宋纳“给予褒赏，由其撰题名记，立石监门”。这就是由明及清竖立“进士题名碑”（俗称“状元碑”）的由来。

据笔者查考，明初洪武、建文、永乐三朝由于多种原因并非皆循三年举行

一次会试、廷试定例，而两度中断。明初三朝在永乐迁都之前共举行 13 次会试、14 次廷试，有两次会试在北京举行，在南京实际举行 11 次会试、12 次廷试，点中状元 12 名。这 12 名状元的大名均镌刻在今江南贡院大门口东壁新制“中国历代状元名录”石碑上，只是把状元许观刻成“黄观”。这 12 次廷试除三次未见录取进士名额外，其他 9 次共录取进士 1309 人，其中录取应天府（今南京）进士 19 名，内有名臣、溧水人齐泰（初名齐德），建文帝时任兵部尚书。

至于南京究竟有几块“进士题名碑”，有人撰文推算“南京立 14 块状元碑”。实际所立“状元碑”是从洪武二十年戊辰科朱元璋倡导竖立开始，中有未立者，至永乐十年共立“状元碑”六块。这些碑均置于成贤街国子监，“前为仪门三间，下有进士题名碑四。东有敕建太学碑亭，西有敕修太学碑亭。又前为太学门三间，左有小门，下有进士题名碑二”（明《南雍志》）。就是说，南京国子监立有六座进士题名碑，四座在仪门，两座在太学门左，约在今成贤街 43 号大院至大纱帽巷口附近。

在漫长的封建时代，许多文人把科举考试看作踏入仕途的唯一途径，坚信“熬得十年寒窗苦，一举成名天下扬”的理念而苦读经书，秉烛达旦，也确实有一些文人得到了莫大的荣耀与升迁，出现过“一门二进士”“一府双翰林”的佳话。但更多的人是苦读一辈子，赶考一辈子，从满头青丝到须发尽白，连秀才也没有考中。须知考试只是一种社会选择，能考中固然可喜，未中者也不必自卑，人世间道路并非仅有考试这一条。著名政治家陈独秀于光绪年间，从安庆兴冲冲地赶到南京参加江南乡试，结果名落孙山，转而投向革命，成为“五四运动的总司令”（毛泽东语）。

纵观科举考试，其中的甘苦既令人慨叹，也令人深思。

南京历代状元知多少

南京自古是名城，地处要津，人文荟萃，是十代都会，在历史长河中有过辉煌的地位。

往昔，衡量一个地方文化兴盛的标志之一是科举出身的人才有多少，尤其是“状元及第”更是荣誉的顶峰。南京作为名都大邑，有多少名状元郎呢？

据《同治上江两县志》记载：上起南唐，下迄清光绪三十年罢科举，上元、江宁二县出过八位文状元。至今南京城内的焦状元巷、朱状元巷、秦状元巷还显示着他们彪炳史册的光辉，但不为人知的南京状元还大有人在。参之府志及《溧水县志》得知，南京历史上共出 11 位文状元。

除了文状元之外，还有七位武状元为南京增添了光彩；武状元尹凤连中三元，至今还有个三元巷记录着他的殊荣。关于这七位武状元资料流传甚少，因之，介绍这七位人物更觉珍贵。

另外，太平天国政权定都天京（今南京）期间，在 1853—1862 年，共开天试十科，有文试亦有武试。在这十科中产生过一批状元，并且还有一位女状元傅善祥。

文状元简介

南唐后主时人　卢郢

对于卢郢的家世，记载较少，只知他有个姊夫是南唐重臣徐铉。卢好学颇有才艺，善吹铁笛，且体力过人。南唐后主李煜在位时，郢以《王度如金玉赋》入试，而举进士第一，遂以赋享盛名。一次后主命御史大夫徐铉作赋，徐几日未能写成，于是找妻弟郢代劳。郢一面饮酒一面口授，一气呵成。铉将此赋呈李后主，后主读后说：“此赋非你所为。”徐铉只得如实禀报。

南唐亡后，郢入宋任金州知州，后卒于任上。

北宋神宗时人　叶祖洽

对于叶祖洽的家世，所知不多。他生在变法的时代，在新旧交轧中，很不好做人。熙宁初策进士，祖洽所对不合一些当政者心意，考官宋敏求、苏轼欲黜之，由参政知事吕惠卿擢其为第一。初由国子丞知湖州。元祐（1086—1094年）初进礼部郎中、给事中，后出任提点淮西刑狱。绍圣（1094—1098 年）中入为左司郎中、起居郎、中书舍人、给事中，徽宗对其性格躁妄非常不满而降为集贤殿修撰，提举冲佑观。后来任知洪州，改亳州，加徽猷阁直学士。卒于政和（1111—1118 年）末年，葬在上元县宣义乡。大概因为他和吕惠卿沾了边，《宋史》列传中对他很有些不好听的话，但细看起来，只不过是不合守旧派的心意，他本人也不太随和时宜罢了。

北宋徽宗时人　俞栗

俞栗，字祗若，溧水人。北宋崇宁四年（1105 年）赐进士第一（即状元）。遂被任镇南军刺官，未到任。改授辟雍博士、秘书省正字，后授给事中、殿中侍御史。因与朝廷政见不合，被调任襄阳府。俞栗察知鹿门寺僧有败行，奏明朝廷，没收该寺一半田产充公，岁收租万斛以助军饷。俞栗复调任给事中。俞栗上书论学，并提出外郡之官应“监司守令”，深得皇帝赞赏，赐对衣金带，擢升兵部尚书。不久蔡京复任宰相，任用亲信。俞栗对蔡所为不满，被降任河德知县，改任开德知府。未几，还京，任御史中丞。继陈士风六弊，又揭礼部尚书刘炳丑行，蔡京联合刘炳奏其妄行，改任翰林学士，又以毁朝廷法度被贬，复任古殿直学士。后调任江宁知府。

为旌表俞栗，于崇宁五年在县城北门建状元坊。俞栗始祖储六经以诏后辈，俞栗遂作《十榜传家记》追念先泽，刻石垂训，传为美谈。

南宋宁宗时人　吴潜

其先祖宣州人，潜祖吴丕承为溧水教授，娶茅城刘氏。父吴柔胜，字胜之，熙宁八年（1075 年）进士，官至秘阁修撰，谥正肃，已落籍上元。吴潜为柔胜第四子，嘉定十年（1217 年）进士第一，授承事郎，改任广德军判官。绍定四年（1231 年）任尚书右郎。屡上书言事，迁太府少卿、淮西总领，迁大府卿，兼任沿江制置使、知建康府、江东安抚留守。因忤逆丞相，迭有沉浮，积官吏部尚书，兼知临安府。淳祐十年（1250 年）为参知政事，拜右丞相，兼枢密使，封许国公。元兵渡江立鄂州，潜屡上言，忤贾似道，贾派人下毒谋害，潜食后得疾。潜预知已死，撰遣表、作诗颂，端坐而逝。时在景定三年（1262 年）五月。德祐元年（1275 年）追复原官，赠谥，特赠少师，有《履斋遣集》。

其兄吴渊，字道父，嘉定七年（1214 年）进士，宝祐五年（1257 年）正月朔，以功拜参知政事，越七日卒，赠少师。著有《易解》《迟庵文集·奏议》等。

其八世孙吴宗周，亦有文名，重编《履斋遣集》。

南宋高宗时人　张孝祥

张孝祥（1131—1169 年），字安国，号于湖居士。历阳乌江（今安徽和县）东北人。明洪武九年设置江浦县时，其地并入江浦，归辖应天府（今南京），今为南京市浦口区乌江镇。出身仕门，父张祁官至直秘阁士。张孝祥幼年天资敏颖，绍兴二十四年（1154 年）廷试第一，居秦桧孙秦埙之上。桧诬指其父谋反，被投入狱。桧死，张祁获释。孝祥升任秘书省正字，历任尚书员外郎、广南西路安抚使、荆湖北路安抚使，中书舍人、显谟阁直学士兼领建康留守。

张孝祥病故后，归葬建康（今南京）。宋《景定建康志》说其“墓在上元清果寺”。后迁江浦。明《万历应天府志》：“宋张孝祥墓在黄悦岭……”1982 年在江浦黄叶岭南坡发现张孝祥墓碑。碑有三行字，中刻：“宋故显谟阁直学士状元张公讳孝祥字于湖公之墓”；上题：“嘉庆二十五年三月初一新立”；下款：“裔孙□儒奉祀”。

张孝祥词风接近苏轼，长调《六州歌头》倾抒恢复国家统一的强烈愿望，尤为感人，传世著作有《于湖居士文集》《于湖词》。

焦竑故居旧影

明神宗万历时人　焦竑

其先世祖焦朔随大将军徐达败元兵白沟河，太祖召见奉天门，赐名庸，予副千户世职，遂为旗手卫人。父焦文杰，字世英，与张文辉等交游，定居北门桥豆巷“一湾辛

水向西流”之地。

焦竑初为诸生时，已有盛名。师从督学御史耿定向，又师从罗汝芳。嘉靖四十三年（1564年）乡试第一。其时耿定向选十四府名士读书清凉山麓之崇正书院（即江光一线阁），以焦竑学识推为学长。万历十七年（1589年）始成进士，廷试第一，授修撰。尝教小内侍书，充皇于讲官。竑既负重望，性复疏直，主顺天乡试时，于落卷中拔取上海徐光启。终以取文险诞被劾，遂归里。万历四十八年（1620年）卒，年80。天启初赠谕德，赐祭。竑著述极丰，有《易筌禹贡解》《考工记解》《俗书刊误》《逊国忠节录》《词林》《历官表》《玉堂丛话》《京学志》《金陵旧事》《老庄翼阴符经解》《笔乘》《类林支谈》《弱侯问答》《澹园集》等。

焦状元巷，旧名豆巷，近北门桥。

明神宗万历时人　朱之蕃

其先世由茌平徙实南京选为锦衣卫人。父朱衣嘉靖四十三年甲子科举人，与焦竑同科中举。朱之蕃幼颖拔，能文善书，并工画，万历二十二年（1594年）乡试中举，次年成进士，廷试第一，授修撰，时年48岁。万历三十三年出使朝鲜，赐蟒玉一品服。他为官清廉，出使朝鲜期间，以其品格、书画受到当地官员钦慕，皆以人参、貂皮求其书画。他收到礼品不入私囊，而是换取散落在朝鲜的中国古代名画带回国。后充会试同考官，拔名士许獬等十人，转翰林院掌院学士，进南京礼部右侍郎、摄工部。因母逝，遂不复出。构筑小桃源于谢公墩北，积鼎彝书画其中，啸咏自得，不干津要。龙江关有莲荡，之藩筑圩种柳葺屋而居。著有《南还杂著》《兰隅诗文集》。天启四年（1624年）卒，年76。

朱状元巷在今仓巷与莫愁路间。

清圣祖康熙时人　胡任舆

世居上元，曾祖胡德景早卒，曾祖母评事陈舜仁之女。祖胡阳生，字复之，幼贫，后家境好转。明末灾荒，他散财赈济，又以土木工程惠济穷民。其所建大来别业为会友之所，中有函笏轩、澄碧堂、曲池、善余亭、山照阁、桐轩诸胜景。父胡禹翼字螭赞，一字载川，学识奥博而口若不能言，顺治二年（1645年）乡试中举，任太平府教授，迁唐山知县。桐城方苞极重之。康熙中重赴鹿鸣宴，卒年 82。

胡任舆康熙二十年（1681 年）举乡试第一，检讨朱彝尊十分推重他的文才，说："气体高华，此人必魁天下。"康熙三十三年，他会试第二、廷试第一，几近成为三元，授修撰、充日讲上官。勤于其职，每进讲，声如金石。康熙三十六年丁丑会试，以其声望接任同考官。三藩之乱，民多流离，任舆与同县张英、许鼎等捐资倡赎粤人建报恩书院祀之，刊有《善行录》。任舆后留京师，官至谕德（掌侍从赞谕之官）而卒。

任舆的曾孙胡本渊字静夫，号愚溪，有文名，工书画，困诸生者四十年，乾隆五十七年（1792 年）中乡试，嘉庆元年（1796 年）成进士，任国子学正。

清高宗乾隆时人　秦大士

其曾祖秦应瑚，明末寇乱自安徽太平避至金陵。祖秦邦灿，父某为江宁县书吏遂为江宁人。大士（号涧泉）十岁能文，精篆籀及诸行楷法。

与上元谈羽丰同登乾隆十三年（1748 年）乡试，十七年成进士，廷试一甲第一。授翰林修撰，擢至侍讲学士，乾隆二十五年、二十八年任会试同考官。辅授皇子书课最为勤慎。大士淡泊功名，乾隆三十三年回乡服父丧便辞官，年仅 53 岁。此时仍住今中华路西侧之老宅。数年后买下武定桥东明大学士何如宠

秦大士府第（徐秀琴摄于 2012 年）

旧宅，取欧阳修“瞻望玉堂，如在天上”之意命名其园曰“瞻园”。今为长乐路57、59、61号。

园中东山楼大士自撰楹联云：

辛勤有此庐，抽身归矣，喜鸟啼花笑，三径常开，好领取竹簟清风，茅檐暖日；

萧闲无个事，闭户恬然，对茶熟香温，一编独抱，最难忘别来旧雨，经过名山。

大士在瞻园中，日与子弟吟咏其中。乾隆四十二年（1777年）卒，年63。生前在江宁凿有一井，人称“状元井”，死后葬江宁铜井镇牧龙村以南洪幕山。应为秦桧后代。

秦大士原居地在中华路西，南起长乐路，北至金沙井。曾名秦银巷，后称秦状元巷，现南端阻断至许家巷。移住瞻园后，原住屋改为秦氏祠堂。

秦大士有三子，其长子、次子秦承恩、秦承业都很出色。武定桥下的瞻园，民称大夫第，就是因这二人一个官至直隶总督，一个是宣宗道光帝师，备受荣宠。

太平天国时人　傅善祥

1854年，太平天国开科取士，考试不论门第、性别。试题多取自天国诏书，仍用八股文考试。一次进行女科考试，试题为《唯女子与小人为难养也》。世居南京东关头的傅善祥列举古往今来贤女内助之功，独辟“难养”之说，受到天王的赞赏，以品学兼优考取女科状元。发榜后，傅善祥头戴花冠，身着锦袍，骑高头大马，在天京畅游三天，“但见街头巷尾中，众口连呼傅状元”。后被派往杨秀清东王府任女簿书、东殿尚书。

清德宗光绪时人　黄思永

其远祖黄道行，由休宁始迁江宁。三世祖黄瑞，字辑五，有宅在仓巷。父黄汝玉，字谏帷，邑诸生，居顾楼。咸丰三年（1853年）率家人38口殉难，黄思永才12岁，为仆人辈救出才免于难。入赘苏州金鳌家，娶其孙女。

黄思永，道光二十二年（1842年）正月初五寅时生，为“四壬寅”，在讲究生辰八字的年代，称为一奇。因年幼遭变，家境贫寒，曾为寺庙处写经文，教授蒙童，以为糊口之计。同治十二年（1873 年）通过期考为礼部小京官，后又考取军机章京。光绪六年（1880 年）考中状元。“归里时，谒庙拜墓，游街归第，坐八人舆，前导以状元及第红旗数十竿，一时万人空巷，观者如潮”。后累官至侍讲学士，因在国丧中“着吉服为他人题主”而参罢，又因“以水磨豆腐专小贩之利”，为人讥评“黄状元之名在石城七子之下，论学问远不如焦弱侯，是状元可贵而不可贵也”。黄思永热心公益，曾奔走募款扩建北京半截胡同的南京郡馆，又创景泰蓝工艺局以兴实业。八国联军侵入北京时，他洁身自好，抗节不屈。壬子年十一月二十九日，即 1913 年 1 月 6 日去世，奠于工艺局，即北京魏乐胡同家中。

武状元简介

周乾（或旋），明世宗嘉靖十一年中会试、殿试第一；袁士，明嘉靖二十九年中会试、殿试第一；文质，明嘉靖三十二年中会试、殿试第一。其他四人列述如下：

连中三元的武状元　尹凤

世袭南京府军后卫指挥同知，凤少孤，读书娴骑射。明嘉靖中举武科，乡、会、廷试皆第一（武科三元）。授中都留守，进而任指挥佥事备倭福建，讨平海盗许朝恩，后升福建参将，练新募兵成劲旅，曾出海击倭至梅花洋，追至横山，擒斩 260 人。隆庆间（1567—1572 年）屡任职闽浙。万历（1573—1620 年）初召为后府都督佥事、提督京城巡捕。他执掌守卫之职多年，查防严密，对贪官及财宝远避之。不久即告老还乡，居白下桥西。年届 50 以诗酒禅诵自娱，平生施舍毫不吝惜，而非义之财则一毫不沾。为官 30 年始卒，墓在孝义村龙山。

子邦宪，万历五年（1577 年）武进士，湖广郧襄参将。其他子孙，亦能光大家声。尹凤家住三元巷，即由其名，在今中山南路至明瓦廊间。

抗击倭寇的武状元　董永遂

明万历四年（1576 年）与同县吴邦正、上元杨元、应天田应元同举武进

士，而永遂廷试为第一。官河间守备，转宁绍杭嘉参将，拒倭获奸谍，调惠潮，以捕盗功擢副总兵，积劳死于任上。

守正不阿的武状元　解元

其先祖与明太祖旧时有交往，太祖即位后召其五子悉令从军，三子殁于阵，后二子亦死，太祖十分怜惜，命抱其孙解道至，赐锦衣卫为指挥。不久派他出守山东青州卫，太祖一日召问不见，立命召还，调留守卫指挥。

解元是其裔孙，以应天武学生充乡举，万历十一年（1583 年）会试、廷试皆第一，累官中都留守、徐邳参将、山西副总兵。守正不阿，致仕归旋卒。

元孙解学熊，字梦飞，崇祯元年（1628 年）武会试、廷试皆第三。

工书善诗的武状元　林本直

本直与同县人皮大夔同中顺治十四年（1657 年）武举，十七年廷试第一，官至提督湖广都督佥事。其人有干才，统辖官兵指挥若定，且工诗文、八分书，喜与文士交往。

（吴国元　陈济民）

明代国子监

明太祖朱元璋对教育十分重视，大力发展官学。早在明朝建立前三年，即元至正二十五年（1365 年），就改应天府学为国子学（地在今夫子庙）。朱元璋即帝位后，便下令：“建学校，延师儒，招生徒，讲道论德，以复先王之业。”遂于明洪武十四年（1381 年），于鸡鸣山下建国子监，为当时南京的国立大学，而以原国子学降为应天府学。

南京国子监，当时为明京师国子监，是我国最大的国立大学。至明成祖永乐元年（1403 年），设北京国子监，后称京师国子监，此时，南京国子监的地位依然十分重要，南北二学如双峰并峙，巍然而立。

南京国子监规模极为宏大，东到小教场（今珍珠河东演武厅南北一线），西抵英灵坊（临近进香河），南至珍珠桥，北迄鸡鸣山麓。国子监有正堂一座，支堂六座，供教学用。正堂 15 间，名曰彝伦堂，左列鼓架，右建钟楼，堂前树巨大石晷。支堂六座，名曰率性、修道、诚心、正义、崇志、广业。每堂 15 间，正堂支堂一共 105 间。此外，还有藏书楼一座 14 间，学生宿舍约 2000 间，留学生宿舍一所。东有文庙一座，另有射圃、仓库、酱醋房、菜圃和养病房等，堪称一座大学城。

朱元璋对国子监寄予很大希望，要求十分严格，除派三位重臣李善长、李文忠领监事外，对教师和学生都制订了严格的管理规定。凡入国子监的学生，称为监生。监生的数额时多时少，初时数千人，最盛时为永乐二十年监生近万人。国子监除本国学生外，还吸收高丽、日本、琉球等国留学生。

国子监以四书、五经为主要课程，兼习《性理大全》、刘向《说苑》及律令、书数、御制大诰等课程，还设习字及习射两科。教课由祭酒、司业、博士及助教等担任。除每月朔望二日为例假外，每日分晨、午两课举行。晨课由祭酒率领属官出席，祭酒主讲，学生静听。午课在午后举行，主要为会讲、复讲、背书、论课等，由博士、助教担任。习字以二王、智永、欧、虞、颜、柳为蓝本。习射则每月朔望练习。经常考核，用积分制的办法，监生由初级升入中级，中级升入高级。

监生修学年限为四年，毕业时实行历事制，派出监生至六部各司实习吏事三个月，由实习单位考核优劣，上、中等者由吏部补选，下等生回监继续学习。这种“历事制”，弥补了“儒生不习吏事”的缺陷，而与科举紧密结合起来，使国子监又成为科举取士的主要预备场所。洪武十八年恢复科考后，国子监生第一次参加会试及殿试且成绩卓越。“会试黄子澄第一；殿试丁显、练子宁居首甲”，出了状元。

国子监监生的待遇优厚，要求亦十分严格。平时按四季赐给学生布帛文绮等各种质量的鞋帽衣裤，正旦、元宵等节令还赏赐节钱，后来甚至还抚养诸生的妻子。这要感谢皇后马娘娘的恩典。一次朱元璋临国子监祀孔先师归来，马皇后说道：太学生可食宿于太学，而他们的妻子无所仰给，这怎能不叫他们时时牵挂呢？从此太祖赐粮给其家。马皇后还亲自督办积粮，此粮舍称之为“红仓”。

监内规则也很严格，备有“集衍簿”，记载学生所犯过失，并按其次数多寡而定处罚的轻重。平日对监生上课、起居、饮食、衣服、澡浴及告假出入等都有详细记载。小有过失，动辄体罚。

南京国子监既为当时培养和造就了大量的统治人才，也搜集了许多图书资料和书版，编辑出版了不少书籍。其中花了六年时间编成的《永乐大典》，共22937卷，为我国古代最大的一部百科全书，保存了大量的古代文学原著和各种文献。

江南贡院

江南贡院，位于南京夫子庙之东，明远楼是明代中叶江南贡院的中心。

江南贡院的前身——建康贡院，建于南宋孝宗乾道四年（1168年）；后毁，1263年重建，是县、府学考试场所。占地不大，应考人数也不多，遇考生增多时，则借僧寺举行考试。明太祖朱元璋定都南京后，因“官多阙员”，令各行省举行考试选拔人才，各行省举行乡试，而后集中南京举行会试和殿试。现在许多文章皆说，“集全国乡试、会试于江南贡院举行”，《白下琐言》谓：“贡院创于明永乐间，乃籍没锦衣卫同知纪纲宅。”此说皆误。一是乡试在各省举行，从未“集中”到南京举行过；二是明初三朝会试是在小教场及文墀宫举行，并非在贡院；三是“籍没锦衣卫同知纪纲宅”确有此事，但永乐时并未兴建贡院，宅地一直空着，于是官绅打起这块地基的主意。经应天府尹逐级上报，“永为开科取士之用，不准官豪势要之徒朦胧妄讨”。直至明景泰五年（1454年）由江宁府尹马谅奏准兴建贡院，天顺元年（1457年）建成。初建时有少量官房及供考试用号房3000余间。其后又行扩建，并于嘉靖十三年（1534年）建明远楼。明代中叶及清朝又屡有增扩。到光绪年间，江南贡院的建筑十分庞大，东起姚家巷，北至奇望街（今建康路），西隔贡院西街与夫子庙毗邻。其间主考、典试、监临、监试、巡司以及职事人等的官房数百间，考生号舍2万多间。规模之大，为诸省乡试考场之冠。

贡院正门在今秦淮剧场的大门前面，门外有东西辕门，均系木结构牌坊，高两丈有奇。辕门分三门，中通人，左右两门平时木栅封闭。正门房屋五间，左右为耳房，中开三门。正中门额悬朱红黑字“贡院”二字匾额。左额为“辟门”，右额为“吁俊”。正门东西除一对石狮子外，还有石牌坊两座，额文分别为“明经取士”和“为国求贤”。正门内有牌号，左曰“整齐”，右曰“严肃”。东西各有官廨三间，供考试时维护考场秩序的府县官员休息。前进偏西

江南贡院全景（摄于清朝末年）

为二道门，对面有大照壁，照壁正面有堆砌盘龙，背面临贡院街，是贴“金榜”的地方。二道门分五门，中门上方悬清康熙御书“天开文运”匾额，东题“搏鹏”，又东为“振莺”；西题“起凤”，又西为“和鸾”。门两旁各有卫士室三间。前进至第三道门，为“龙门”，左右并列各二门。至此，除考生外，任何人不得入内。从中门向前，直通“明远楼”，上达“至公堂”。堂中上方高悬康熙御书“旁求俊义”朱红金字大匾额；两楹悬明朝杨士奇撰写的联文：“号列东西，两道文光齐射斗；帘分内外，一毫关节不通风。”堂为监临外帘官聚会办公之地，堂前有回廊，设木栅栏环之，禁止闲杂人等过往。堂东西两侧，为监临、提调、监试、巡察各堂官办公之所，并自成院落，以避免互通关节之嫌。其他如掌卷、受卷、誊录、对读、弥封、分卷、巡捕、理事等职司人员办公食宿的房间，分布于至公堂和戒慎堂的东西两侧。至公堂的后进为戒慎堂。戒慎堂后檐墙门称为“外帘门”，外帘官到此止步。门外有水池，池上有石桥，题名“飞虹”。过桥为内帘门。向前有“衡鉴堂”，为主考、典试官阅卷处。飞虹桥是内外帘官的禁区，不得逾越一步。中秋佳节赏月，彼此也只有隔桥相互道贺而已。

龙门到至公堂的中间是明远楼，这是贡院中心所在地，每届考试，执事官

江南贡院明远楼（摄于民国年间）

员驻此，负有发号施令和警戒的责任。楼建三层，四面有窗，居高临下，全贡院一目了然。监临、监试、巡察官，昼夜值班登楼瞭望，稽查士子有无私自走动往来，执役人等有无代为传递通关节舞弊之事发生。贡院围墙四隅也各筑瞭望楼，以助观察。明远楼南面下层原有对联一副，是清朝康熙年间李渔居金陵时所题："矩令若霜严，看多士俯伏低回，群嚣尽息；襟期同月朗，喜此地江山人物，一览无余。"

明远楼东西两面皆是密密麻麻的考生"号舍"，是士子应试时作文答卷食宿之所在。号舍用《千字文》编号，唯"天""地""玄""皇"及孟轲的"轲"等字，避讳不用。数目字易于混淆者不用。"荒""吊"等不吉祥的字也不用。有时考生特多，临时搭盖芦席棚，谓之棚号。号舍，大致外墙高八尺，号门高六尺。一个字号，长的近百间，短的有五六十间，皆南向成排。两排间留成长巷，宽约四尺，容两人擦肩而过。巷口门楣墙头上大书某字号，巷口还置号灯和水缸。号舍屋顶盖瓦，每间隔以砖墙，无门。举子按号入座，自备油布作门帘以防雨。号舍高六尺，伸手可及屋檐，深四尺，宽三尺。舍内砖墙两壁离地一至两尺，砌成上下两道砖缝，以便上下承板，板可抽动，白天下层木板可坐，上层木板代替桌几伏案写作；夜晚抽出上板并入下板，俨然一张卧床聊可安息。

每闱三场，每场三昼夜。饭食由考生自备燃用菜油的小炊具烧煮。对面墙上有一预留之凹处，专放炊具。

江南乡试多在秋季举行，又曰“秋闱”，规定八月初九为第一场，十一日放场；十二日第二场入场，十四日放场；十五日第三场入场，十七日放场。每场先一日子时分省分县点名入场，夜晚视明远楼上灯号，白天看旗帜，午时点名完毕，三声炮响，监临官以朝廷发给的“龙虎封条”将龙门封闭。夜半子时散发题纸，士子完卷到至公堂向受卷官缴卷，领取出门竹签（宽二寸长三尺），等候放牌。午前放第一牌，启龙门随即锁上；午后放第二牌，至晚放三牌。

秋闱不是每个士子都能参加的，必须先通过预试才行。预试，安徽省考生在上江考棚（今南京三中所在地），江苏省考生在下江考棚（今南京市第一医院所在地）举行。据湖南大学教授李兵论文所述：清代从江南贡院考中的举人，在全国会试、殿试中有极强的竞争力，不仅在考取进士中一直处于前列，而且三鼎甲数名列全国第一。而江苏在顺治、康熙、雍正三朝，考取举人者为2453名，其中常州府考中的举人占总数21.9%；苏州府占19.2%；扬州府占16%；江宁府（今南京）占12%；镇江府占11%；松江府占8.4%，这六府共取举人数为2197名，占江苏总数的90%。淮安、徐州、太仓、通州、海州、海门六个府州仅占10%。

现在明远楼的外墙上还嵌有明清和民国时期有关贡院的碑刻22块，它们记载着江南贡院的兴衰。

文庙与武庙

南京市级机关大院内有武庙这是尽人皆知的，可是要说大院内原先是文庙所在地，而且长达近500年之久，恐怕知者甚少了。

位于北京东路鸡鸣山东坡下的南京市级机关大院，自2014年元旦起，一年"三节"开放以来，引起社会的广泛关注和巨大兴趣。人们走进这庭院深深的机关大院，见到一幢幢气势恢宏的古典建筑和参天大树，既感威严神秘又觉新鲜好奇。要说这里的建筑群，可多是20世纪30年代的"民国建筑"，要追溯该大院的历史，暂且不说六朝时期，就从明代说起，大院南面和平公园内的泮池和东边珍珠河北端城墙根的武庙闸等文物遗存，就说明这里曾是明清时期文庙和武庙的宏伟建筑所在。揭开远去的历史面纱，遥想当年那可是另一番美妙景象。

文庙及泮池探源

文庙是奉祀孔子的庙宇，孔子，名丘，字仲尼，是儒家学说的创立者，我国古代著名思想家，后被朝廷奉为"大成至圣先师孔子"。春秋鲁哀公十七年，始于孔子旧宅建庙。唐武德年间，于国子学旁建立孔庙，后形成规制。其义是奉孔子圣德为楷模，以规范弟子品行。其弟子尊称其为"夫子"，其庙即称"夫子庙"，又因孔子曾被封为"文宣王"，所以明清时又称孔庙为"文庙"。南京文庙始建于东晋，《实录》记曰："晋孝武太元十年（385年）立宣尼庙故丹阳郡中。"其址在青溪侧大仁寺前长乐桥东一里。其后庙址多次变迁。到南宋景佑（1034—1037年）中陈执中徙庙于府治东南旧学基址建庙（夫子庙）。建炎年间该庙毁于兵火。绍兴九年（1139年），叶梦得重建。布局为前庙（文庙）、后宫（学宫）。直到明朝在"鸡鸣山东"建文庙才稳定未再变址。

明朝所建国子监及文庙规模宏大。据《南雍志》记载，明洪武十四年（1381年）在鸡鸣山之南建国子监时，大明皇帝朱元璋亲往视察，此处依山傍湖，山岚水色，幽静清新，是读书论道、修身养性的极佳之处。（监四址为东至小教场，西至十庙口，南至珍珠桥，北至城坡土山。即南线在今珠江路北侧，正门在今小纱帽巷口，南对通贤桥。东界在珍珠河以东，南从演武新村、东南大学宿舍，北到公教一村，南北一线。西线临近进香河，南起北门桥向北至十庙口）。朱元璋同时颁诏祭孔之制。洪武十五年正月甲午，建先师孔子庙于国子监东（即国子监东北部，今市级机关大院），“左庙右学，亭庑厅厢，门堂号舍，规模备矣”。该处文庙院落宽达，殿宇恢宏，前有崇宏棂星门，进而有大成门，而后为一座气势磅礴的大成殿三间，东西斜廊各5间，前露高台，围石栏杆；两庑东西分列计62间，曲廊相连；东西神厨、神库各7间，门之东、西有厢房5间，计102间，并刻有孔子石像及四配像。大成殿后有三层“鸡鸣亭”。洪武十六年，又于亭后（今市委办公厅所在处）至城墙土坡建“监内号房一十五连，以文行忠信智仁勇别之，凡四百三十五间”。

文庙于农历每月初一、十五及孔子诞辰皆在大殿举行祭祀。公祭时，由祭酒主持，在教习引领下，两队着礼服之士子，一队手执羽毛，一队手持盾牌，钟鼎和鸣，琴瑟悠扬，“文舞”“武舞”，翩翩起舞，前进后退，款款缓缓，徐急有章，气氛肃穆，这样严谨的祭祀持续达数百年之久。

明亡后，清顺治二年（1645年），改南京为江南省，应天府为江宁府。明国子监改为“江宁府学”，原国子监文庙改为江宁府学文庙，俗称“府夫子庙”（讹称“武夫子庙”）。由于建文庙时一直未建泮池，直至康熙时才建。据清《康熙江宁府志》《道光上元县志》记述，康熙二十二年（1683年），时任江宁知府于成龙（人称小于成龙，因当时有在同一城内任职的同姓同名的两江总督大于成龙）在察看府学及文庙时，发现文庙前未建泮池，认为不合古制，府学、县学文庙有泮池，古有定制。古义“泮池水广而无涯”，意为学海无涯，学无止境。遂拨款“开浚泮池，筑屏墙”，疏通泮池前的文曲河（文曲河东连珍珠河，西通进香河），引“元武湖水入泮池，旋绕学宫，迤逦达于西仓桥下。山水之灵秀，人文之兴起，一时称美盛矣”。在《道光上元县志》的文庙图上标前有“泮池”，后有“鸡鸣亭”。今市政协大门前（今和平公园内）之泮池肇始于斯。该文庙泮池呈半月形，弦边长 23.8 米，水面以上高为 1.85 米，用一块块质地上好的大理石砌成，显得厚重大气，是一处与文庙融为一体的富有文化气韵的景点。后来建武庙及民国建考试院时皆对此泮池做过整修。这是文庙保存至今的唯一遗迹。

清嘉庆中叶，府学、文庙遭遇火灾，庙宇号舍大部被毁。至咸丰战事，更遭严重摧残。太平天国在此设“宰夫衙”，专司杀猪宰羊、椎牛屠狗之事。1864 年，天京（今南京）被湘军攻陷，府署庙宇完全被毁。两江总督曾国藩认为“以碧水圜桥之地，作椎牛屠狗之所”建府学及文庙是为大不敬，应择他处建文庙。“同治五年（1866 年），署总督李鸿章命江宁知府涂宗赢改卜建于明故朝天宫遗址”，原文庙遗址地皮随之空出。

南京市级机关大院内何时始有武庙

今市级机关大院内为何存有武庙大殿，又是何时始有武庙？有不少书文说明洪武二十一年（1388 年）在今大院内建武庙。这是讹传。据明、清文献记载：在明朝直至清咸丰年间，这里一直是文庙。武庙并不在此，而是在鸡鸣山北极阁南麓。

武庙又称关公庙、关王庙、关帝庙，是祭祀三国蜀将忠义勇猛先贤关羽的。因关羽曾被封为“武安王”，所以祭祀关羽的庙宇称“武庙”。

南京始建武庙是在南宋建元年间（1195—1200 年），由建康府（今南京）在夫子庙针工坊（今夫子庙小学分部一带）兴建。其后世又陆续在燕子矶、雨花台、淮清桥、督府箭道、小教场、小仓山、府西大街等处建有武庙。但其规模和盛况皆不及鸡鸣山北极阁南麓由明代朝廷主建的武庙。明洪武初，朱元璋敕令在鸡鸣山西南麓陆续兴建寺庙。从洪武二年起将位于针工坊的关羽庙（汉寿亭侯庙）迁至鸡鸣山南麓。但初建时规模较小，后又陆续兴建 11 座庙宇，又将汉寿亭侯庙（武庙）作了扩建，规模亦比先前宏大。明《南都察院志》记述，此处帝王庙、功臣庙“凡十二庙，俱洪武二十二年建，俗曰‘十庙’”。并“缭以朱垣”，即砌了一条长长的朱红色围墙将这 12 座庙宇围护起来，东至北极阁东南坡下，西临近今安仁街。为便官民通行祭祀，还开辟中、东、西三座门。

中门南对进香河，西门附近遗存有“十庙口”的地名。那时南京人到城北烧香，多乘船从进香河而行，抵达山坡上岸，要么从中门进入十庙拜谒先贤；或从十庙围墙外山坡下小略蜿蜒向东折北去鸡鸣寺礼佛。农历每月初一、十五善男信女照例行事，有的船上击鼓助乐；有的船上请了大和尚悬挂佛像，虔诚的信徒双手合掌，一路念经，撑篙摇橹，船来人往，形成一道靓丽的风景。

至清咸丰年间，因战乱，总督署、江宁府署、府学、文庙、武庙几近圮毁。《钟南淮北区域志》就如是说：“癸丑之乱，诸庙荡尽。惟帝王庙独存，改祀伏羲、神农、黄帝，谓之‘三皇庙’，医家祀之。”“三皇庙”即原明朝所建帝王庙，其位置在今工艺美术大楼以西、安仁街之东（三皇庙西为东岳庙，庙抵近安仁街）。太平天国败亡后，清政府对总督府、江宁府署、府学、文庙、武庙皆进行重建。原位于鸡鸣山南麓的武庙于同治六年（1867 年）迁至中正街

武庙大殿旧影

南京市人民政府挂牌

文庙泮池

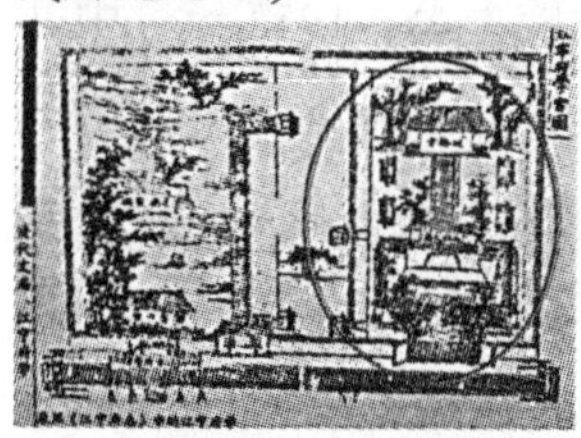
清《江宁府志》中的江宁府学宫图

版画中的武庙内景

武庙（画圈处）及国民政府考试院航拍图

武庙遗址被列为文保单位

武庙镛钟

（今白下路），后因其地域狭小，此时又值如今市级机关大院的文庙迁至朝天宫，文庙遗址地皮空出。于是在同治八年（1869 年）将位于中正街的武庙连同昭忠祠，一并迁至今市级机关大院原文庙基址兴建。

这就是今市级机关大院在清代晚期有武庙的由来。随后将其东北部的水闸，六朝时称“大窦”，明朝起称“通心水坝”，也由此改称“武庙闸”。

新建的武庙与昭忠祠形成一组建筑群。前与泮池相接，进而为门楼，入内为前中殿（昭忠祠大殿今“议政堂”），两侧为东一殿、西一殿，再进为武庙大殿（今十五楼），两侧为东二殿、西二殿，还有后殿及庑殿等。大殿与两侧庑殿有回廊相连。

武庙大殿等级最高，为二层重檐歇山顶，砖木结构，檐口彩绘，有高大的红色圆柱，雕花红色门窗，彩绘天花板顶。大殿内立有一尊一丈多高的关羽塑像。周有回廊，前有青石月台，围以石栏，气势古朴雄伟。清光绪壬午年六月，江宁将军还为武庙铸了一口大钟。钟体上铸有“江宁府”“关圣帝君”字样。该钟 2008 年在美国洛杉矶附近滨河市被发现。1949 年后，移走大殿内关羽塑像，在这里办起了机关干部夜校，后为机关临时办公场所。

1930 年国民政府考试院成立后，就筹划在武庙兴建办公楼宇。随即将武庙和“昭忠祠”连同西边的“千仓师范”“千仓山馆”及由鸡鸣寺观音庙会形成的大市场一并征用。从此，形成一处东到珍珠河边，西达鸡鸣山下，庭院深深、树木葱茏、清净雅致的考试院庞大建筑群。

1949 年 5 月 10 日，南京市人民政府成立即在该大院办公；1952 年，中共南京市委机关也从北京西路 AB 大楼（今华东饭店）迁此；1981 年 1 月，市人大机关成立亦在此院办公；20 世纪 90 年代，市政协机关从上乘庵搬此，这就是南京四大领导机关集中在此办公的市级机关大院。

南京历代书院

书院是我国封建社会特有的一种教育机构，是有别于官府办的国学、府学、县学之外的私人讲学之所。其突出特点是：教育教学与学术研究紧密结合，重视读书自学，强调论辩问难。对发展文化教育，促进学术繁荣起过重要的积极作用。南京的书院之多为全国各省之冠，曾出现过有影响的书院和有影响的人物。

书院之名称，在唐代文献中即已出现，如玄宗时的“丽正书院”（后改名集贤殿书院），是朝廷用于修书和侍读之所。而名副其实的书院始于唐末五代之际。

南京的书院起于宋朝，明清是鼎盛时期，中间虽历经兴废，但在培育人才、著书立说、整理史籍、传播文化知识等方面着实起了不小的作用，为后人留下了丰富的文化遗产。

宋朝，南京地区有茅山书院和明道书院。茅山书院，在江宁府（今南京）三茅山后，因地得名，侯遗于宋仁宗天圣元年（1023 年）前创立。侯于此招养生徒，并出资供生徒衣食。天圣二年，江宁知府王随拨给书院三顷田及经费，以作补贴。茅山书院是我国早期的六大书院之一。

明道书院，在江宁府镇淮桥东北。于南宋淳熙初年，由留守刘珙委托程颢办起学宫，嘉定年间又行改筑。宋理宗题写了“明道书院”匾额。到明嘉靖初年，御史卢焕仍以旧址办起了书院。

元朝，南京有南轩书院、江东书院和昭文书院。南轩书院在江宁府城天禧寺方丈后，即宋代张拭的讲习所之地，名曰“南轩”。据史书说：“拭坦荡明白，表里洞然，尤严于义利之辨，学者称张拭为南轩先生。”为了纪念他，在讲习处办的书院称南轩书院。江东书院在江宁府治盐仓街，南临秦淮，为元郡人王进德所创建。昭文书院在江宁湖熟镇，早在南朝时为梁代萧统宴游之地，

崇正书院（茅鸿兵摄于2021年）

旧有东湖读书台，又称太子台，宋咸淳年间称昭文精舍。

明代，南京有崇正书院、新泉书院、首善书院。崇正书院在江宁府治北、清凉山东，为嘉靖年间督学御史耿定向所建，后毁。1980年在遗址复建。新泉书院在长安街，明嘉靖年间由礼部侍郎湛若水所建。该书院为理学之发源地。首善书院在玄武门内左方，天启初年都御史邹元标、副都御史冯从吾创建，为士人讲学之所。

明代后期，由于张居正的严禁，魏忠贤阉党的摧残，一时院毁人亡。到了清代，一方面大兴文字狱，一方面又准办书院，事物在矛盾中发展。

清代，南京先后有文昌书院、虹桥书院、钟山书院、尊经书院、惜阴书院、金陵书院、文正书院。此外，童试还有奎光、凤池两书院。

文昌书院在江宁府学成贤街文昌阁，即今东南大学所在地，于清初发展起来，由万历助教许庆典创建。虹桥书院在江宁府卢妃巷（今洪武路），由总督于成龙在康熙二十一年（1682年）所建。钟山书院在府城旧钱厂址（在今太平南路白下会堂附近），于雍正二年（1724年）由总督查弼纳创立。钟山书院历

时最久，著名学者很多，影响久远。嘉定钱大昕、余姚卢文弨、桐城姚鼐等名流学者分别主讲钟山书院长达十余年之久，培育了大批学人。乾隆皇帝南巡江宁，六次在此院召试士子，奖掖人才。尊经书院于嘉庆中期，由前布政使康基田在夫子庙尊经阁创立，到同治年间，由两江总督马新贻主办。坐落在清凉山下龙蟠里的惜阴书院，于道光中期由两江总督陶澍所创办，现为南京图书馆特藏部。金陵书院为曾国藩所办。创立最晚的是文正书院，于光绪二十一年（1895年）由南通实业家张謇所办。

此外，除了上述在府城（包括上元、江宁两县）的书院外，现由南京所辖的溧水、高淳、江浦、六合县亦办有书院。这些书院是：

中山书院，在溧水北门外，是为祀明兵部尚书齐泰，由知县谢廷范设置；高平书院，在溧水学宫旁，由绅士捐建，县令凌世御写了碑记。

高淳书院，在县治西北察院左，明嘉靖四年（1525年）由知县刘启东建，后改为遗爱堂。

新江书院，在江浦县治南，祀定山先生庄昶，由礼部尚书湛若水创建；白马书院，在江浦县东门外白马寺左，明知县李维樾讲学处；江干书院，在浦子口，知县余枢有碑记。

六峰书院，于乾隆十一年（1746年）由六合知县严森建；养正书院，即明邑令张启崇之祠，乾隆十一年，知县严森捐薪修葺其前堂而设，后为棠城小学。

南京的书院数量在全国各省中堪称翘楚，到光绪末年，这些书院陆续改为学堂。

《孔子问礼图碑》和问礼亭

“文革”前，人们走进南京市政府大院（原国民政府考试院），迎面有座红柱筒瓦、飞檐翘角，顶为两层的四角古亭，亭内立碑，即《孔子问礼图碑》。南京何以有此碑呢？

《孔子问礼图碑》的由来

据林森于民国二十二年（1933年）所立、被称为《林森碑》的碑文中有一段记述：考试院院长戴季陶在河南的碑刻中，寻得一块南朝古碑刻，运载南京，立于考试院。后重立一块大石碑，问礼图碑刻就镶嵌在大石碑的上半部。大石碑全高321.5厘米，宽104厘米，厚22.5厘米。有“孔子问礼图，吴敬恒题”字（吴敬恒即吴稚晖）及四边饰有云纹，底部为雕花双层碑座。上部镶嵌的《问礼图》石刻高43厘米，宽66厘米。图为二人驾舆，一组着古装人物在城拱门前似欢迎状，上有“永明二年孔在鲁入周问礼周流”字样，人物形象浑朴敦实，栩栩如生。从南朝齐永明二年（484年）至今已有1500多年，虽历经风雨，但图文清晰可辨，至为珍贵。

何谓孔子问礼？据史料载，春秋末期，孔子抱着“兴国安邦，继世访贤”的强烈愿望，于鲁昭公二十四年（公元前518年），从山东曲阜前去洛阳（当时东周王城）考察典章制度。孔子到后，拜访李耳（即老子李聃），向周大夫苌弘学贵族音乐，参观天子朝会诸侯和举行大典的明堂，看周代寺庙和周王祭天地礼乐设施。孔子学得周礼回到鲁国，后来被尊奉为圣人。人们为纪念此行，遂刻了《孔子问礼图碑》。南京这块石碑始刻于南朝。南朝社会相对稳定，兴学尊儒祭孔之风盛行。据《南齐志》记载：“齐建元四年立国学。永明三年，释奠先圣先师。”该碑即刻于此时。至隋军南下，陈朝灭亡，这座碑刻

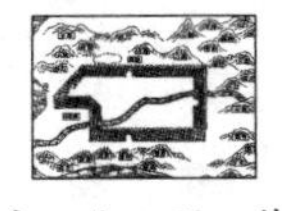

便被隋军运往北方留在洛阳。

1933 年该碑被运至南京考试院刻石筑亭保护时，正值第二次高等文官考试，还发起“以礼运篇分韵征诗”活动。著名文人卢前分得“疾”字并作诗一首：“世乱如人病膏肓，不医何由起废疾。医国良方在六经，经旨唯礼不可失。永明一片石犹存，我常访之游洛日……是年移载向南都，树立华林馆之侧。他时郅治跻成康，请视此亭与此石。”

古碑历遭劫难得以幸存

1966 年“文革”开始，社会上刮起一股“破四旧”风暴。当时，中共南京市委、市政府领导担心该碑会被当作“四旧”而毁掉，遂责成市机关行政处联系市文保会（南京市文管会前身）妥善移存保管。行政处行政科卢科长联系文保会派员于 1966 年秋的一天深夜组织工人将该碑秘密移到市经委办公大楼（24 号楼）的东北面埋于后山坡树丛下，同时被移埋的还有市政府大门口一对汉白玉石狮。但“问礼亭”仍留在原处未动。后又担心不要因为由问礼亭引起一些人对《问礼碑》的追查，又于 1968 年夏将问礼亭拆掉。这才使这座古碑完好保存下来。

“文革”后，于 1976 年底，将埋于后山的《孔子问礼图碑》及一对石狮取出。随后将该碑送到朝天宫市文管会保管，石狮送去莫愁湖公园。笔者先后在市政府办公厅及机关事务管理局工作，亲见或亲办了此事。1983 年笔者转到市地方志办公室工作，但对这块碑总惦记在心。1984 年春，笔者约管理局行政科（后改行政处）祝科长一道去朝天宫了解此碑保存情况。结果发现该碑放在大院墙外杂物之中，于是合写了一篇文稿（刊于《南京史志》1984 年第 2 期），简要介绍该碑

问礼亭（摄于 1933 年）

《孔子问礼图碑》（局部）

情况，着重说明该碑的珍贵，呼吁加强保护。后有人提议应该将该碑“物归原位”。祝科长即组织人力将两件文物运回市级机关大院，汉白玉石狮仍放置市级机关大门口；而《孔子问礼图碑》因问礼亭已拆除一时无处安放，即临时放在市档案局老楼（22号楼）门前场地上。

随后，南京工学院（今东南大学）有教授建议复建碑亭。可有人不赞成，认为市级机关大院不宜建孔子碑亭，此动议未能实施。笔者见此甚为焦急，于是写信连同刊于史志上的小文一起送达南京市委张耀华书记，请求尽快采取措施，切实加以保护。张书记随即批示，如机关不宜存放，就放夫子庙大成殿。这就是现在人们能在大成殿见到《孔子问礼图碑》的由来。

2005年12月22日，南京大学中美文化研究中心打来电话，约笔者与马先生接待美国约翰斯·霍普金斯大学教授、国际问题研究所研究员司马黛兰（Deborah Sommer）和她的华裔丈夫程教授，探讨儒学和中国文明，其中涉及孔子教育思想、孔子塑像及碑刻。在交谈中，他们提及有一本《老南京》英文版书籍介绍南京《孔子问礼图碑》在“文革”中被毁。我当即告之“被毁”纯属误传。该碑在“文革”虽历风险，但终于完好保存下来，就在夫子庙大成殿内。他们很是惊讶。于是又去夫子庙实地考察，并拍了照片。临别时，她将那本英文书籍签名赠我留念，笔者也回赠一本《南京民俗志》。没想到这块《孔子问礼图碑》居然引起外国学者的重视。

紫金山天文台

巍峨的紫金山，像一条巨龙蟠伏在南京的东郊，在离“龙膊子”仅2公里处的第三峰屹立着我国著名的天文机构紫金山天文台，以其多次发现小行星和彗星的卓越成就而举世瞩目。

早在1927年，国民政府迁都南京后两个月，即成立了专司预先推算第二年年历的“时政委员会”，由曾任南京临时政府秘书、接管清钦天监、出任中央观象台台长的高鲁主持。

不久国民政府改组，按照孙中山先生的遗愿成立了中央研究院。时政委员会改称为“观象台筹备委员会”并入中央研究院，内分天文、气象两组。高鲁为天文组主任。1928年，天文、气象分别改为两研究所，高鲁被委以天文研究所代所长。他除了推行“公历”外，同时对我国第一座天文台着手筹建。建台

紫金山天文台（摄于民国年间）

工程设计刚竣之时，高鲁奉命出使法国，辞去代所长职务。1929年7月，在厦门大学任教的余青松应中央研究院院长蔡元培之邀，赴南京任天文研究所第一任所长。

余青松，福建厦门人。青年时代在清华学堂（留美预备班）求学。1918年赴美留学，先学土木建筑，后攻天文学，获加利福尼亚大学哲学博士学位。他在美国利克天文台工作期间因其创立“恒星光谱类法”，被美国天文教学课程誉为“余青松法”而成为国际闻名的天文学家。

余青松上任后，即对紫金山、清凉山进行多次实地勘察比较，初选紫金山第一峰。天文研究所随即向总理陵园管理委员会商请划山为建台之用。陵园委员会积极协助并派夏光宇处长、汤有光工程师代天文研究所绘制了一条汽车登山道路。该路从太平门外龙脖子起，沿山南折向北达第一峰，计5公里，按时价估算筑路费为5万元，但天文所无力负担这笔费用。在进退维谷之际，中研院总干事杨杏佛与陵园夏光宇处长商量找个妥善办法，将台址改建于第三峰。事前，余青松曾与杨杏佛亲到草木丛生的第三峰探过，发现这里山顶面积大，建馆绰绰有余，且坡度小，盘山道路不超过2公里，离城较近，风景又佳，适宜建台。

1929年12月21日，破土动工。在施工测量路线最后一段时，发现第三峰下的群石中有一天然人面像，位置在天保城下西北方向。因该石像酷似古埃及人，而又迫近即将建设的天文台，故天文研究所将它称为“多禄某”，以纪念古埃及天文学家多禄某。

天文台在建设过程中由于经费拮据，几次估算均无力招标承建，不得已于1931年10月自己组织工人建设，先建子午仪室、赤道仪室和办公室，至1934年9月1日，我国自行建造、自己管理的第一座现代化天文台，历时5年终于建成。所花建设费用19万元，购置新式天文仪器23万元。天文台位于东经7° 55′ 18″，北纬32° 4′ 2″，高度267米。以后该台经多年观察，发现了多颗小行星，有的即以“紫金”来命名，为天文科学研究做出了宝贵的贡献。

（张志明）

南京白局

南京因为地处南北要冲，语言变迁最著。听现在南京人讲话，有谁还能想象出古代南京方言曾属吴语？现在的南京话已属于官话，只有老城南人还保留一点老南京腔，让人们想象老南京人说话的语调。要想真正了解南京人过去的语言，只有去听全用老南京口语演说的南京地方戏曲“南京白局”。南京白局，过去流传范围不广，只在夫子庙游乐场内偶有表演，现在已经上了电视，听的人就多了。不用说外地人，即使南京人听了表演者讲出的成串南京土语，妙语连珠，也会笑声不断。原来老南京人是这样说话的，与今天的南京话相比真相隔十万八千里了。

南京白局表演起来，形同相声，两个演员一讲一答，用南京话来说是“一个吹箫，一个纳眼（儿）”，妙趣横生。要知道，这个风趣的地方曲种，可是在痛苦中产生的啊！

南京白局，又称南京白话，是南京云锦工人在繁重的劳动负担中创造出来的，如同劳动人民所创造的号子。现在南京白局的内容，大都风趣诙谐，云锦工人织出的云锦真是云蒸霞蔚，艳丽多彩，驰名中外，而他们的劳动却是无比艰辛的。织云锦时，一张织机上一般两名工人合作，一个在机坑里抛梭开织，一个坐在机子上面拽花。无论在下在上，只能弯腰驼背工作，天长日久，身体逐渐畸形，走起路来腰也伸不直了，被人们称为“机包子”。当时有这样一首民谣形象地描述了云锦工人的劳动：

三更起来摇纬，五更爬进机坎。
寒冬不能烘火，炎夏难得乘凉。
整天弯腰驼背，日夜抛梭过管。
织的花素锦缎，穿的破衣烂衫。

连康熙皇帝南巡来到南京，住在江宁织造署看到了织造局机房内匠人的织锦过程，也感慨万分地写下了这样一首诗：

终岁勤劳匹练成，千丝一剪截纵横。
此观不为云章巧，欲俭骄奢睹无萌。

清康熙、乾隆年间，是南京云锦业的极盛时期，有织机3万多台，工人近20万，除王公蟒袍、宫妃礼服外，产品还远销西藏、蒙古等边远地区。这些工人长年累月、弯腰驼背地劳动，时光难熬，痛苦难消，一张织机上的两位工人便一上一下、一讲一和地即兴讲说起来，由此诞生了“南京白局”这一曲种。南京白局，是云锦工人消除生产劳累、胸闷肠愁的一种娱乐方式，其曲调多糅合南京地区和长江两岸的小调。内容上，他们说“金陵四十八景”，说听来的稀奇古怪的事儿，更多的却是说云锦工人自己的生活。这里且录下一个小段，看看他们是怎样用南京土语来描摹自己的织工生活的：

这几天机房不好做，我又被“坐板疮”来磨。三万六千头的库缎，一天搿上它几十梭。“焦头机”的老板（指资本小而穷凶极恶压榨工人的那类老板；“焦头机”为骂人的贬语），天天还在催生活。初二、十六当荤，只有八块肉，切得硗凌纸薄，遇着一阵风，吹到北极阁（云锦工人大都居住南京城南，北极阁为城北的地名）。我趿着一双破鞋头，追也追不着。遇着一根茅草桩，戳了我的脚。连忙跑回来，揭开锅一看，连汤也喝不着。朋友劝我改行，没得生意做。我提着拎桶，拐着大腰箩，卖热老菱呀，卖鸡头果！

这段白局小段，内容是描写南京云锦工人生活的，语言上除“焦头机”为云锦工人给老板起的独特绰号，“硗凌纸薄”为南京形容很薄的独特形容词，“卖热老菱、卖鸡头果”为南京独特的叫卖口号外，还有许多字用南京话

来读是特有风味的。如“做”“磨”“着”“脚”等字，读拖音，并向下滑；“锅”“果”等读强烈的拖腔儿化音，南京味就全出来了。

也许因为云锦工人说的这种白话，是南京唯一的地方曲种，也许因为它用南京口语说南京的人和事，这土玩艺儿一出来，居然就得到了南京人的认可，并且逐步跨出云锦行业，来到百姓家，先是参加婚丧喜庆活动，来调节人们的生活，后来又挤进游乐场所公开演出。因为它全用南京土语演唱，所以叫做南京白话。又因为它演出不收报酬，后来公开正式演出，也收资甚微，故而又称“白局”了。

南京白局随云锦兴盛而生，也似乎随云锦衰落而微。民国时期，因为舶来品之倾销，销场之减缩，云锦也一落千丈。到了 1935 年，全市机数不过五六百架，且或织或停，工人亦不满千人。南京白局也渐趋衰落。至解放前夕，已奄奄一息，听者问津者少，说者后继无人。新中国成立后，经几度提倡，不仅保住了“白局”这个独特的地方曲种，而且上了电视，登上了大雅之堂。

南京白局的曲牌源自明清俗曲和长江下游民歌，可以从中窥见古代俗曲、民歌的一些面貌，更可以研究南京方言的变迁。

（吴福林）

初创《南京史志》

一、筹办

1982年，全国掀起新一轮编修地方志热潮。南京市也于1982年秋成立了南京市地方志编纂委员会，市长任编委会主任，下设办公室为常务工作机构，内设四个处（室），开始选调人员。1983年9月，我被调到市志办。

南京市志工作初创之时，南京市委第一书记柳林、继任市委第一书记汪冰石多次听取市志办杨主任的工作汇报，并对市志工作及创办杂志做出重要指示，表达深切关怀与希望。

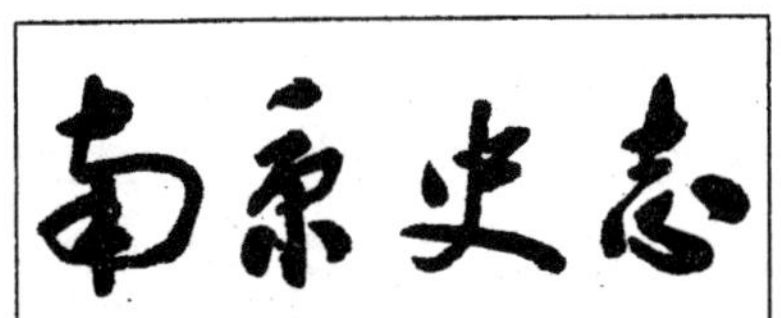

时任南京市委第一书记汪冰石题写的《南京史志》刊名

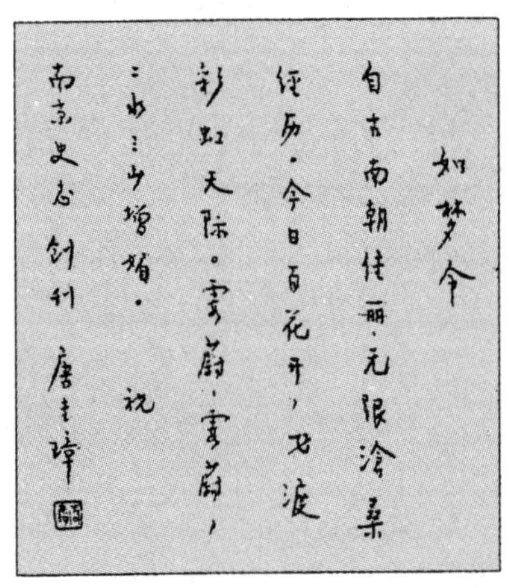

词学大师唐圭璋为《南京史志》创刊贺词《如梦令》

我的任务是创办一份杂志，为新编地方志工作做舆论宣传，积累资料，培养人才。杂志起初取名“金陵风云”。南京市委办公厅为此专门向省委办公厅写了专题报告，后由省委宣传部批示：作为内部刊物试办。刊物主编由市志办杨主任兼任，我为刊物编辑处处长，兼编辑部主任，配五名编辑、记者。几位编辑都有文史功底，而且尽职。杂志出版前，市领导说“金陵风云”不合适，于是定名为《南京史志》（双月刊）。

当时我了解到全国有24个省和10多个大城市地方志办了杂志，但仅有河南的《中州今古》和上海的《上海滩》为公开发行的杂志，其他地方如广州的《羊城今古》、武汉的《武汉春秋》、安徽的《志

苑》皆为内部刊物。这类刊物不像文艺刊物读者多，发行量大，而哲学、史学、自然科学等受内容局限，读者面狭窄、发行量少，每期只印千把册，一年六期累计起来不过万把册。地方志刊物也不例外。如何才能打破困局，我觉得不能按老套路办刊，必须另辟蹊径。

为了办好杂志，我登门访问《南京日报》副刊部主任、《扬子晚报》总编、《青春》杂志副总编等，向这些报刊取经。回来后，我与编辑部同志们研究，一定要办出特色。遂由杨主任请市委第一书记汪冰石题写刊名，由市长张耀华写发刊词，请著名词学大师唐圭璋先生为《南京史志》创刊作词，并收到了一些内容较好的稿件。

二、创刊

1983 年 12 月 10 日，《南京史志》第一期与读者见面。这一期印了 10000 份。初试牛刀，反响较好，有的还称赞说“出手不凡”。我捧着刚出版的这份杂志，咏颂唐先生祝《南京史志》创刊所作的《如梦令》：“自古南朝佳丽，无限沧桑经历。今日百花开，飞渡彩虹天际。霞蔚，霞蔚，二水三山增媚。”词中引用了多个典故，其中“二水三山”是引李白“三山半落青天外，二水中分白鹭洲”的诗句赞美南京。我想南京是六朝古都、十朝都会、历史文化名城、长江下游特大中心城市，文化积淀深厚，经济繁荣，有多少东西可以写啊。

在出第二、三期的时候，正逢南京解放 35 周年，各个新闻宣传单位都在组织纪念性文章。我得悉当时南京军区司令部正组织人员编写军史，这其中肯定要涉及渡江战役。于是联系有关部门得到了当年中央与总前委刘伯承、陈毅、邓小平往来的几十份电报文件，遂请南京军区军史专家写成渡江战役大事记文章。又获悉渡江战役时的某师参谋长、山东泰安军分区原司令员，以及渡江后首先进驻“总统府”的解放军连长，这时在浙江工作，我立即安排记者分头前往采访。随后又陆续收到了江苏省委原第一书记江渭清，南京军区原政委杜平上将、唐亮上将的题词分别刊载在二、三、四期杂志扉页。我们将电文与采访的内容写成 7 篇文章，分别以《渡江战役大事记》《解放南京的日日夜夜》《解放军进占总统府》等为题集中发表。杂志一经面世，立即引起轰动。可惜由于杂志是内部发行，广大市民并没有多少人能够看到。

这时突然收到美国哈佛大学胡佛研究所的来信，要订阅该刊。我感到十分惊讶，这本尚属内部刊物，市面上还没有销售，他们就已经知道了。接着英国驻华大使馆也来信索订。这也告诉我们，南京是多么需要一本面向全国、面向世界的杂志。我向主任提议请市委向省委打报告，申请批准本刊公开发行。可是主任要我去办。我硬着头皮找市委谷秘书长。谷说，省委才批准不久，怎么能又写报告？我反复申述理由，并将杂志出版后的情况及各方反应向他汇报，不能让这本刊物“藏在深闺人未识”而不能发挥社会效益，南京需要一份综合性的杂志。谷秘书长听我这么说，答应提交市委研究。不久得悉市委已向省委打了报告。我们到省委问情况，省委办公厅的同志说，已转省委宣传部处理。这样，我和老吴同志又到省委宣传部催办。终于在当年 11 月拿到省委宣传部的批复：同意《南京史志》从 1985 年 1 月起公开发行，报中共中央宣传部、国家新闻出版总署。很快从省新闻出版局领到了期刊登记证。后来又申请了杂志国际发行资格，正式对外发行。

三、求特

这时原主任退居二线，由主持工作的王主任兼任杂志主编，我任常务副主编，编辑部主任由副处长担任。无论报纸、杂志要受人欢迎，主要是办出特色，关键是内容。我提出既要有“阳春白雪”，又要有“下里巴人”，每期都要有几篇质量高学术性强的精品，又要有知识性、可读性的文章，做到丰富多彩。可是要做到这点真是太难了！我们研究设计了 24 个专栏，轮换上刊，分头组稿。

我们联系或拜访了全国有影响的一批著名学者、资深教授，有复旦大学教授、著名历史地理学家谭其骧，中国地方志指导小组著名方志专家傅振伦，上海著名导演、抗战歌曲《长城谣》词作者潘孑农，浙江大学教授陈桥驿，南开大学教授来新夏，厦门大学教授韩国磐，南京大学教授蒋赞初、茅家琦、叶子铭，南京师范大学教授唐圭璋、徐复、段熙仲、吴调公，南博院长梁白泉，以及中山大学、武汉大学、故宫博物院、南京博物院、中国第二历史档案馆、南

京市博物馆、太平天国历史博物馆、南京市档案馆和江苏省社科院等单位的专家学者。得到他们的热情支持，陆续收到了一批质量高的稿件：《诸葛亮是否出使东吴》《吴大帝孙权建康开大业》《南唐高祖首筑金陵城》《千古词人皇帝李后主的悲惨人生》《明太祖朱元璋开创大明王朝》《桃花扇底送南朝》《太平天国在南京》《孙中山在南京就任临时大总统》《侵华日军在南京所犯的滔天罪行》《日本731部队在南京的罪恶行径》《毛泽东主席十访南京城》《李白游金陵》《李清照在金陵的凄凉岁月》《吴敬梓名·字·号的由来》，还有许多既有史料价值又有可读性的文章，如《明初南京移民云南内幕》《秦淮八艳之董小宛与马湘兰》《竺水招与越剧舞台十姐妹》《严风英流落南京时》和世界著名女物理学家吴健雄的访谈文章等。吴健雄先生提供了她受周总理、邓小平接见及开展科学研究、青年时期等六张珍贵照片，并为本刊题词：以史为鉴，以文会友。两位日本学者投来关于六朝的文章。这些文章的刊出引起了国内外的关注，其中许多篇被《人民日报》（海外版）及省内外多家报纸杂志转载。

以史爲鉴
以文會友
爲《南京史志》
敬題
吴健雄

吴健雄题字

为了扩大影响，增加发行量，我们除在市内设销售点，还在北京、上海等大中城市建立发行渠道，并联系图书进出口公司向海外发行。中国香港成文图书公司来函可为本刊代办香港发行。经过多方努力，杂志除在国内发行外，还发行到美国、日本、韩国、英国、法国、俄罗斯及中国台湾、中国香港等16个国家和地区。发行量每年在10万至12万册，在全国同类刊物中领先，被江苏评为“优秀期刊”。天道酬勤，我和同事们共同拼搏了四年终于闯出了一片新的天地！当时中国地方志指导小组办公室每年召开一次全国期刊研讨会，我在会上谈了创办情况及几点体会，受到全国同行的好评。

四、感悟

对于读者的来稿来信要及时认真处理或答复，这是关乎读者对本杂志的信赖给予应有的尊重，这也是在我们经历了深切感受之后才有的理解。有位上海女作家经人转来一份采访某地女子监狱的稿件。我接阅后觉得内容与本刊宗旨不大契合，如何处理还在犹豫。岂料，不久该作家去世。我得悉后好一阵心酸，懊恼没有及时给这位作者回信说明情况，留下无法弥补的遗憾。此后，凡有重要或远道的来信来稿，都迅速研究处理。编者一定要站在作者的角度思考，把作者当朋友，以心相交。像台湾邵氏兄弟烟草公司马先生来信要购买本刊前几期杂志并询问有关情况；内蒙古达先生询问元朝著名诗人萨都剌在集庆（今南京）的为官活动并问及他究竟是蒙古族还是回族，正因有该信促使我查找史料撰写了关于萨都剌的文章，一方面寄给来信人作答，一方面在报刊上公开发表。还有唐朝许嵩《建康实录》的点校者、北京张忱石研究馆员来信说要来编辑部交谈情况，我立即回信表示欢迎。他从上海返北京途中在南京下车来到编辑部，我们做了深入愉快的交谈，涉及清朝宫廷中的诸多趣闻轶事，并约他写几篇稿件。他临走时送我一套刚出的《建康实录》样书，我也回赠他小作。一次上海潘导演要来南京，我考虑他年届古稀，行动不便，就带车亲自到车站接待。后来他为本刊写了一系列有分量的稿件。还有哈尔滨的一位读者，是白俄后裔，问及哥萨克人如今的生活情况。因为这方面情况我们并未掌握，就如实回信说明并感谢他对本刊的支持关注。以后还先后收到两封电报，一封是上海潘导演逝世，一封是山东泰安张司令逝世，两个单位来电告知，我们立即以《南京史志》编辑部名义分别发去唁电，对逝者表示沉痛哀悼，对其家属表示深切慰问。这些事情虽属平常，却构筑了杂志与读者、作者的亲近关系，也大大提高了杂志在读者心目中的位置。

在此期间，编辑部还先后两次分别与市教育局、市总工会联合组织开展了“爱我南京，振兴中华”的知识竞赛活动，与南京日报社共同召开了有几十位专家教授和资深学者参加的“南京文化研讨会”，以加深人们对南京的认识和了解，从而进一步提高人们热爱南京、建设南京的热情，吸引大批工人、学生和市民的广泛参与，取得了较好的效果。

从工作角度看，《南京史志》切切实实在做着积累史料、释疑纠误、刊发研究成果、交流修志经验的工作，发挥了宣传阵地的良好作用。

南京评出“金陵新四十八景”

南京历史上由明及清对南京的著名风景名胜、文物古迹作为景点，评出过“金陵八景”“金陵十景”“金陵十六景”“金陵十八景”“金陵二十四景”“金陵四十景”“金陵四十八景”，“金陵四十八景”是在清乾隆年间形成的。

从乾隆年间至今已历时350余年，随着时代的发展和城市建设的巨大变化，许多文史专家及广大市民呼吁评选南京新的景点，既是对历史文化的传承和发扬，也是城市建设和旅游事业发展的需要，更是对市民一次深刻形象的热爱家乡、热爱祖国的生动教育。

自上而下发动，自下而上推荐

《金陵晚报》2004年8月1日发布消息，南京开始评选“金陵新四十八景”。8月12日，新四十八景首批提名名单公示，供市民酝酿。8月26日，组成专家评审团。8月31日，开始首轮投票，掀起市民投票热潮。9月13日，专家评审团召开第一次会议，由《金陵晚报》总编项晓宁主持。出席评审会议的9位专家评委是（按姓氏笔画排序）：马伯伦（《南京通志》特约编审）、王能伟（南京古都学会副会长）、邢定康（南京市旅游局副局长）、沙元伟（中华诗词协会发起人之一，1983版金陵四十景评委之一）、陈济民（南京市地方志办公室副编审、《南京民俗志》主编）、杨新华（南京市文物局副局长）、胡阿祥（南京大学历史系教授、博士生导师）、蒋赞初（南京大学历史系教授，《南京史话》作者，著名历史学家）、韩品峥（南京市文物局原副局长，《南京文物志》主编）。

第一次专家评审会议研究认为，为慎重起见，先提出一个范围大一些的景点名单在《金陵晚报》公布，让市民从中推荐。这样就产生首批入围六十四景候选名单。11 月 22 日，“世界旅游峰会”在南京召开，与会中外嘉宾对南京评新四十八景十分感兴趣，给予高度评价，并参加投票。在广泛发动的基础上，2005 年 2 月 22 日，《金陵晚报》开始由市民终轮票选。

“金陵新四十八景”评选揭晓

2005 年 4 月 12 日，专家评审团召开第二次会议，在市民票选的基础上，慎重筛选、协商，投票选出金陵新四十八景。

新四十八景名单：

（1）中山陵；（2）明孝陵和梅花山；（3）紫金山天文台；（4）雨花台；（5）玄武湖；（6）南京长江大桥；（7）夫子庙及秦淮风光带；（8）栖霞山；（9）阅江楼；（10）总统府；（11）莫愁湖；（12）中华门瓮城；（13）侵华日军南京大屠杀遇难同胞纪念馆；（14）灵谷寺；（15）静海寺和天妃宫；（16）珍珠泉；（17）石头城和清凉山；（18）云锦博物馆；（19）阳山碑材；（20）甘家巷南朝石刻；（21）鼓楼和大钟亭；（22）台城、九华山、鸡

今已列入《世界遗产名录》的明孝陵之旧影

鸣寺；（23）燕子矶；（24）汤山温泉；（25）汤山古猿人洞；（26）胭脂河及天生桥；（27）固城湖及高淳老街；（28）牛首山；（29）中山植物园；（30）南唐二陵；（31）瞻园；（32）明故宫遗址；（33）朝天宫；（34）梅园新村纪念馆；（35）甘熙故居；（36）江心洲；（37）方山斜塔；（38）石鼓路天主教堂；（39）南京大学北大楼；（40）颐和路民国公馆区；（41）龙江宝船厂遗址；（42）老山国家森林公园；（43）桂子山石柱林；（44）浡泥国王墓；（45）金陵刻经处；（46）南京博物院；（47）净觉寺；（48）傅家边现代农业生态园。

新四十八景登上邮票全国发行

2005年，《金陵晚报》"金陵新四十八景"评选后，在社会各界引起广泛强烈的关注。所评选出的"金陵新四十八景"，迅速成为南京新城新貌的代言品牌，凝萃南京文化精华的城市名片，在国内外声名远播。

时过两年，"新四十八景"的影响力和穿透力，正在不断涌现。如今，此项活动又再次延续高潮："新四十八景"正式登上邮票，向全国发行。

2007年9月22日，南京历史上第一套"金陵新四十八景"邮票，在第十四届南京集邮文化节上隆重亮相，并正式公开发行，流通全国甚至海外，成为南京的"形象大使"。

"金陵新四十八景"之一的鸡鸣寺之邮票

文史专家认为，南京在历史长河的滋润下，"处处是佳景，步步皆流韵"。过去南京就有金陵四十八景的美名流传，而2005年《金陵晚报》评选出的"金陵新四十八景"，更是集中体现了今天的南京山、水、城、林交相辉映的美丽景色，以及新南京深厚的文化内涵，融古今名胜为一体，而且知名度非常高，已经成为古城南京的新名片。所以，这次以"新四十八景"为邮面，向全国推广发行这套邮票，就是为了让全国公众都更加了解南京深厚的文化，更好地感受南京多彩的人文。

笔者从南京市邮政局了解到，如此大套的个性化邮票、如此多的景点齐聚一堂亮相方寸，这在南京历史上是第一次。

“金陵新四十八景”邮票及 56 张明信片（四十八景中包含 56 个景点）发行量为 5 万套，当天在莫愁湖公园首发，引起市民热购。

今日鸡鸣寺（茅鸿兵摄于 2021 年）

（姚媛媛　陈济民）

经济名区

洋棚与南京开埠

说起“洋棚”，那还是100多年前在南京下关设关通商之前，所设置的一种简易码头，经营着长江商船往来，上下搭客。

同治七年（1868年），美商在此设洋棚。

同治十年，当时担任南洋大臣的李鸿章令办轮船招商局，于1873年在下关设置棚厂，接运客商。但因设备简陋，较大的轮船不能靠岸，到时还得用驳船接送乘客，如遇大风大浪，驳船也靠不上轮船，客运就无法保障了。到1883年光景，才建造了像样的码头，开办营运，算是南京港的雏形。

西方殖民主义者早就看上了下关这个天然良港，认为在下关建港有利可图。早在鸦片战争之初，1842年8月英国兵舰闯进下关江面，入侵南京，清廷在大炮的威胁下无能为力，派钦差大臣耆英、伊里布等官员出面向英国殖民主义分子屈膝投降，于当年8月29日在英舰“康华丽”号上签订了《江宁条约》（即《南京条约》）。这是我国近代史上第一个丧权辱国的不平等条约。1858年6月26日、27日，英国和法国分别又迫使清廷签订《天津条约》，增开南京等九处通商口岸。因当时太平天国据守南京，暂时无法“开埠”，至1898年英中再次订立的《修改长江通商章程》规定，凡有约各国之商船，准在镇江、南京、芜湖、九江、汉口、沙市、宜昌等通商口岸往来贸易。时任清政府总税务司的英人赫德致函清廷，迫不及待地要求南京如期开埠。这样，清廷总理衙门电告两江总督刘坤一立即奏明办理南京开埠事宜。光绪二十五年（1899年）二月二十一日，金陵关设立，公历5月1日正式开关征税，经理通商业务。不久相继在下关设立领事馆，外商蜂拥而至。英商在下关宝塔桥等处开办了和记洋行、太古洋行等加工企业，吞噬中国大量的牲畜等农牧产品。如和记洋行每年收进生猪40多万头，耕牛1万多头，鸡鸭无数，禽蛋上亿个。这个洋行老板叫威斯特，原来是一个小肉商，后来变成百万富翁。洋行肆意扩充地盘，排挤我国民

下关码头（摄于清末）

族工商业，洋行的船只在江面上横行无阻，为所欲为。下关码头名为中国人开办经营，实际上中国人做不了主，运费价格还要与洋商商量，有利于洋商才行。

南京开埠后，帝国主义加深了对江苏及长江流域的经济掠夺。国民政府统治期间，又出卖内河航行权，任由外国船只运输停靠。直至新中国成立后，人民当家做主，才结束了屈辱的历史。

江南造币厂

清朝光绪年间，南京继广东、湖北后开始铸造银圆。银圆又称“洋钱”，因为是从外国流入的。早在明代即有银圆流进我国，到清朝自康熙至道光年间银圆长驱直入，套走大量白银，引起朝野极大关注。

光绪十三年（1887年）二月，两广总督张之洞奏准在广东设银圆局试铸银圆，由于银圆重量比外币加重，遂被收藏和熔化取利，而未能通行。十四年，李鸿章再次提议铸银圆，亦建议仿英洋重式与外洋一齐通行，十六年大量铸造，于是推行开来。因币面有盘龙纹，故称为“龙洋”。

在湖北于光绪二十一年设局铸洋钱后，二十二年正月由两江总督刘坤一以“制钱缺乏，不敷周转，洋元行销，利权外溢，仰给外省终非久计”为由，奏准在江宁（今南京）设局，即“委藩司瑞为总办、委江苏候补道刘式通考究制造银圆、制钱机器，饬营务处桂道嵩庆勘地建造厂房。厂址选在省城西水关云台闸南岸（今国创园一带），建造房屋工料费约银8万余两，于二十三年落成，分东厂和西厂，东厂铸银圆，西厂铸制钱。十二月开铸。”铸本银子8万两向江南筹防局借得，铸出银元同时分送安徽、江西两省次第通行。当时铸银圆所需的银条，初“由上海道蔡某代购每月十五万两”，并命“祥云”轮船兼解送银圆和运回银条。熔炼所需的木炭亦从水路运来。据老人们回忆，每天往来秦淮河的船只多达百艘，使西水关河面上终年停满了船只。

1897年铸造的大小银圆有五种，正面中为“光绪元宝”四字，下铸币值（即币重）“库平七钱二分”，上为“江南省造”四字。此币未铸年代，但为南京最早正式开局铸造的“龙洋”，习称“老江南”。1898年铸造的便加铸了“戊戌”干支年份。

始于光绪二十二年成立的机构称为“江南铸造银圆制钱总局”，有南京、苏州两厂，南京厂专铸银圆，统称“江南”。二十七年辛丑，为提高龙洋的质

光绪二十二年建的江南造币厂（朱伟强提供）

量，延请外国化学专家霍氏到厂，任配合成色教习，此年铸的银圆上面铸有“HAH”（霍氏姓名缩写）。二十八年委志钧为总办，二十九年五月改委潘汝杰为总办。二十九年四月，清政府设立中央财政处，并在天津设立户部造币总厂，仍留南洋（南京）、北洋（天津）、广东、湖北四局为分厂。三十年十月十四日委潘学祖为总办，改厂名为“江南户部造币分厂”。三十一年八月，复改名“江南银铜圆总局”，三十二年二月又改名“江苏江宁户部造币分厂”。在潘学祖任总办期间，传说，有一次清廷太监李莲英来厂视察，走前潘学祖没有送足“盘缠”银两，小李子十分不满。回京后，即向慈禧奏本，说一年铸几千万块银圆，一块克扣一毫毫，加起来就不得了，潘学祖发了大财。老佛爷一听连连申斥“孽种”，着令重处。除抄家外，男的充军边疆，女的一律送淮青桥下钓鱼巷为妓。

宣统元年（1909年）四月初一，委江宁知府应德闳管理厂务。宣统二年，各省银铜厂一律裁撤，专归天津造币总厂铸造，并在武昌、广州、成都、云南、东三省、南京设六处分厂，即行试铸一元银币。这是我国第一套以“元”为单位的计值币。辛亥革命起义后，南京、武昌造币厂新铸的银圆未及发行，即拨作军饷而广泛流通于市场。

1912年1月1日，孙中山在南京就任中华民国临时政府大总统。3日，委余成烈为“中华民国江南造币厂”监理，仍以清代旧模铸银圆以济军需。20日，财政总长令改南京厂名为“中华民国财政部造币总厂”，规定厂由部管辖，王兼善为厂长。临时政府迁往北京后，5月，南京造币总厂开铸孙中山像开国纪念一元银币，正面为孙像，上铸“中华民国”四字。8月，开铸“二角金币和二角银币，以银币一千枚、金币十枚呈财政部”。金质开国纪念币，重量为9.6克，直径为23毫米。在南京开铸的纪念金币，是我国造币史上的首次。1913年改名为“财政部江南造币厂”。5月始铸有袁世凯头像的银币，但由于各地讨袁声起，只试铸而未发行。1914年又继续铸发。1916年6月，袁去世，但各厂仍以袁像铸造银圆（俗称“大头”），直至1927年北伐军到达南京。4月18日成立国民政府后，南京造币厂遂改铸孙中山像的银圆。

民国财政部江南造币厂大门（摄于1913年）

1928年冬，裁撤天津造币总厂，将南京造币厂迁上海，随之将铸币机器等运往上海，并在上海成立“财政部中央造币厂”，南京造币厂至此宣告结束。从1897年到1928年，江南厂所铸的银圆繁杂、数额之多，在国内各造币厂中首屈一指。仅1915年初到1923年底的9年中，就铸造了一圆主币408345800枚，中圆（半圆）1987487枚，二角辅币3178648枚，可谓巨矣。

（朱伟强　陈　遥）

南洋劝业会

南洋劝业会是清政府于宣统二年（1910 年）在南京举办的一次全国性的产品博览会。创办起缘，时人以为两江总督端方奏请开办的，殊不知虽由端方奏请，但追根溯源，还当更前。先是光绪三十年（1904 年），南洋华侨张振勋（号弼士）回国入京，捐献 20 万银两，获赏赐“太仆寺卿”，并奉旨召见。慈禧太后询问南洋情形，希望他对中国发展工农业生产，发抒己见。张于廷对时，细述南洋工商业之发达，皆由于各国政府扶持奖励，才能收到效果；个人资本虽然雄厚，也难以跻身国际市场竞争。我国的工商业，政府未能提倡，地方又不鼓励，是以事事落后，难期振兴。要想发展工商业，得由国家全力扶持，召开大规模展览会，开阔工商界人士的视野；奖励先进，鞭策落后，互通有无，共同提高。繁荣经济，是强国富民百年大计。西太后听了颇然其说。随即谕令农工商部尚书贝子载振（贝子是满员爵位）、侍郎杨士琪，与太仆寺卿张振勋，筹议办理之事。由于清廷官僚因循守旧，不思进取，借口慎重，实际延宕，遂以“考察农工商务大臣”名义派张振勋赴南洋各埠实地考察。先在广州设立行辕，辗转两年之久，始奏报到京。对此，太后谕旨：“据张振勋奏报赴南洋各岛考察农工商务一摺，着该部贝子载振、侍郎杨士琪，应如何筹办劝业会之事，迅与两江总督端方妥议具奏，钦此。”光绪三十四年（1908 年）秋，适端方赴欧洲各国考察宪政归来，奉命署两江总督，兼任南洋通商大臣。一则南京据长江要冲，东南重镇，开发实业得天独厚；二则端方考察回来，锐气方刚，遂决定仿效各国博览会的成例，在南京举办“南洋劝业会”，从度支部（财政部）拨款 50 万元，议定官商合办，奏请清廷核准举办。汇报到京，忽值两宫（慈禧、光绪）晏驾，此事又复搁置。不久，端方被调北洋，由张人骏总督两江，对南洋劝业会自有移步据形之势。廷谕继续筹办，乃委陈琪为该会总办，清廷简派侍郎杨士琪任劝业会审查长，太仆张振勋为会长，议定集资白银百万两。

南洋劝业会会场（摄于1910年）

端氏原拨50万，张人骏续筹20万，其不足之数，由上海商务代表虞洽卿、南京商会代表秦寅分筹垫付，将来官商分认。宣统元年（1909年）二月，初于花牌楼文昌巷设“南洋劝业会事务所”。三月，在丁家桥租赁狮子桥畔某姓园第，“南洋劝业会事务所”迁此。按照外国博览会的办法，通令各省各大商埠，成立出品协会事务所，于所属各府县设物产出品所。本会总事务所内分文牍、调查、庶务、工程、出品、编纂、审查等科，分途从事筹备。

会址从城北丁家桥向北延伸到三牌楼原绿筠花园附近。此地辽阔，且多荒芜，不碍民居。南起丁家桥（会场正门），北至三牌楼，东邻丰润门（今玄武门）易家桥，西达将军庙口，东西宽二里，南北长四里，周约八里，全场成一椭圆形。

会场中心建有四方形三层塔式楼房一座，内设审议室、公议厅（上下有电梯运送）和各科办公室，是全会的核心。会场大门安装彩色霓虹灯，光彩夺目。周围环绕建筑13座，分工业、农业、教育科学、卫生医药、军火武备、侨商产品等馆，最主要则为各省私人收藏的名贵古玩、玉器、珠宝、字画、精制工艺品、历代珍贵刺绣以及各省的丝织品绫罗绸缎，供中外人士欣赏的非卖品。外围星罗棋布的各省各业专馆数十座。有以省名，如江苏馆、广东馆、四川馆、两湖馆、东北馆、陕甘馆等；有以地名，如北京馆、上海馆、宁波馆、天津馆、福州馆等；有以土特产名馆的，如景德瓷器、宜兴紫砂、北京景泰蓝、扬州玉雕、福州漆器、苏绣、湘绣、山东玻璃器皿、云贵中草药等等，各馆的陈列品，琳琅满目，五彩缤纷，使人眼花缭乱。房舍布局与结构也各具特点，有以园林取胜，有以宫殿称雄；有的娇小玲珑，有的雄伟壮观；有的金碧辉煌，有的雅淡素净；有西式有中式，有亭台楼阁。匠心构思，争奇斗艳，竞相媲美。前后筹备仅历时 16 个月，各馆房屋先后竣工，各省展出物品星夜兼程运抵南京，如期于宣统二年四月二十八日，即 1910 年 6 月 5 日，正式剪彩开幕。

会场内到处设有贩卖部，土特产和工艺品，应有尽有。各省市的名菜细点香茗，供客品尝。江浙的丝绸，苏湘的刺绣，江西的瓷器，宜兴的紫砂，山东的玻璃，北京的景泰蓝，福建的寿山石，乃至山珍海味，奇花异卉，供人选购。南京产品孙家兴的陀罗经被、魏正丰的珠江五彩金椅披、天鹅绒字画、刻瓷烟壶、瓦当纹插屏等荣获超等奖。奖分五等，即奏奖、超等奖、优等奖、金牌奖、银牌奖。分别相当于今天的金质奖、银质奖、国优、部优、行业优。同年十月二十八日（11 月 29 日）闭幕。六个月展览，吸引中外人士不下数十万之众，各业成交额数千万。人们常以“南洋劝业会”想到后来之“巴拿马博览会”不无道理。

展览会为了赴会参观者往来方便，修筑宁垣铁路，南起中正街（今白下路），北接沪宁铁路。丁家桥劝业会大门，适居南北中心。车头牵引三四节车厢，每节车厢可坐八九十人。两车南北对开，每小时一趟，全程票价铜圆十枚。南来北往到丁家桥，只需铜圆五枚，乘者甚众。

（叶祥法　俞宝书）

南京丝织业

南京的丝织业发展到清代，已成为南京城最主要的行业，规模较大，从业人多，生产绸、缎、绫、绒、纱、罗、绢等，其中以缎为大宗。除供应皇室和贵胄所需之外，产品远销西藏、蒙古等地。

著名的一些大号家

丝织业鼎盛时在南京到处可闻机杼声，全城有织机3万架，作坊到处可见，从事丝织业者有5000余户。当时最有名声的大号家，有门西小门口的魏广兴、钓鱼台的于启泰、门西的张承记、五间厅的贾锦熙、陡门桥的徐聚锦、胭脂巷

织锦（摄于1998年）

的李昌记、门东小膺府的杨义隆、集庆路的张慎一、千章巷的张象发，以及绒庄街的正源兴。其中以魏广兴、于启泰两家规模最大，各有织机近3000张。其余各家有百张、数百张不等。

魏广兴是当时招牌最硬的一家，店主人是魏家骅，翰林出身，为官从商，颇有声望。产品选料严格，制作精细，质量考究，行销全国。外地缎商来南京采购，常有将魏广兴产品放在包装浮头，以示优质名牌，许多绸缎零售商店橱窗，陈列几件魏广兴产品，借以招徕顾客。

正源兴号，主人姓李，原是开镖局起家，后来转做缎业。其产品远销国外，美商直接前来订货，声誉一时颇著。新中国成立以后，公私合营改称“中兴源丝织厂”。

张象发号，用店主名做店名，生产绸缎颇有盛名，府东街（今中华路北首东）设有门面，零售批发兼营，生产绸缎销至全国各大城市。

小机房与“做手”

除了大号家外，中小机房，约有5000余户，大致分为两类：一是从丝行购进原料，自家生产，雇佣工人，织成缎子，送到缎庄出售。另一类专为大号家加工，称作“料户”，除谋取加工费以外，还可以弄到“赚头”（又叫“净折”），即在织成的缎子上剪下一二尺，或三四尺，卖给零剪店或专收零缎的客商，作为额外收入。

从事织造的工人统称为“做手”，按工序分为染色、漂洗、交手（晾晒、整理）、通交、牵接、牵经、上扣、接纬、织手、挑花等工种。织花缎另有掖花做手。

“做手”都是临时雇佣。当年城南膺府街、施府桥、仓顶、鸣羊街、仓门口、沙湾、饮马巷等处，每天早上有数十“做手”坐在茶馆里等待招雇。雇佣时间长短根据季节淡旺、机房生产能力以及技术高低而定，做三五日、十天半月不等。做手工资和加工工价均由缎业公所规定，缎业公所设在丝市口，是缎业的公议行会机构，实际上是由大号家把持，压制中小机房，维护大号家的自身利益。

缎庄与镖局

南京缎子有素缎、花缎两种。城南多织素缎、玄色缎、天青色缎，城北多织花缎。织黑绒的另成一行，称作“绒行”。石鼓路一带还有少数人家织生丝的。

织缎工序繁多，要求严格。素缎一天可织四五尺，花缎一天只能织二三尺。妆花（云锦之一种）是一种高级提花丝织品，需用多种彩丝，工序更为繁多，五个人共同操作一天，仅可织成数寸。

中小机房生产成品，送至缎庄出售，这些缎庄客户来自全国各地和本省高、宝、兴、泰地区，常年住在客栈里坐收。“佩玉斋”是这里最大的客栈，在评事街南口，坐西朝东，前临评事街，后靠程善坊，前后七进，共有客房100余间，缎庄常年包租，客房门外悬挂有“某省某号缎庄”字号招牌，专收成品，装箱托运原地销售。

承接托运商品的为镖局。镖局聘请武艺高强的镖师，专门代客托运金银钱财贵重物品和各种商品货物。当时南京负有盛名的镖局，首推南捕厅的甘家镖局。甘家先人甘凤池，因武艺高强，保驾乾隆，大受奖掖，名声显赫，遂开镖局。甘家运送的骡马车队，插有“江宁镖局甘”字样，沿途无人敢扰。

与丝织业有关的其他行业

由于缎子的用途较广，因此织缎行业与有关的其他行业往来更多，如鞋帽、绒线、戏装、袈裟、网巾等等，这些行业分布在黑廊街、讲堂街（今升州路东）、花市大街、南门大街及马巷。马巷以“栏杆市”为盛。“栏杆”是服装上的镶边，因形似栏杆而得名，又似木耳叫“木耳边”。这种产品用小机子织成，绕成盘子出售。

栏杆市类似今天的贸易集市，在马巷北头。几间空旷的大厅，摆着几十张桌子，就成市场，专收零缎和木耳边。零缎来路广、货源足，是一宗大买卖，外地缎商派专人坐收，成交额上千两银子。也有专收零缎的住户，不设门面，随到随收。市面上的零缎由零剪店出售，可以制作衣服、鞋帽沿口，或配色配料，用途颇广。

从前妇女一年四季都戴绒花，绒花销路甚广。绒庄街和马巷是绒花的产地，一般用丝的下脚料制成。“江宁织造”有专人采办绒花，供应宫廷需要。运送绒花的叫“挑行”又叫“脚帮”。绒花质地柔软，色泽鲜艳，不能挤压，不能沾水，不能曝晒，需用竹编高篓衬上油纸，层层插放，互不挤压。扁担要两头翘中间弯，离地要高，不能打脚，十几人结队而行。脚帮走遍全国，终年跋山涉水疲于奔走。

同织造业有关的还有机店、梭店、绺梭、篗子、箱店、纸房、竹篓店，以及编织妇女网巾之类的行业。金陵从事织造业的真不下“十有七八”。因此丝织业在清代是南京的经济命脉，为数十万人生活所系，也赢得了“秣陵之民善织”的美称。

（崔　征）

南京市内小火车

南京曾有一条从下关到中华门贯穿市区的铁路，通称之为“小火车”。这条铁路运营了50年，为南京市区交通曾做出过一定的贡献，但在这50年中，却饱经沧桑，历尽盛衰。

光绪三十三年（1907年）九月，两江总督端方奏准清廷，动支藩库公币40万两，自下关江边筑一铁路入城，直抵中正街（今白下路）。委江南商务局总办王燮（二品衔候补道）任工程总办，聘英人格林森（Galiensen）为总工程师。当年十月二十日动工，次年十二月告成。宣统元年（1909年）正月，正式通车营业，定名“宁省铁路”，全长7.3公里。其走向为：起点于下关江边，跨惠民河，经栅栏门，从金川门入城，经三牌楼、丁家桥、无量庵（今鼓楼北侧汽车运输公司），走北极阁南麓和两江师范学堂（今东南大学）后墙，跨珍珠河，在今太平北路东侧折向南，走督署衙门（民国总统府）东墙外到中正街（今白下路）为止。沿线设有江口（在今港务局三号码头附近）、下关（今南京西站售票处）、三牌楼、无量庵、督署及中正街（在今白下路、长白街附近）六个站。站屋建筑以江口与中正街两站为佳，尤以江口站是双层洋楼，巍巍卓立于江岸，下层候车室以花瓷砖铺地。在江口站对面建水塔、煤台、打水房、机车库等。至今下关天光里旁仍有“龙头房”的地名，即其原址。

通车伊始，置有英造机车两辆；头等、二等联合客车两辆；三等客车六辆；铁质小水车一辆，专供督署装运江水，作饮用水；花车一辆，内装饰精致，富丽堂皇，为总督之专用车；另有货车四辆。

该路由两江总督署管辖，设总管理局于无量庵，筑有大办公室，首任总办为王燮。

辛亥革命后，该路即改隶“江苏省督军署”直辖，更名为“江宁铁路”，管理机构改称“管理局”，设总理、协理。1912年1月1日，孙中山先生就任临时大总统时由上海乘专车来宁，经由此路直抵督署站下车，换乘马车进入临时大总统府的。

尔后，袁氏窃国，留守黄兴举义讨袁，因势孤无援，南京先后为张勋、冯国璋所盘踞。他们均委派亲信、军人主持路政。及至冯去北京，南京由李纯掌督印，委李文滨任局长，吴胡华任车务总管（后升任局长），尚能治路，业务稍有起色，曾增购机车一辆。“随车均有军警稽查，车上置有‘大令’，官兵乘车，无一敢从中捣乱者”。后直奉战争爆发，奉军南下，南京为首要之区，攻防甚烈，此路深受其害。直奉战争结束后，自命为五省联军总司令的孙传芳坐镇南京。迨北伐军到，孙与直鲁军首领褚玉璞、张宗昌等联合抵抗，此路之所有机车、车辆均先后为直、鲁军和北伐军运送部队、伤员和军需物资等。其时客、货运业务停顿已久，员工薪饷无着。由于战乱频繁，致使该路备受摧残，元气大衰。

民国十六年（1927年），国民政府定都南京。翌年，南京改为特别市，首任市长刘纪文接管“江宁铁路”，更名为“京市铁路”，管理机构更名为“管理处”，设主任。

民国二十四年（1935年）5月，商办江南铁路修筑之宁芜段竣工通车。

穿过金川门的宁省铁路旧影（范忆供图）

1936年3月，南京市政府奉命延长京市路与江南路连接，始由南京市下水道工程处勘测设计，从中正街向南穿八府塘而淮清桥，跨秦淮河，过白鹭洲和武定门内侧，至门东石观音庙而连城墙，更辟雨花门出城，至养虎巷口与江南路接轨，全长3.8公里，于当年7月竣工。9月6日第一次试车，是日上午11时，京市路机车第一次驶入中华门东站。沿线增设“武定门站”（今白鹭洲公园南大门外西侧）。至此，京市铁路始全线建成。

1937年全面抗战爆发，不久南京沦陷，京市路为“华中铁道株式会社”南京支社所管辖。其时，站、场设施大多毁于战火，所有铁路运输，均侧重于军事目的。因江口站被毁，改为军用仓库装卸线，客运则以下关站为起点，并在下关、三牌楼间加筑一支线，为其军用仓库之专用线，增设成贤街乘降所，专为运送伤病员用，长江路站加筑站线一股，专供明故宫机场装卸汽油、弹药用，又设中山东路乘降所。筑江口至三汊河支线，支线均为军用。日军占领期间，对路基、道木等一切设施，只顾占用，不谋修缮，以致破坏残缺，几不成路。

抗战胜利后，京市路满目疮痍。面对这一破烂摊子，南京市政当局实感难以独自经营，经与交通部多次协商，始同意业务由京沪区铁路局代管，行车所需之机煤、材料，均仰给于京沪路局，但设备改进之经费，因市府无力顾及，仍无着落。该路自1946年1月至1948年8月，14次调整票价（1948年1月起每月调整），每张客票由国币60元涨到14万元，但仍是“路收短绌，经费困难”，“全体员司工警，勤勉苦撑”，“在惨淡经营中，在凄风苦雨下，支撑着这条铁路的生命”。

1949年，南京解放后，该线路更名为“宁市线”，属上海铁路局南京分局管辖，即进行整修。整治道床，更换腐朽枕木和不合格的钢轨，加固危险的桥梁，并对各项设施进行定期维护、保养，以确保行车安全。后应南京市人民政府的要求，铁道部决定另辟沪宁、宁芜联络线：由尧化门出岔，过紫金山东麓，经沧波门、光华门至中华门与宁芜线衔接，于1958年初动工，当年11月建成通车。于是被南京人称为“小火车”的这条运营达50年之久的京市铁路，即行拆除，完成了它的历史使命。

（章丽廷）

南京长江大桥建设经过

1968 年 12 月 29 日，我国用自己的力量建设的南京长江大桥胜利建成通车了。南京地区两岸人民群众千百年来梦寐以求的夙愿，在新中国得以实现。

南京长江大桥是公铁两用桥。铁路桥长 6772 米，公路桥长 4588 米，其中江中正桥部分 1576 米，公路分岔落地部分 316 米。铁路为双线，最大坡度为 4‰，最小弯道半径为 1200 米。公路为四车道，公路面净宽为 15 米，两侧人行道净宽 2.25 米。公路最大坡度为 3.17%，最小弯道半径为 250 米。全桥共有 261 孔，其中正桥（公铁上下分层）10 孔；引桥 251 孔（公铁上下分层桥孔，南京岸和浦口岸各 5 孔；单独铁路引桥，浦口岸 104 孔，南京岸 45 孔；单独公路引桥，浦口岸有 11 孔）。

全桥用钢材约 10 万吨、木材约 15 万立方米、混凝土约 40 万立方米，建成决算费用约 2.88 亿元。整个大桥建设得既宏伟壮观，又有民族特色，若乘船从江面远眺，似彩虹飞落人间。

工程筹建

1958 年 9 月，经铁道部报请国务院批准，成立“南京长江大桥建设委员会”，开始筹建工作。彭冲任主任，南京工学院（今东南大学）派教授任技术顾问，南京市城建局负责建桥准备工作，由铁道部大桥工程局承建。大桥主要设计人员有瞿懋宁、王序森、刘曾达、曹桢等。

大桥的勘探设计工作由大桥局勘测设计处负责；施工由大桥局二桥处和四桥处分担，二桥处负责南京岸引桥和半座正桥，四桥处负责浦口岸引桥和半座正桥。

大桥工程局由彭敏任局长，杜景云任政委，总工程师先后由梅旸春、刘曾达、陈昌言担任。

早在1956年，铁道部令大桥工程局选择南京长江大桥桥址，大桥局选取了下三山、煤炭港和宝塔桥三个桥址方案。1957年8月大桥工程局提出设计意见书报铁道部审定，建议使用宝塔桥方案。

大桥工程局据此进行初步设计。同年10月和12月，铁道部分别邀请全国有关专家、学者、技术人员、老工人在武汉召开大桥技术协作会议。根据勘测资料和初步设计方案进行研究讨论，议定正桥钢梁、基础及岸上引桥长跨结构形式。迨至1959年12月，由大桥工程局重编初步设计方案报铁道部后经国务院审批。

南京长江大桥桥址的自然地理条件非常复杂。此处江面开阔，比武汉大桥桥址处宽400米。勘测时最大水深60米，江水流速每秒约3米，地质复杂，不仅岩层有破碎地带，而且强度相差悬殊。如何确保九座高七八十米，每座面积比篮球场还要大的江中桥墩能稳如磐石？大桥工程局虽有建造武汉长江大桥和重庆白沙沱长江大桥的经验，但建造南京长江大桥仍然很有顾虑，于是决定由彭敏局长去铁道部汇报延聘苏联专家来做顾问。彭敏到铁道部后向邓小平副总理汇报。邓小平问："苏联有这样大的江河吗？"大家都说："没有。苏联只有伏尔加河，比长江小。"邓小平又问："苏联专家造过这样大的桥吗？"大家说："没有。"

邓小平接着说："你们没有造过这样大的桥，是外行。苏联也没有造过这样大的桥，同样是外行。外行对外行，何必一定要请他们来呢？我们有毛泽东思想，具体问题具体分析，通过实践摸出经验来！"

于是彭敏带着中央领导同志的指示，满怀信心赶回武汉，立即召开扩大会议。党中央的精神和信任激励着每一个参加会议的人，因此，"独立自主，自力更生"的方针始终贯穿着南京长江大桥建设的全过程。

在筹建工作中，为了彻底摸清江底岩层的地质情况，在工程地质学家谷德振的指导下，全面展开地质勘探工作，摸清岩层构造情况，解决重要难题，为下一步施工打下了可靠的基础。

正式施工

1960年1月18日，南京长江大桥正式施工。跨越江面的桥梁部分称为正桥，是全桥的关键部位。大桥设有两座桥台（即南北两岸的大堡）和九座桥墩。上面架有十孔钢梁，其中浦口岸第一钢梁跨度为128米，其余九孔钢梁每三孔组成一联连续梁，每孔跨度为160米。钢梁桁宽14米；跨中高度16米，桥墩处高度为30米。

武汉大桥的钢梁桁架跨度是128米，桁宽10米，是苏联专家决定的。现在南京长江大桥的钢梁桁架跨度是160米，那么应该采用多大的桁度呢？年轻的工程师马冕南接受了这个重任，他在有关院校教授的指导下，搜集资料分析归纳，推导出桁宽计算公式。他又带着钢梁模型到铁道部科学研究院去做模拟试验，通过电子计算机测算，得到了满意的结果。

仅钢梁部分所用钢材近3.3万吨。其中2万吨原拟向苏联订购高强度合金钢，因合同被撕毁，于是改用我国自己试制成功的鞍钢16锰桥梁钢。这是我国桥梁工程首次使用高强度低合金钢。

南京长江大桥钢梁首次使用无缝线路，全长的焊接钢轨长达467米。也是我国第一座使用高强度螺栓代替铆钉的大桥。全桥使用高强度螺栓就有8.2万只。

大桥的公路行车道板，首次采用粉煤灰陶粒轻质混凝土。它比普通混凝土约轻20%，减轻了自重，从而减少了钢梁的用钢量。

九座桥墩

大桥在江中九座桥墩的基础类型共分四种，在我国桥梁史上都是创新。

最高的桥墩，从基础底到墩顶高度约为85米。

一号墩为重型混凝土沉井基础。其高度和体积是世界同类基础之中佼佼者。沉井基础已有100多年的历史，但赋予它的重型混凝土和采用射水破坏井壁土壤摩阻力的施工方法则是创新的。

二、三号墩为钢质沉井加管柱基础，是钢沉井与管柱基础两种类型的结合。基底与岩层钻孔锚固。

四、五、六、七号墩为浮式钢筋混凝土沉井基础。采用20只巨型钢气筒使之浮于水面。这种施工方法和拼装式结构型在国内也是首创。

八、九号墩为预应力钢筋混凝土管柱基础，由10根3.6米管柱组成。

南京长江大桥

由于部分岩层承受压力很低，能否支承得了庞大桥墩的巨大压力？有位全国人民代表对此表示忧虑，并把这一问题向周恩来总理做了汇报。根据周总理的指示，梅旸春总工程师创造性地采用拼装式钢筋混凝土沉井基础，尽量减轻自重。但恐在施工中万一不慎涌入江水，压毁沉井内壁招致失败，于是进一步对内壁钢筋混凝土板在岸上进行抗压试验，以确保安全。每座桥墩使用单独的配电间供电，配电间就建在桥墩下游的管柱基础上，桥墩建成恒管柱仍留着。现在外面谣传是苏联专家修的桥墩，没修成就走了。其实建南京长江大桥没有一个外国人参加，全凭中国人自己的力量。

引桥和桥头堡

大桥的铁路引桥桥墩为双柱式框架结构，采用跨度 31.7 米预应力钢筋混凝土梁，考虑到以后通过电气机车，因此在部分桥墩上伸有悬臂，供设置电杆用。

跨度 31.7 米预应力钢筋混凝土梁在国内首创，是花了近五年时间试制成功的。

基础采用直径 55 厘米旋制钢筋混凝土管柱，最大入土深度为 35 米。

公路引桥采用梁式桥和双曲拱桥两种不同结构形式。梁式桥与铁路引桥相类似，双曲拱桥结构合理，外观壮丽。1968 年将公路引桥在浦口岸延长 4 孔，南京岸延长 18 孔，均以双曲拱代替原设计的高填土方案。另外，从南京岸公路 45 号墩出岔，向桥头堡方向落地，增设落地桥（即回龙桥），共 11 个孔双曲拱桥。

大桥的正桥与引桥接合处采用复堡型的桥头建筑过渡。由大堡和小堡组成，长 97.6 米。

大堡由两座塔楼和大厅等组成。塔楼高约 70 米，每座长 17 米，宽 11 米，共 10 层，底层与大厅相连。设有电梯与楼梯通向铁路桥、公路桥和瞭望平台。

大厅宽 19.5 米，深 13.3 米，高 11.05 米。中间的毛主席塑像总高 7.5 米。像座用汉白玉和大理石镶砌。塑像背后是鲜红色的荧光有机玻璃墙面，配以洁白的汉白玉边框。墙面和地坪均为水磨石板铺砌。两侧墙上是“全世界人民大团结万岁！”和“团结起来，争取更大的胜利！”巨幅标语。

接待室内，座位对面是一座南京长江大桥模型，在玻璃罩内，形象逼真，一目了然，与右侧墙上于希宁的梅树国画相映生辉。

塔楼各层间，布置有名画家的书画和各种工艺刺绣。其中有巨幅苏绣毛主席《长征》诗一首，绣法纤细，引人入胜。

小堡顶端的众像雕塑，每座由五像组成，像高 4.5—5 米，巍然屹立。

正式通车

南京长江大桥在 1960 年 1 月 18 日正式开工，1968 年 12 月 29 日竣工。当南京长江大桥胜利通车的消息一传出，南北两岸人民怀着无比喜悦的心情从四面八方汇聚大桥，此景此情真是无法形容。许多群众都竖起大拇指骄傲地说：“这是共产党带来的幸福啊！”“做一个中国人真是值得骄傲！这是独立自主，自力更生方针的伟大成果！”

大桥通车数十年来，一直保持安全，畅通无阻，它为国家建设做出了巨大的贡献。

（沈留福）

金陵饭店兴建轶闻

1979年底，在南京市民中传开了一个消息：新街口要造摩天大楼了，取名“金陵饭店”，有37层，比上海国际饭店要超出13层，高达110.4米，占地21000平方米，建筑面积64000平方米，投资5000万美元。传得最广泛而又活灵活现的是：“帮助兴建这座大楼的华侨陶欣伯，少年时候曾在新街口以擦皮鞋为生。”据媒体报道，金陵饭店建成后，在一个温馨宁静的夜晚，在金陵饭店37层楼璇宫里，陶欣伯先生就市民的传闻，与友人一面欣赏南京夜景，一面畅谈。

首先谈到的是“陶欣伯曾在新街口靠擦皮鞋维持生活”一事。陶认真地说：“这是没有影子的杜撰，倒不是怕人笑话我出身卑微。”转而风趣地说，“外面还传说金陵饭店所以要建造37层，是为纪念我出国37周年。还有说是为我父亲树碑立传，说他在这里摆过小摊子。这也是一种好玩的童话。”接着他说出一段自己的简单经历。他此时为新加坡土地有限公司董事长。1916年圣诞节，他出生在南京南郊横溪乡。祖父是清朝小官吏，父亲在上海租界做杂货生意。他在南京读了几年私塾，十岁那年随父母迁居上海，读洋书十年，21岁毕业于震旦大学。上海“八·一三”事变后，他一度进入政界，1940年辞官经商，在缅甸做米和木材生意，后搞运输业。1963年迁居新加坡。

金陵饭店（摄于1983年）

谈到大楼为什么要建在南京？他说自然是思乡之意，想为家乡做点有益之事。大楼放在新街口，是因为这里是寸金之地。起初的方案是：饭店采用25层塔楼式，500间客房为佳。可是国内批件，每间造价不得超过4万美元，于是经核算，造37层800间客房，每间造价可降至4万美元。这才是造37层的由来。最后，陶欣伯幽默而自豪地说："造金陵饭店，提高了金陵在世界上的知名度。同时，国内外经济界也把陶欣伯的知名度推向了一个新高度。"

大楼从1980年3月开工到落成共用了三年半时间，1983年5月1日开始部分试营业，10月4日正式营业。笔者曾几度陪宾客登金陵饭店璇宫，鸟瞰金陵春色，并在18层楼内歇息了五宿，亲身领略了饭店的豪华陈设和一流的服务水准。

金陵饭店作为20世纪80年代南京新街口地区的第一高楼，也是当时全国第一高楼，今天仍然焕发着经久不息的魅力。

孙中山像左为37层金陵饭店老楼，右为新楼（茅鸿兵摄于2021年）

史苑轶闻

南京历史上第一位皇帝

在南京建都史上，三国东吴是建都金陵的第一个封建王朝，孙权则是东吴开国之君，史称吴大帝，为南京历史上第一位皇帝。

孙权画像

东汉末年，战争年年不断，群雄争霸，各据一方，人民遭殃，生灵涂炭。孙权的父亲孙坚原是军阀袁术部下大将，曾率兵进入汉都洛阳讨伐奸臣董卓。后在攻打荆州刘表时，中箭身亡。孙坚死后，其长子孙策纠合孙坚旧部千余人在江东一带扩充势力，从公元193年后，占有丹阳、会稽、吴郡、庐江、豫章等六郡，并自任会稽太守。汉建安五年（200年）孙策在丹徒遇刺而死，时年26岁。孙策死后，孙权继承父兄事业，以京口（今镇江）为政治活动中心，继续开拓发展江东根据地，并拥有一批忠臣良将，如张昭、周瑜、黄盖、鲁肃等。

至公元211年，孙权自京口徙治秣陵后，以长江天堑的地利条件，建城池，扩军力，雄踞江东，与曹操、刘备三分天下。公元222年孙权在魏、蜀称帝之后，于武昌称吴王，这时他已40岁。至229年在武昌称帝，不久迁都建业（今南京），开始营建都城和宫室。《宫苑记》云："吴时自宫门南出，夹苑路至朱雀门七八里，府寺相属。"可见当时城池规模。

吴神凤元年（252年）夏，孙权病故，终年71岁，葬蒋陵，即今钟山之阳，其地传称为孙陵岗或吴王坟。考其墓址，即在今明孝陵之南的椭圆形小山包上（据近年探测该山麓西坡内有墓穴）。现在是赏梅胜地梅花山。

孙权少年时就很有才气，15岁时当过阳羡（今宜兴）县令，跟随父兄转战南北，经过艰难的历程，创建吴国。古人说他能屈身忍辱，任才尚计，有勾践之奇英。相传明朝初年，为明太祖朱元璋预造孝陵时，主持建陵的官员认为孙权陵墓挡着孝陵出口，应该搬迁。朱元璋闻知此事便说："孙权亦好汉子，留为门主！"（郎瑛《七修类稿》）所以，今天人们看到的通往明孝陵的神道与陵门呈现"S"形，就是因为保留孙权陵墓而绕道的缘由。

（冯世治）

吴大帝诏凿九曲青溪

青溪是南京历史上的一条重要河流，从六朝起直至唐代，继而宋、元，在长达800多年的时间里，青溪流经城市东中部地区，以充沛的水源养育了半座建康城。沿溪两岸是鼎族豪门聚集的繁华之区，是佳景迭布的文化之区。

吴大帝凿青溪　养育半座建康城

吴大帝孙权于黄龙元年（229年）秋九月迁都建业（今南京），意为“一代宏图开建业”。47岁的孙权中意建业“龙盘虎踞”的山川形胜，只是都城南、西、北三面环水，唯东面无水，“宁饮建业水”，而都城内尤其是宫城内缺水。遂于吴赤乌四年（241年）“冬十一月，诏凿东渠，名青溪，通城北堑潮沟”（唐朝许嵩《建康实录》）。南朝陈朝顾野王《舆地志》也说：“青溪发源钟山，入于淮，连绵十余里。溪口有埭，埭侧有神祠，曰：青溪姑。”北宋乐史《寰宇记》更详说：“青溪在县东六里，阔五丈，深八尺，以泄真武湖水。”以上诸籍说明青溪源头有二，一是钟山南；另一是玄武湖，阔五丈，深八尺，长达十余里。这样，青溪既可以作宫城的壕沟，起到防卫的作用；又为宫城提供了粮秣运输及饮用水的极大便利。尤其是青溪穿过城市的中东部，为城市的发展创造了条件，促进了城市的持续繁荣。青溪从钟山之南的山水及城北堑潮沟连通的玄武湖水，两条源头来水在竺桥附近汇合后向西流到太平桥折向南，沿台城东面（今“总统府”东侧）附近逶迤南流（近处旧有“青溪里”地名，亦为明证），至青溪中桥（今四象桥附近）转向东南，达青溪大桥（在淮青桥西北约300米处），而后入淮（秦淮河）。淮水在东吴及东晋时水面宽达180米以上，史书称之为“小江”，水流汹涌，惊涛骇浪。宋代在青溪与淮水汇合处建上水闸，明初称“淮清桥”。

六朝时，青溪从青溪中桥至青溪大桥为西北向东南走向，沿溪筑埭（堤坝）。埭南、埭北景色最佳。于是王侯宫室、豪门府邸、皇家园林，纷纷沿青溪埭择佳境而建，正所谓“鼎族而居”，“甲第连云”。“南朝四百八十寺”中的有些寺庙也建在青溪近处。其中王公鼎族的豪宅就有：吴丹阳太守诸葛恪宅；南朝宋明帝刘彧宅，他在即帝位后改旧宅为“湘宫寺”；其北面为齐高帝萧道成宅，后于此建芳林园；齐武帝刘赜生于青溪宅；陈兵部尚书孙瑒宅；陈尚书令江总宅（宅在青溪佳境处。北宋时为大夫段约宅。王安石有诗云：“昔时江令宅，今日段侯家”）；儒学大师刘献宅；以及郗鉴宅、豫章王嶷宅、檀道济宅等。十里青溪芳堤柳岸，红墙绿瓦景象万千；舞女歌男弦箫舟舳，僧尼弟子礼香佛门，沿青溪景色，既富丽壮美，又委柔温馨。及至唐朝著名诗人、江宁县丞王昌龄也建宅青溪。其友人常建访王昌龄隐居处时，曾作《宿王昌龄隐居》诗曰：“青溪深不测，隐处惟孤云。松际露微月，清光犹为君。”

梁武帝游青溪　荣归故里

城东南角有一古寺叫“光宅寺”，南朝梁武帝萧衍即诞生于此。他在做了皇帝后舍宅为寺，叫光宅寺。一天他兴致来了，提出要回故地看看。皇帝要荣归故里，这下可忙坏了朝廷大臣及出生地同夏县的官员们。因是水陆并进，于是又造车又调船。出发那天，皇帝的仪仗队从台城出发，一路乘车由御道而行；一路驾船由青溪南下，浩浩荡荡，威武壮观。

舰船到了皇宅后就停泊在娄湖，由于梁武帝的舰船在此泊过，于是娄湖又名“舰澳”。说起“娄湖”还有个小故事。娄湖本为东吴绥远将军、后被封为娄侯张昭的苑林。南朝齐永明元年，有望气者（风水先生）说娄湖有王者气。齐武帝萧赜听后十分惊愕，于是作青溪宫、娄湖苑以压之。可是兴师动众忙完之后，并未能阻止萧衍灭齐建梁。武帝归里后，在光宅寺竖了十尊丈余高的鎏金大佛，至唐时佛像不知散失何处。

马光祖浚河道　使青溪重现生机

“人道青溪有九曲，如今一曲仅能存。江家宅畔成花圃，东府门前作菜园。”宋人为青溪被湮的景况发出深深的叹惜。南宋张敦颐在编纂《六朝事迹编类》中即说：“今县东有渠，北接覆舟山，以近后湖。里俗相传，此青溪也。”说明此时的青溪已不为众人所知，仅有一段还是里俗相传。那么好端端一条长达十余里的青溪怎么就逐渐失去了往日的涟漪？原因是杨吴筑金陵城时，使青溪上游在今珠江路太平桥段阻断，一支从东边杨吴城濠南流，另一支向西流入运渎，青溪失去了水源而淤塞。杨吴城濠在城东北角即利用了竺桥至太平桥一段溪流，并西延至北门桥。到了南宋乾道元年（1165年），建康（今南京）发生大水，因水道淤塞流水不畅，致城中许多地方遭淹。乾道四年，知府发动治水，对青溪、运渎进行疏浚，青溪景况稍有好转。又过了近百年，马光祖再任建康知府，他深感治水的重要，遂于开庆元年（1259年）秋至景定元年（1260年）夏，大规模治水，疏浚了青溪、运渎，青溪水又畅流不息。并“筑建先贤祠及诸亭馆于溪上”，有百花洲、放船亭、四望亭、天开图画、玲珑池、玻璃顷、金碧堆、锦绣段、镜中桥、青溪庄、清如堂、万柳堤、溪光芳亭、爱青亭、望花亭、随柳亭、割青亭、一川烟月等名胜景点，还在溪上架桥供行人往来及观赏，使青溪重现勃勃生机。

至元代前期，青溪仍复流淌。此时来集庆（今南京）任职的元代著名词家萨都剌，十分欣赏集庆优美的山水风光，常邀名人诗友畅游钟山，泛舟秦淮、青溪，留下多首著名诗章。其中就有咏颂青溪的诗句：“不到青溪三四日，藕花无数水中开。”“青溪鸥鹭白荡荡，白下杨柳青依依。”溪水潺潺，杨柳成行，红蕖映日，白鹭翻飞，青溪在诗人的眼中是一幅天然图画。

蒋小姑与张贵妃相伴青溪祠

蒋小姑是汉末秣陵尉蒋子文的三妹。该女子聪慧手巧，知书贤达，助人为乐，还善织纫。因兄蒋子文在钟山追剿盗贼时中箭身亡，遂投河而死。南朝人们为纪念她，即在青溪中桥附近建祠祭祀，遂称其为“青溪小姑”。因其善织，南京历史上织匠既尊奉七仙女为“云锦娘娘”，也有尊青溪小姑为“织女”“云机娘”以祭祀。祠后毁。南宋时复建，“祠今与上水闸相近”。“今祠像有三妇人，乃青溪姑与二妃也”（见《六朝事迹编类》）。该祠除供奉青溪小姑外两旁还供奉着两尊女塑像，即南朝陈后主的两位妃子，其中一位就是张丽华。人们为何要祭张丽华？个中缘由是陈朝皇帝陈叔宝，史称陈后主与张丽华的情感故事，而这种情感又与家国兴亡紧密相连；更多的可能是出于对张丽华悲惨结局的同情。

隋军灭陈时在台城胭脂井中捕捉到陈后主与贵妃张丽华。其后，隋军将陈后主及二太子、诸弟王及文武大臣一起押往长安。可倒霉的事却落到张丽华的头上。隋晋王杨广见张丽华长相极美，担心“美色误国”，遂将其押往青溪栅斩首。人们见其遭受如此辱没以至于无辜被杀，出于同情而为其塑像，使其与青溪小姑共享香火。

元代中期青溪始渐淤塞，至明代完全断绝。正如明代陈沂在《金陵古今图考》中所说：“今诸水交错，支脉靡辨。”其主要原因是明朝建皇宫填塞燕雀湖（今仅遗一泓于城外，即前湖），使钟山来水断绝；更因筑明城墙，使城北堑潮沟东段（今太平门处）与玄武湖水隔断。青溪此时成了一条无来水之死沟。加之城市人口大增，填溪建房。此后，从今中山东路南侧的白下区利济巷，往南到建康路北边附近的西八府塘一线，有了许许多多大大小小的水塘，当是青溪断塞而成。

今天人们尚能见到的竺桥、四象桥、淮清桥，即是青溪的遗踪。遥想青溪，从东吴起流了一年又一年，在金陵这块热土上流淌了八百年之久竟然就这样消失了。如今人们除了怀想之外，更重要的是对尚存的城内河流做点什么，才是最实在最有意义的。

淮清桥（茅鸿兵摄于2021年）

清溪桥（王凤霞摄于2021年）

梁武帝舍宅建寺

萧衍画像

在南京出生并做了南朝梁48年皇帝的萧衍，谥号武帝，人们称其为梁武帝。他生于南朝宋大明八年（464年）秣陵县同夏里三桥宅（今南京城东南老虎头）。其地与赤石矶毗连，西南有娄湖，右后有晋周处台，人们视之为风水宝地。《南史》及《梁书》上说他出生时，“生而有奇异，两胯骈骨，顶上隆起，有文在右手曰‘武’……所居室常若云气，人或过者，体辄肃然”。

萧衍年轻时，常与沈约、谢朓、王融等著名文人交往过密，时称“八友”，颇显文武之才。有一天东阁祭酒王俭一见，深感器异，并对人说：“此萧郎三十内当作侍中，出此则贵不可言。”王融也说：“宰制天下，必在此人。”果不出所料，南齐隆昌元年（494年），明帝辅政，起用萧衍为宁朔将军，镇寿春。时年萧衍正好30岁，因而引起人们对萧衍刮目相看。“萧郎”一词也成了俊美有才华青年的代名词。旧诗有“侯门一入深如海，从此萧郎是路人”“东风不识萧郎面，错把萧郎作李郎”之句。时光又过了8年，到了公元502年，萧衍38岁时，在建康（今南京）即皇帝位，国号梁，年号天监。天监元年，同夏里升置同夏县。《实录》说天监六年，他将三桥故居捐舍为寺庙，取名光宅寺。

当时光宅寺庙宇相当宽宏，寺庙基址广达50丈，寺内建筑有山门一座，金刚殿一楹，正殿三楹；右侧有关圣殿三楹，大悲殿三楹，天妃殿一楹，玄帝殿三楹，地藏殿三楹；左侧有五显殿三楹，观音殿三楹；另伽蓝殿一楹，祖师殿一楹，藏经阁三楹，禅堂六楹及僧院四房。南朝刘令娴有诗写道：“长廊欣目送，广殿悦逢迎。何当曲房里，幽隐无人声。”梁武帝又将僧颢所造高一丈

印度史料中的达摩（张证供图）

八尺的无量寿佛佛像供奉于此，宣诏镌金像花趺。一天，梁武帝兴致来了，提出要回故里看看，皇帝要荣归故里，这下可忙坏了朝廷大臣和同夏县的官员们。此次梁武帝归来，少不了要做些建设，果然在光宅寺竖了丈余高的十尊鎏金大佛，因此光宅寺香火更为旺盛。这十尊大佛至唐朝时散失。北宋大政治家王安石曾谒此寺，并作诗三首，其中一首曰：“今知光宅寺，牛首正当门。台殿金碧毁，院落桑竹繁。萧萧新犊卧，冉冉暮鸦翻。回首千岁梦，雨花何足言。”见寺舍败落，慨叹曰，“往事无迹难追寻，故窠遗址尚依然。”

明朝永乐年间，西域回光大师以修建大报恩寺的余款重修该寺，更名回光寺。又经战乱，寺成废墟。清乾隆四十六年（1781 年）一游方僧偶在废墟中掘得一方观音像，随即重建寺庙，取名石观音寺。将石观音像安置于深井之旁，相传该石像为梁武帝皇后郗氏的雕像。上世纪 70 年代末，笔者访此发现该寺已是一家工厂的仓库，房屋破败，房顶漏水透风，石观音像的头在“文革”中不翼而飞。80 年代后，有关部门将仓库移走对寺庙加以修缮，并将石观音像修复。现该寺有正殿一座，后堂一座，栩栩如生的观音像端坐其间，农历每月初一、十五对外开放，附近信佛弟子纷纷前来，敬香礼佛。

梁武帝在位期间，听说有位天竺高僧达摩到了广州，便派人去广州迎达摩来到建康。可不久，梁武帝觉得达摩法术并不像想象得那样高明，便有些怠慢。达摩觉察后便不辞而别，当他来到江边时，见无渡船，即信手折了一片苇叶作舟北去。梁武帝得知后十分后悔，命人骑骡追赶，当骡子追到幕府山江边时，忽被两山夹住，至今留有“夹骡峰”的地名。

梁武帝固然有才干，可一生秉承东晋及宋齐以来崇信佛教之遗风，在位 48 年，大建庙宇，其中有名刹同泰寺。还四次“舍身”寺庙，然后又授意官员由朝廷拿出大批银两为其赎身。在他力倡佛教的影响推动下，朝廷大臣和武帝子女多为虔诚的佛教信徒，并纷纷捐建寺庙。其中就有永庆公主在城西五台山兴建的永庆寺，至今留有永庆巷的地名；钟山南麓的开善寺，亦为永定公主出资兴建。其时，庙宇梵宫遍布都下，正如《梁书》所载：“都下佛寺五百余，穷极宏丽。僧尼十余万，资产丰沃。”故有“南朝四百八十寺，多少楼台烟雨中”之诗句。

梁武帝终日问佛，无心朝政，大造寺庙，耗尽国库银两，由此埋下祸患。侯景趁机作乱，举兵围攻皇宫，梁武帝被逼饿死台诚。一代君王由捐宅为寺始，而滥造寺庙，不问朝政终，可谓悲哉！

陈朝开国皇帝陈霸先及其后裔踪迹探寻

陈霸先字兴国，小字法生，史称高祖武皇帝，吴兴长城下若里人，是汉朝太丘长陈寔之后也，世居颍川。就是说陈霸先是陈寔的后代，陈寔世居颍川，即今河南许昌；而陈霸先是浙江吴兴人，曾在南京（当时称建康）做过皇帝。这两人一是南方人，一是北方人，居然有直系血缘关系，说明中华民族曾经历大迁徙、大融合的深刻发展历程。

陈朝开国皇帝陈霸先

武帝陈霸先画像

南朝宋、齐、梁、陈是建都建康的四个朝代。南朝虽战乱不息，但相对北朝而言，无论自然地理条件或经济发展程度都要优越得多。亦如《循吏列传》所云："永明继运，垂心政术，都邑之盛，士女昌逸，歌声舞节，玄服华妆，桃花绿水之间，秋月春风之下，无往非适（《南史》）。"《南京建置志》《六朝都城》等书也指出，从孙吴江东草创，东晋继承中原文化，至南朝尤其是至梁、陈，建康的经济、文化等诸方面都有一个大发展，史称"六代豪华"，诗曰："江南佳丽地，金陵帝王州。"

陈霸先是陈朝的开国之君，出身王侯贵胄之家，为陈氏五十九世。陈霸先之父陈文赞为太常卿，封义兴（今江苏宜兴）郡公。陈文赞与董氏育三子：陈谈先、陈霸先、陈休先。

梁大同初年，梁武帝的侄子萧映，任吴兴太守时，一见陈霸先便对人说："此人方将远大。"萧映去广州任刺史时，陈霸先随萧去广州，任广州府参军。因平广州之乱有功，梁武帝下诏，任命陈霸先为直将军，后又平交州之乱有功，封陈霸先为交州司马兼武平太守，旋任西江督护、高要（广东肇庆）太守、督七郡诸军事等职。

梁太清二年（548 年），侯景之乱爆发。侯景，羯人，原是北朝西魏之臣，此人机诈多变，借机投奔梁朝，却于这年八月在寿阳谋反，进犯建康。次年三月建康陷落，城内居民死者十之八九。五月，梁武帝被困饿死台城。陈霸先兄陈谈先（字道谈）在平定侯景之乱时中流箭身亡。后追封为义兴郡公。

时任始兴太守陈霸先得悉，遂从广东起兵讨伐侯景。公元 551 年，在湖南与王僧辩（本是鲜卑人，在梁为官）会师，陈霸先率甲兵 3 万、舟船 7000，自鄱阳湖入长江一路东下。承圣元年（552 年）三月，陈霸先、王僧辩攻克都城建康。侯景东逃，兵败被杀，人们割其肉烤食之。而王僧辩入城后纵兵抢掠财物，把全城男女衣服剥光，裸露赶出家门，哭泣之声沿途不绝。王军又放火烧毁宫殿，遭陈霸先怒斥。平乱之后，因梁武帝已死，立谁为帝，陈与王发生分歧。陈霸先主张在武帝众多孙辈中选择平乱有功者继位；王僧辩要立由北齐扶植归来的萧渊明继位。在抗击北齐入侵时，王僧辩既不戒备，更不抵抗。陈霸先深感局势发展难控，当即除掉王僧辩父子。

公元 555 年，陈霸先立萧方智为帝。次年，王僧辩余党在吴兴、吴郡、义兴犯乱，陈霸先发兵平定。北齐军南犯，陈霸先破北齐军一部，接着又有北齐军 10 万从无为渡江至芜湖，进迫建康。陈霸先苦战，大破北齐军，斩杀北齐二大将，生俘七将，建康城随之稳定。

梁太平二年（557 年），陈霸先被封为陈公，十月又被封为陈王。随后，梁朝小皇帝萧方智禅位于陈霸先，梁朝终结。陈霸先即帝位，建陈国，年号永定。

永定三年（559 年）六月二十一日，历经南征北战，力挽狂澜的武帝陈霸先病逝，在位三年，时年 57 岁。武帝陈霸先万安陵在今南京江宁上坊石马冲。陵前有石雕麒麟、天禄各一，体态硕大，气势英武，形象生动，至今保存完好。武帝子昌殁长安，传位于侄继位。

对陈武帝的一生，《梁书》《陈书》《南史》《资治通鉴》皆有高誉。《陈书·高祖本纪》曰："高祖智以绥物，武以宁乱，英谋独运，人皆莫及，故能征伐四克，静难疑凶……恒崇宽政，爱育为本。"明朝归有光称其："恭俭勤劳，志度弘远，江左诸帝，号为最先。"毛泽东也评说道：陈霸先之所以伟大，不仅他是一位开国皇帝，还在于他具有彪炳千古的贤明人格。

陈朝共在位五帝，即武帝陈霸先、文帝陈倩（霸先兄长子）、废帝临海王陈伯宗、宣帝陈顼（霸先兄次子）、后主陈叔宝，共历 33 年，而亡于隋。

陈朝最后这位皇帝陈叔宝，史称"后主"。未能承先王治国兴政育民之道，而"荒于酒色，不幸政事"。在位期间大兴土木，建造豪华宫殿临春、结绮、望仙三阁。窗牖、户壁、栏槛皆以沉香木为之，又饰以金玉、珠翠，微风一至，香闻数里，朝日初照，光映后庭。整日与宠妃张丽华、孔贵嫔，以及宰相江总、尚书孔范一同饮酒赋诗，还将艳丽诗词谱曲，由大批宫女演唱跳舞，通宵达旦。陈后主还为张丽华作艳词《玉树后庭花》："妖姬脸似花含露，玉树流光照后庭。"后世称"玉树后庭花为亡国之音"。

祯明三年元月（589 年 2 月），隋两路大军攻入建康。后主慌忙带着宠妃张丽华、孔贵嫔躲入景阳井中，后被隋军俘获。景阳井，井有石栏，栏有石脉以帛擦拭，呈胭脂色，故称"胭脂井"。因后主在该井被俘，又称"辱井"。"泪痕滴透绿苔香，回首宫中已夕阳。万里河山天不管，只留一井属君王。"元朝诗人陈孚《胭脂井》诗哀婉之意溢于言表。胭脂井旧址在今浮桥以东、珠江路中段附近。

今日四象桥（茅鸿兵摄于 2021 年）

隋军见俘虏中有鬒黑如漆、光彩照人的美女张丽华，想把她献给隋文帝以邀功，而晋王杨广担心“美色误国”，将张押至青溪中桥（今四象桥）斩首。后人为张丽华悲惨结局抱屈，同样因美色受到皇帝宠爱，可结局大不一样。集“三千宠爱在一身”的杨玉环，使李隆基“从此君王不早朝”，而致外戚专权，大臣谋反，杨玉环虽被皇帝赐死，却有文人编写了《唐明皇秋夜梧桐雨》《贵妃醉酒》《唐明皇游月宫》等歌之颂之；可张丽华一直背着“美色祸国”骂名，“一辱至今不能洗”。

此后，隋军将后主、太子、诸王及文武大臣一起押往长安。并将建康宫城平荡耕垦。“六代豪华，春去也”。唐朝刘禹锡作《台城》诗叹曰：“台城六代竞豪华，结绮临春事最奢。万户千门成野草，只缘一曲后庭花。”许浑《金陵怀古》也深深感叹：“玉树歌残王气终，景阳兵合画楼空。松楸远近千官冢，禾黍高低六代宫。”

随着陈朝的灭亡，南朝历史至此终结。自晋南渡，北方战乱，中华文明在建康得以传承和发展，加之文人学者荟萃于此，造就了一个文化灿烂的历史时期，“建康文化”承汉启唐，弘扬光大，于史公认。

陈朝历五世共育皇子皇孙 77 人，其中封王者 49 人，“多分布于江苏大地”，开枝散叶。入隋后，有 27 人于大业中在隋朝任职。

陈雍陈宓　唐宋贤臣俊杰

唐朝，有陈雍，源出颍川（今河南许昌），少时好学多才，以贤良方正被举于朝，官拜中丞，清廉从政。后世子孙“一门双理学，九子十科名”，状元、探花、进士，文为官，武有将，代有才人。

唐仪凤年间，陈元光以鹰扬将军随父政戍闽地，父死，代将。永隆元年（680 年），击败扰民之盗，垂拱二年（686 年），报朝廷在泉、潮间创设漳州，元光就任镇抚，从此“数千里无桴鼓之警”，百姓得以安居。后追讨倭盗战殁，以身殉国。元光后人在漳州安家，故漳州、厦门、潮州有陈氏后人。其中有陈氏于近代远去南洋。上世纪 40 年代初，有 3000 名华侨青年响应祖国号召回国参加抗战，修筑滇缅公路，后有 1000 多人为国捐躯，其中就有陈氏族人。

宋朝，据《陈氏宗谱》：“宋太祖赵匡胤开国时，因武功封陈氏先祖于浙江温州府（古名永嘉郡）乐清县为官（后落籍永嘉），故浙江至今有陈氏族群。”南宋嘉定年间（1216 年前后），永嘉出了“一门三俊杰”的陈氏七十八世：陈守、陈定、陈宓。陈宓以其父任监进奏院，而慷慨尽言，谓“人主之德贵乎明，大臣之心贵乎公，诤谏之言贵乎直”，出知南康郡，改南剑州，俱有惠政，人称其为包拯式的贤吏。三人皆有著作传世。

陈亮，陈氏八十世，南宋思想家，学者称其“龙川先生”。与族祖父陈卓为绍熙四年同榜进士。亮“才气超迈，下笔数千言立就，秀丽雄传”而擢为进士第一的状元。亮注重“事功”，反对空谈“义理”，力主抗战，反对与金议和，授建康（今南京）军节度判官厅公事，未就而卒。著有《龙川集》《龙川词》。

至元朝末年，生活在大江南北的陈氏族人已延续至八十四世或八十五世。期间，族人有些参加朱元璋部队抗元；有的迁居江阴南兆定居。明初，生活在南京应天府的一支定居浦子口，其后部分移居安徽无为县臼山，延续至今。

陈赫堂明初镇守浦子口
十八世孙抗战热血洒金陵

元至正十六年三月十日（1356 年 4 月 10 日），朱元璋率军攻占集庆路，改为应天府（今南京），以此为基地南征北伐。洪武元年（1368 年），吴王朱元璋称帝，以应天为都称南京，建立了统一的大明王朝。

洪武四年，朱元璋在南京江北建筑浦子口城，遂命从元末跟随朱元璋征战的吾祖陈赫堂为指挥镇守京城北大门浦子口城。洪武九年六月，在浦子口城设置江浦县。

明朝中叶（约正德年间，1515 年前后），陈赫堂第五世孙杰、佐、伟、佑奉先祖之意，勿集居一地，留杰、佐于应天府江浦县世守茶亭寺、平家山等六处先祖庐墓，迁伟、佑寻另一宜居之地。他俩溯江西上，巡至江北芝城，发现无为县濡须河畔是风水宝地，此处与铜陵、芜湖隔江相望，“爱青山而安居臼山之侧（今襄安镇），喜秀水而落叶大江之滨（今泥汊镇）”，于是伟、佑二支落籍于斯。而臼山襄安镇（今属刘渡镇）的一支聚居地取名陈家湾。

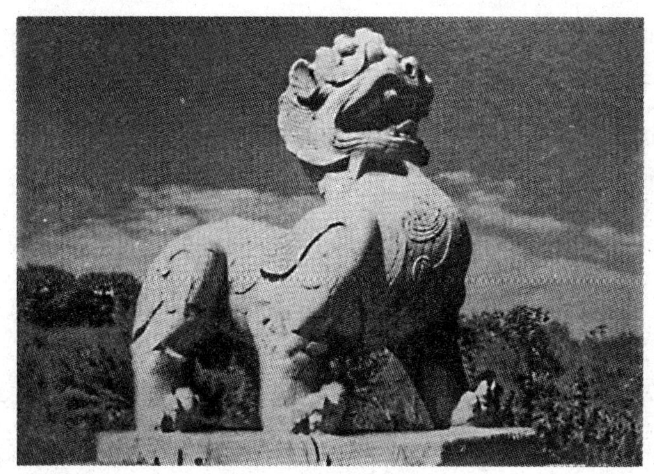

陈霸先万安陵麒麟石刻

水有源头，木有根本。康熙年间和乾隆十七年壬申，先祖中有人动议修谱，因故未果，但史料笔记传承下来。至嘉庆时，八世祖陈廷乐公提议修谱，十二世祖柳溪公草创谱簿，并与族人商定，修谱无须详溯源起宛丘、田齐、颍川、长城先人行绩，可在谱序中略记，只以明初金陵应天府江浦陈赫堂公为第一世祖记述，始序字辈（后有修订）：“廷文有世，正大光明，能学贤才，荣华万春，凤鸣朝阳，奋发自强，日富月昌，山高水长。”

先人曾于清嘉庆八年（1803 年）、光绪元年（1875 年），民国七年（1918 年）修过《陈氏宗谱》。时隔百年，2015 年，十多位有历史担当的热心族人发起重修百尺堂《陈氏宗谱》，他们颇费周折征集到前人修的族谱，终于 2017 年完成重修族谱重任，付梓成书，共十卷。从谱记中得知，从明初至今，陈氏已延续 23 世，全族今有人口 3216 人，多集居于安徽无为，部分散居于江苏、浙江、福建和上海。

笔者祖辈为“能”字辈。父辈为“学”字辈。吾辈为“贤”字辈。笔者原名贤俦，上小学时改今名“济民，为陈氏第十八世裔孙”。

1932 年，笔者父母和外公从安徽无为襄安镇陈家湾迁居南京八卦洲，笔者 1934 年 9 月 19 日即诞生于八卦洲。1937 年初又移居句容县下蜀区桥头镇长江边的裕课洲南棚（后称河北乡桃园村）。本人即在这“风吹荻花秋瑟瑟”的荒洲原野度过少年时代。其后，家父开办私塾“咸宁学馆”（从咸兴圩与天宁洲地名中各取一字），一边教书，一边垦荒以度生计。本人亦进该学馆，先读启蒙书籍，进而读《贤文》《论语》《幼学琼林》和《古文观止》。

1940年初夏，母亲带我回老家无为县陈家湾探亲。第一次见到家乡的面貌，我十分惊喜。也第一次见到了二哥和姐姐，但未见到大哥。母亲小声对我说："你大哥去年参加新四军，后回来过一次，说在部队做文化教员，以后就再没回来过。"我当时只有六七岁，尚不懂人间世事，但对大哥的举动却萌生了崇敬之情。

1941年底，母亲又带着我回到句容长江边的洲上，此后生活越来越艰难。好不容易熬到1949年4月江南解放。看着一批批从江北十二圩过来的解放军，妈妈和我们倚靠在门框上，多么希望我的大哥能在队伍中突然出现，可一直没有等到。直到1950年春，陈家湾老家送来一封信，是黎国胜营长写来的，他当年和我大哥一道参军（他不知道我们移居句容），此时在南京华东军政干校学习，叫我家人去找他。我父亲赶到南京却拿回一张烈士证书。母亲和我们哭成一团。烈士证书上写着：陈贤僚同志于1939年在无为参加新四军。1942年在江苏六合尖牛山对日军作战中光荣牺牲。

大哥生于1921年5月，牺牲时年仅21岁。

1952年，我从句容桥头镇小学考入南京一中，学习期间读了两本书，一本是《钢铁是怎样炼成的》，另一本是《可爱的中国》，书中的内容一直激励着我。1955年初中毕业前夕，我加入了中国共产党。1958年高中毕业被保送南京师范学院中文系。1962年大学毕业后，我被分配到南京市级机关工作，直到退休。几十年间，做了一点文字工作。在国家、省、市级报纸杂志发表文稿300多篇，出版《南京掌故》《南京民俗志》《民国官府》《南京市民读本·南京地名篇》等书籍；参加主编《南京史志》杂志；参与编纂、终审《南京市志》《南京市志丛书》《南京大观》《南京稀见文献丛刊》等大型书籍；应电视台邀约讲解《远山的血脉》（上下集文献片）、《南北民俗专家对话南北民俗》等文化节目。日子过得虽然平凡，但很充实，尤感欣慰的是，我这一生没有虚度年华。

我们深深懂得，家是最小国，国是最大家，无论何时何地，无论顺境逆境，家国情怀不能淡忘，陈氏家族的发展繁盛与中华民族的命运休戚相关，要自强不息，砥砺奋进，恪守祖训："不求金玉重重贵，但愿儿孙代代贤。"

明初徙民云南内幕

在南京老地名中叫“湾”的地名倒有好几处，如“内桥湾”“桐林湾”“柳树湾”，历史都比较悠久。尤其是柳树湾虽然在南京史籍中记载不多，今人也知之甚少，可是远在数千里之外的云南、贵州的部分汉族人中，柳树湾这个名字却深深印在他们的心中。他们世代相传，可谓刻骨铭心，永志不忘。不仅在家谱、墓志中传承记载，甚至直到今天，他们的生活习惯、穿着打扮仍保持着从南京移去的先人的传统风俗。这与明朝洪武初黔宁王沐英远征、移民云南有关。

一封来信勾起一段往事

1983年秋，南京市地方志办公室收到云南弥勒县地方志编纂委员会的来信，请帮助查找该地区“汉族先祖从南京迁滇的情况及遗迹，以满足当地汉族同胞追念远祖家乡的真切之情”。笔者接办此事，可要查起来难度却很大，因为信中只简单地提到当地汉民祖先是“明初从南京高石坎柳树湾迁去的”，其他就没有更多信息了。不要说找到“遗迹”，就连信中询问的“柳树湾”“高石坎”地名，现在的地图上已不可见，只是在城东明故宫的东南面有一处叫“石门坎”，与“高石坎”之名比较接近。

石门坎是否就是高石坎？高石坎与柳树湾两地之间有没有某种联系？后来他们又寄来一份通讯及家谱资料。据云南《玉溪方志通讯》中一文说：“通海县《王氏家谱》‘始祖名孜伯，原籍南京，世居南京高石坎柳树湾竹子巷。明洪武初年，随沐英军来滇’。”这份家谱为我们提供了一条线索，就是说高石坎与柳树湾的关系，不是互不相关的两地，而是大地段中的小地段，两地应是连成一片的。

“万历碑”提供了依据

笔者一方面翻阅史料，一方面到实地查看访问。据史料记载，柳树湾在大中桥外。当年这附近一带北有燕雀湖，有南北走向的青溪，其南端又有秦淮河，是几条水道的交汇处，水道两旁广植柳树，河流湾环，故有“柳树湾”之称。其地景色佳绝，白鹭翻飞，杨柳依依，饶有野趣。元朝著名词人萨都剌曾赋诗曰：“青溪鸥鹭白荡荡，白下杨柳青依依。”明朝建皇城以后，情况大变，柳树湾已是一处小地名。具体在何处，一时尚难确定。我们从石门坎一带走访至明故宫遗址前发现一块明万历四十年（1612年）的大石碑，一段碑文帮我们解决了难题：碑文曰：

> 看得疏通沟渠，乃王政要务。除十三门内大小渠陆续疏通外，惟洪武冈□东，从□□关首，下北东城兵马司门首，下北标营、柳树湾、关王庙、太医院等处，过西下北各沟，向来不得下流之处，所以虽经疏浚，水仍不行。近从东长安门水关外水池，细加阅看，得一沟洞，乃下流也。随为募夫于洞门口掘去淤泥，进洞加功，直通至宗人府后，从此工部门首、东城兵马司门首、标营、柳树湾、关王庙、太医院门首各沟之水，但遇大雨，遂顷刻俱流入东长安门下流水池，又从水池西进东长安门水关，从五龙桥河出西长安门□□至百川桥、大中桥，以故洪武冈东各衙及大小民居俱免淹湿之患。……
>
> 万历四十年九月初九日建立

这一段碑文说明两个问题，一是柳树湾的地名明代确实存在，而且就在标营—太医院—大中桥这一弧形区域内；二是靠近某条沟的沟沿上，沟疏浚后“免淹湿之患”，此沟的下游为“百川桥”“大中桥”。

于是，我们结合碑文查阅水道资料，终于在《明宫城图第十》上发现故宫的南部有条沟，此沟与由北向南而来的沟汇合后折向西，通过下游的柏（百）川桥、大中桥入河。故宫南部的沟，在另一幅图上有“金水河”三字。“太医院”标在金水河的南岸东段。那么柳树湾在沟的哪一段呢？又据《明应天府城内坊厢图第十一》载，大中桥东南方向标有“柳树湾”三字，再根据碑文和《明宫城图》标出的六部（吏、户、礼、兵、工、刑部）除刑部在太平门外以外，有五部和东城兵马司，以及太医院都集中在明故宫东南柳树湾的禽字铺、盘字铺、笃字铺和据字铺，即今蓝旗街南端至后标营一带。

沐英出征与沐英府邸

关于明初柳树湾居民迁徙云南之事，起因与沐英出征有关。经查阅正史、野史、地方志得知，明朝初年，元主北去，明太祖特命翰林待制王祎持节诏谕受降而被害；明太祖又遣湖广行省参政吴云前往诏谕再次被杀。朱元璋一怒之下，命傅友德、蓝玉、沐英“率步骑三十万往征”。其中就有原驻柳树湾的羽林左卫，以及原驻正阳门外大教场的金吾前卫的部队。第二年，傅友德、蓝玉班师回朝。太祖念沐英功垂第一，遂命沐氏世守云南。为了促进这一地区的开发，巩固边疆，洪武十五年（1382年）前后，沐英除留下官兵及眷属驻守外，还在南京征招了一大批工匠去云南开垦荒田，兴修水利。《明史·沐英传》中有沐英“在滇，百务俱举……垦田至百万亩。滇池隘，浚而广之，无复水患……民以便安”。就是这一历史的记载。

黔宁王沐英画像

由于柳树湾正是要兴建皇城的地域，住此的居民迁移是所必然，当时正要招募居民去云南，柳树湾竹子巷的居民迁去也在情理之中。他们虽远去云南（后有一部分散布贵州），但他们永世记住柳树湾是他们的“根”。

沐英及其后人一直世守云南，世袭爵位，但沐英府第及沐英墓葬均在南京。

沐英在南京世有府第，称沐府，后称黔宁王府。位置靠今长江路估衣廊。沐府构建宏敞，位于闹市之中，闹中有静，此后为其子子孙孙居住。沐府门西称“西门”，东称沐府东街，据《江宁府志》载，沐府东有大道，叫“沐府东街”。

沐英逝世后，遗体归葬南京，据明《江宁县志》载：“黔宁王沐英葬江宁长泰北乡。”即今江宁殷巷。沐英及子、世孙共有墓四座在江宁县东善桥乡与殷巷乡相交的观音山（今称将军山）。

清朝柳树湾为清军驻防城

移居云南汉民后人的女子穿戴

清顺治二年（1645年）五月，豫亲王多铎率清军攻占南京。此时的明皇城因战争及自然灾害已大部分被毁，但此地偏东一隅，便于防守，清军乃选定以南京明皇城为八旗兵屯驻之所。顺治六年，更加以改筑，将汉民与旗民分隔，使驻防城（又称“满城”）成为自成一体的城中之城，“建将军、都统二署于中，满洲八旗分屯左右，各立屋宇，星罗棋布”。其地森严壁垒，一直持续了近两个世纪。太平天国时期，太平军攻进满城，杀得旗军人仰马翻，昔日营防衙署顿时灰飞烟灭。后来，清军复入南京，又重建驻防城，但其规模已大为缩小。无奈好景不长，辛亥革命爆发，驻防城再次遭毁。由于原来为八旗军驻地，尤以正蓝旗与镶蓝旗军为主，所以至今留有“蓝旗街”的地名。

1986年秋，由云南弥勒县副县长率领的23人考察团专程来南京考察访问，笔者与庄副处长陪同访问团参观了石门坎、蓝旗街，看了“万历碑”并拓片带回。后电视台得悉，访问笔者并赴云南考察，拍摄了当年移民云南的历史文献片《远山的血脉》（上下集）。

当年的柳树湾迄今已六百多年，岁月沧桑，旧踪难觅。昔日皇宫的辉煌、驻防城的威严虽已不再，但蓝旗街的地名给这段历史留下一缕可贵的脉络。

移民甘肃临潭之谜

笔者于2005年年底忽然接到甘肃省甘南藏族自治州李先生的来信，说他老家在甘肃临潭县，其祖上相传是明代从南京迁去的移民，但由于年代久远，祖上移民的传说真伪难辨，“迫切希望南京史志专家帮助解答这个谜团”。此事笔者在《南京晨报》披露后，引起广泛关注，一连五天报纸连续刊登读者提供的线索和推测。

明初“南京移民”之谜

李先生在信中称，其家乡临潭县由于临近洮河的原因，过去称为洮州。洮州城建于明洪武十二年（1379年），当时叫洮州卫，主要是用于防备“番戎”的进犯。其西部有道南北走向的边墙，据说也是那时修筑的，边墙以内汉人属于屯军的后裔，务农为主；边墙之外则以藏人居多，逐渐过渡到高原牧区。临潭县的汉人（也有相当一部分回民）一直自称是南京移民的后代，老人们甚至能说出“老家”的确切地名——应天府纻丝巷。《洮州厅志》就记载：“指挥佥事金朝兴，原籍南京纻丝巷人。洪武十一年秋八月同西平侯沐英征洮州。”

李先生还特别提到，著名历史学家顾颉刚于20世纪30年代撰写的《西北考察记》中一段话：“洮河流域一带的汉人都说祖先来自南京、徐州、凤阳三地，乃‘初明戡乱来此，

甘南庙宇中供奉徐达、常遇春塑像（李诚摄于2006年）

遂占田为土著’。许多人家如宋姓、李姓等都有家谱，记录着可以追溯到明代封过官的祖先。看来明代曾在这一带用过兵，中原的军队带进了一批移民，扩大了汉人在甘肃分布的范围。”

更值得注意的是，临潭境内至今还有不少庙宇供奉着徐达、常遇春、李文忠、胡大海、沐英等明代功臣的塑像，有十八位之多，当地人称之为“十八位龙神”。

虽然传说表明临潭当地部分居民与明朝有着千丝万缕的联系，但传说不能作为凭据。那么，明代有未在此用兵？南京居民是怎样迁移到甘肃临潭呢？

明初徐达两征洮河流域

笔者查阅史料得知，明初的确在洮河流域有过两次大的战事。

元朝末年，朱元璋夺取集庆路，改为应天府，建立吴王政权。元至正二十七年（1367 年），即明朝建立前一年，朱元璋命徐达为征虏大将军，常遇春为副将军，及李文忠、冯胜、汤和率 25 万士卒向北出征，计划先入河南，进拔潼关，继之转攻元都（今北京），再西向云中太原，进攻关陇，以期统一。

洪武元年八月，徐达攻取元大都后，于年底前先后攻克太原、大同、榆次、平遥，随之进军关陕。洪武二年初，常遇春攻克凤翔后，徐达在此召开军事会议，议定留汤和守营垒，金兴旺守凤翔。徐达率兵度陇，克秦州、下宁远、入巩昌，遣冯胜绕道先攻洮河流域的临洮，顾时、戴德攻兰州。

冯胜率兵围攻临洮，元将李思齐本想固守，不料部将私窃宝物妇女潜逃，李思齐眼看大势已去，在冯胜的兵攻和晓理之下，举城投降。冯胜将李思齐押送徐达营垒，徐达命人护送李思齐到南京。李在南京受到朱元璋的优礼相待，并被任命为江西行省左丞。太祖又传谕常遇春返北平，其余将士随徐达攻庆阳。庆阳久攻不下，常遇春拟返甘肃协攻庆阳。未料，常遇春才到柳河，竟生暴疾。临终前，叮嘱部下悉听李文忠将军指挥。

徐达围攻庆阳数日，城内元军张良臣屡次突围，皆被冯胜、顾时击退。张良臣与养子七人在无奈之下投井，被明军救起问斩。徐达奉命南返，留冯胜总制军事。第一次临洮至兰州的战事至此告一段落。

由于元军不断南犯，第二次战事于洪武三年初开始。明太祖朱元璋仍命徐达为大将军，李文忠、邓愈为左副将军；冯胜、汤和为右副将军，一路自潼关出西安；一路出居庸关，入沙漠，追元主。此后经过数次鏖战，明军俘获大批元朝王公贵族及无数财物。此时，元顺帝病故。第二次战事至此结束。当年十一月，明太祖朱元璋在南京大封功臣，进封李善长为韩国公、徐达为魏国公、常茂（常遇春之子）为郑国公、李文忠为曹国公、邓愈为卫国公、冯胜为宋国公，汤和以下将领皆封侯。

其后，主要将领返回，大批中级以下将士留驻西北。这与顾颉刚先生《西北考察记》中"初明戡乱来此，遂占田为土著"之说相符。

既然找到明初曾出兵洮河流域的记载，那么根据当时朝廷用兵的规律，每占领一地，除留有大批官兵驻守外，其妻儿子女也随之迁去，并征召居民到洮河流域戍边屯田，最终定居于此，繁衍生息，也佐证了当地有关"南京移民"的传说。

甘南"洮州娘娘"服饰（李诚摄于2006年）

明朝初年，明太祖朱元璋曾多次出兵云南、贵州等地，明军每攻克一地，就留下一部分兵士驻守警卫。当战争结束后，驻守在守地的兵士就开始一边实行屯田，一边继续练兵，以防不测。同时，中央政府动用强制等手段，从南京迁移一批居民去耕垦，以巩固在当地的统治，并带去内地先进的农业和手工业技术，也推动了当地的生产发展和社会进步。

据来信说，当地百姓至今还保留着南京先人的穿着打扮和喜庆习俗，口唱"茉莉花"（鲜花调）歌谣。

燕王挥师进南都

1402 年 7 月 19 日，即明建文四年六月十四日，燕王朱棣骑着高头大马，在大批骁勇善战的将士护卫之下，以胜利者的姿态由龙江关进金川门，入京师南京，推翻了侄儿的统治，开始了自己 22 年的帝王生涯。神州大地历史上一个统一的大帝国——明王朝的巩固和强盛，以至于延续 270 多年的帝业，从此奠定了稳固的基础。这位帝王就是明成祖。他是如何夺取帝位的呢？

1398 年初夏，南京明故宫内传出了明太祖驾崩的噩耗，并由其孙朱允炆继位，这就是惠帝，号建文。朱允炆秉性柔弱，担心叔伯诸藩王觊觎皇权，就依靠兵部尚书齐泰、翰林学士黄子澄谋夺各藩王权位。先后剥夺了周王、湘王、代王、齐王、岷王的兵权，有的降为庶人，有的送入监狱，引起各地皇亲国戚惶恐不安。朱允炆又命工部侍郎张昺为北平布政使，谢贵为北平都指挥使，以监视燕王朱棣的行动。一场持续四年之久、史书上称之为"靖难之役"的战火在广漠的中原大地上引燃了。

朱棣是明太祖朱元璋的第四个儿子，聪明果敢，10 岁就被封为镇守北疆的燕王，年刚 20 即离开父母从南京宗人府（今蓝旗街）住所前往北平任上。他先后率兵讨伐乃儿不花，多次战斗均获全胜，自此威名大振，而他的文韬武略也确为诸王所不及。建文帝最担心的就是这位燕王叔叔，于是想方设法要把燕王除掉，而燕王心中也早有觉察。于是，在建文元年七月，朱棣诱杀了张昺、谢贵，凭借"朝无正臣，内有奸臣，则亲王训兵待命，天子密语诸王统领镇兵讨平之"的祖训，打着"靖难"之师的大旗，挥兵南下。

经过无数次激烈鏖战，北部中国已在燕王掌控之下。到建文四年（1402 年）五月，靖难之师已渡过淮河，直抵扬州，京师岌岌可危。建文帝已无法在战场上与燕王抗争，他为挽回败局，想以和谈拖延时日，争取转机，即委庆成郡主前去说和。郡主既见燕王，燕王不由痛哭，郡主与之对哭一场。可是精明的燕王并未被亲情所软化，他一眼看出，这是建文帝的缓兵之计，便一语点明：

“我率兵来此，无非欲谒孝陵，朝天子，规复旧章，请赦诸王，令奸臣不得蒙蔽主聪，我即解甲归藩，仍守臣礼。若徒设缓兵，今日议和，明日仍战，徒劳吾姐往返，又有何益？”一席话说得庆成郡主无言以对。

燕王之师乘胜前进，六月初三从瓜州渡江，初六下镇江，初八取龙潭，初九兵临南京城下。燕王亦从仪征渡江来到京城外郭。他围而不攻，以争取亲王、公主的归附。燕王亲自草书一封，命人用箭射入城内。这封信是这样写的：

兄致书众兄弟亲王、众妹妹公主

相别数载，天伦之情，梦寐不忘。五月二十五日，有老姐姐公主到，说众兄弟每请老姐姐公主来劝我，说这三四年动军马运粮的百姓、厮杀的军民死得多了，事都是一家的事，军马不要过江，回去，天下太平了，却不好说？我与众兄弟亲王、众妹妹公主知道，我之兴兵，别无他事，为报父皇之仇，诛讨奸恶，扶持宗社，以安天下军民，使父皇基业传子孙，以永万世，我岂有他心哉！我自己卯年兴兵，今已四年，父皇之仇尚未能报，奸恶尚未诛灭。我想周王无罪，被奸臣诬枉，破其家，灭其国；随罪及代王，拘囚大同，出其官人，悉配于军；至于湘王无罪，逼令阖宫焚死；齐王无罪，降为庶人，囚系在京；及乎岷王，奸臣以金帛赏其左右，使其诬告，岷王流于漳州地面；至于二十五弟，死则焚其躯，拾其骨沉于江。此等奸恶小人，皆我父王杀不尽之余党，害我父皇子孙，图我父皇天下，报其私仇，快其心志。父皇能有几多子孙？受彼之害，能消几日而尽？兴言至此，痛心如裂。累年以来，奸臣矫诏，大发天下军马，来北平杀我，我为保性命，不得已亲率将兵与贼兵交战。仰荷天地祖宗神明有灵，怜我忠孝之心，冥加佑护，诸将士取力，故累战而累胜。今大兵渡江，众兄弟妹妹却来劝我回北平，况孝陵尚未曾祭祀，父皇之仇尚未能报，奸恶尚未能获，以尔弟妹之心度之，孝子之心，果安在哉？

如朝廷知我忠孝之心，能行成王故事，我当如周公辅佐，以安天下苍生。如其不然，尔众兄弟亲王、众妹妹公主及多亲戚，当速携眷属移居守孝陵，城破之日，庶免惊恐。唯众兄弟亲王、众妹妹公主审之详之。

这既是一封家书，又是一道檄文，晓以理、动以情，先礼而后兵，其分化及威慑作用当不可小看。等了数天之后，时机已经成熟。六月十三日，燕王发令攻城，即刻金川门城门大开，谷王朱穗、守将李景隆在城门恭迎燕王进城。而燕王待将士入城之后，乃退驻龙江关（至次日在百官上表劝进的情况下方才入城）。这时明故宫一片火海。后以皇后马氏尸充建文帝安葬，而建文帝不知所终。杨应能、程济、叶希贤等大臣南逃入滇；齐泰、黄子澄等被俘处死。持续四个年头的“靖难之役”，以燕王胜利、建文帝败亡而告结束。

六月十七日己巳，朱棣率文武百官，出朝阳门到孝陵，隆重祭祀明太祖。归来，燕王入奉天殿，正式即皇帝位。史称成祖，年号永乐。随后下诏大奖有功之臣。

为了体现自己“扶持宗社，以安天下军民，使父皇基业传子孙，以永万世”的宏愿，他动员万千军民在阳山开山采石，为父皇树功德碑。由于碑材过于巨大，无法从山中运出，改凿了有两层楼高的碑石，立在孝陵前。这就是我们至今尚能见到的立在四方城内的神功圣德碑。

朱棣在位期间，以贤臣辅佐，对内巩固中央集权，对外开放海关，并派郑和出使海外，恢复并扩大通商贸易关系；加强边疆防卫，捍卫领土完整；兴修水利，扶助农业和手工业；发展文教事业，编修《永乐大典》等，这一系列措施，使明代初叶出现了昌盛升平的景象。正如史家所评论的，“他知人善任，表里洞达”，不失为一位文武兼备、较为豁达开明的君主。

郑和祈佑祭天妃

郑和（1371—1435）是明代杰出的航海家。他本来姓马，小字三保（亦称三宝），云南昆阳回族人。在明朝初年平定云南时，他被俘虏遣送京师（今南京），不久入宫做了太监。后来跟随燕王朱棣起兵立了大功，深得宠信，并赐他姓郑。朱棣推翻建文帝后，自立为帝，提升郑和为内宫监太监。从1405年至1433年的20多年间，郑和曾七次率领庞大船队出使海外，到达30多个国家和地区，行程十余万里，为当时明朝政府加强与这些国家和地区的经济和文化交流做出了卓越贡献，史称“三宝太监下西洋”，民间流传这方面的故事很多，还被编成戏文演出。

据一些史籍记载，朱棣派郑和“浮海下西洋诸番国”，既是为了扩大海外交流，宣传大明朝的国威，也是为了寻找建文帝的踪迹。朱棣靖难之师打到南京后，建文帝是自焚还是从宫中暗道逃匿，下落之谜始终是朱棣的一个“心病”。

永乐三年（1405年）郑和率船首航“西洋”，两年而返。在航行中，郑和与出海的官兵以大无畏的精神，战胜“飓风黑浪”，“远涉洪涛”，又安然归

重建的天妃宫（茅鸿兵摄于2021年）

来。封建帝王及官员把克服航海中的种种险恶，看作“赖海神天妃显护”，于是在永乐五年（1407 年）在下关狮子山下敕建天妃宫，以酬谢海神天妃“显灵护佑”。

天妃的传说很离奇，说她是宋代福建莆田湄州屿林愿的第六女，出生时现祥光异香满室，长大后能乘席渡海，卒后又“显灵”于海上，护佑人们航海安全。到了元朝至正年间，封天妃神号。清康熙时又封为“天后”，所以元朝以后在通海之地多立庙祷祀，有天妃庙、天妃宫或天后宫名等。南京这座天妃宫的规模最大。

据载，下关天妃宫“宫殿华峻，廊庑绘海中灵异，丹青满壁。玉皇阁高可见江，朱棂翠栋，与远近帆樯相映，水云波鸟，众景奔赴，历历在目”。玉皇阁后有娑罗树亭，所植娑罗树等奇花异木传为郑和从南亚带回。天妃宫当时还对外开放，遇有节日，前来参观游览的人络绎不绝。宫内还有郑和献给天妃神像的金银饰物。清人有诗道：“卢龙峰下起珠宫，金碧楼台气象雄。”即指当年此宫的盛况。

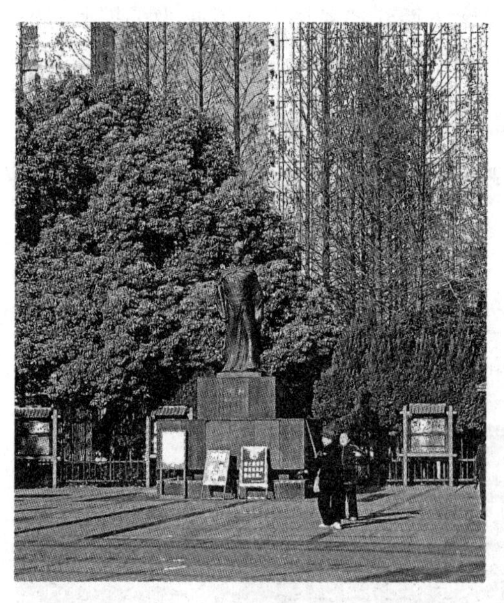
郑和公园（茅鸿兵摄于 2021 年）

永乐十四年（1416 年）建天妃宫碑，上额篆书“御制弘仁普济天妃宫之碑”，碑文由明成祖亲自撰写，备记派遣郑和下西洋的缘由是“教化于海外诸番国，导以礼义，变其夷习”以及航海途中遇到的恶劣天气、得天妃庇护等等。此碑高 5.78 米，宽 1.5 米，厚 0.64 米，立于龟趺背上。清朝时，下关一带居民于每年三月下旬来此烧香祭拜，所以有句民谣：“三月二十三，乌龟爬下关。”

郑和下西洋归来后，留驻南京并督建大报恩寺琉璃塔，遗迹、传说颇丰。近年在南京郑和故居遗址辟建郑和公园，建造了郑和纪念馆，塑郑和像，供人瞻仰。2005 年，又新建规模宏大具有明代风格的天妃宫与静海寺，成为一处新的纪念场所与游览之地。

嘉靖南京选美女

明朝第十一代皇帝朱厚熜，即嘉靖皇帝（世宗），登基近十年，国事尚属隆盛，唯膝下无子，世宗常为皇位承袭问题而闷闷不乐。

大学士张孚敬得悉，连忙上书进言："古来天子即位，就开始立六宫、三夫人、九嫔、二十七世妇、八十一御妻，因此才有众多的王子。现在陛下正是龙体鼎盛之期，为了社稷千秋永继，恳陛下广求淑女……"一封奏折正合圣上心意，于是传旨礼部选妃。

明朝正史记为嘉靖十年选妃，语焉不详，实际是嘉靖九年（1530 年）十一月，礼部就命人四处选妃。其中一路委派郎中张时彻、主事某姓、御史冯恩等，赶到南都金陵内桥旧王府，主持选妃活动。当时有一位 25 岁的年轻公子、江阴人李诩，随父由北京抵达南京观看了这次选妃活动，为我们留下了一份难得的金陵选妃实录。

是月二十七、二十八两日，内桥前后左右戒备森严，不时有轿子抬进这座封闭多年阴森肃穆的旧王府。轿帘掀起，一个个常年闭锁深闺的妙龄女子，突然出现在朝廷大臣的众目睽睽之下，既惊恐又含羞。经过一番从头到脚的细心目测和窃窃私语之后，主事传下口令："抬王氏！"这王氏是谁？后面再做交代。

随着令下，出来几位女轿工。这女轿工是哪儿来的？那还得从明太祖朱元璋在南京留下的规矩谈起。当年朱元璋曾从闽南选来 20 多位女轿工，专司皇后和公主抬轿的，后来皇室北迁，南京明故宫即停招女轿工，但一遇选妃，南都的大臣们仍沿旧习招女轿工来抬轿。几位女轿工等王氏上轿后，抬往南京城东明皇宫。在扶她上轿尚未动身之时，已传令从内桥到三山街一路禁绝通行。随行者除大臣外只有女子的母亲，连其父也不得跟去。被选者心中明白：与其说今后有享不尽的荣华，莫如说从此诀别亲人，关入樊笼。

轿子一行抬至西华门，所有人等一律下轿，其母跟随进去，等女子一进内宫，母女即含泪惜别。其母退出西华门到针巷口，由原轿抬归。

这次在南京的选妃活动，头两天只选了王氏一人，接着于十二月初三、初九、十五、二十，四天又选了四次，共选取六人，其中王氏、方氏是日后的佼佼者，所以留下了姓氏，其他四人则连姓也不为人知晓。

嘉靖皇帝这次“广求淑女”不下数十，进宫后，按其姿容贤淑，将其中的九人即王氏（南京人）、郑氏、方氏（南京人），阎氏、韦氏、沈氏、卢氏、沈氏、杜氏册封为九嫔。

王氏本丹徒人，后举家移居金陵。选入宫后，先还颇得皇帝宠爱，不几年即被遗忘，寂寞深宫。而王氏聪慧能诗，谱为宫词，常咏哦以抒怅怀。一天被世宗听见，遂想起往事，传令召入御寝，册封为庄妃，生下太子载壑，被加封为贵妃，主持仁寿宫。嘉靖二十六年（1547 年）方皇后去世，正宫虚位，皇帝属意庄妃为后。道士出身的礼部尚书陶仲文窥悉，连忙来到庄妃面前暗示她，只要舍得花钱，他将上言极力帮助她为皇后。庄妃最痛恨这种要挟，执意不给，陶仲文怀恨在心，上言谏阻，庄妃最终未能称后。嘉靖二十八年三月，所生庄敬皇太子载壑去世，庄妃唯一的希望又落空，悲愤欲绝。

金陵方氏，家住门东（南京人习称中华门以东为“门东”，以西为“门西”）方家巷，即今上江考棚一带，进宫后初为九嫔之首，后来继立皇后。嘉靖皇帝先后立过三位皇后：第一位是孝洁皇后陈氏，嘉靖七年去世；第二位是废后张氏，十三年正月废居别宫，十五年去世；第三位就是从金陵选去的方氏，因她居于九嫔之首，在张氏被废以后，即立为后。想不到八年以后，发生了一起震动整个紫禁城内外的大事件，而导致了方氏悲惨的结局。

在威严崇宏的朝廷皇宫的后苑，蓄养着大批妃嫔，其中有一位端妃姓曹，因长相极为艳丽，最为世宗宠爱。世宗一退朝就到这儿来消闲取乐。端妃有一个婢女叫杨金英，因服侍皇帝不周，累受呵斥，皇帝数次想命人拖去杖死，都被端妃说情解救。杨金英也因此对皇帝怀恨在心。嘉靖二十一年十月里的一天，嘉靖皇帝像往常一样，饮过酒后到端妃宫中消遣，此时睡意渐浓，便上端妃床上入睡，端妃即替他盖好锦被，放下罗帐，然后轻轻闭上寝门，到偏房去了。杨金英一切看在眼里，待端妃离开，就潜进内室，听见皇帝已发出鼾声，便大胆解下丝带套入皇帝颈项，用力拉扯。正在这时，宫女张金莲从门外经过，杨金英一听来人即刻慌了手脚，碰翻凳椅。张金莲听见响声从门缝向室内探望，见此情景就赶忙跑去报告方皇后。方氏急奔来救，幸好丝带没有勒紧，方氏急切解开丝带，皇帝得救了。这时端妃方才赶到，方皇后怒目申斥："你为何做出这等大逆不道的事来？！"端妃虽然一再说明不知此事，可是这又有何用呢？结果端妃与杨金英一同被处死。

嘉靖皇帝痊愈后，知道端妃屈死，痛恋不已，从此与方皇后不睦。二十六年十一月，后宫失火，宫人请皇上准予人们进宫抢救皇后，皇帝始终不答，方皇后遂被烧成重伤，不久也就凄惨死去。方皇后一死，世宗才懊悔地说："要不是当年方皇后救朕，朕即无今日，朕如此对待，太负皇后了！"于是亲封方氏谥号为"孝烈"，即是史书上所称的"孝烈皇后"。

嘉靖皇帝这次选妃数十，除了前九人中的杜氏生了穆宗皇帝而受到尊崇外，几乎都遭受冷遇而苦度天年。嘉靖皇帝也因选妃、兴"大礼"，造成朝议沸腾，忠直之臣受斥被贬，奸相严嵩擅权荒政，内忧外患民命不堪。

耆英签订《南京条约》

1842年8月初，往日宁静的长江江面上，突然浓烟滚滚，炮声隆隆。在英国特命全权公使亨利·璞鼎查和海军少将威廉·巴尔克的率领下，一支由80余艘战舰、4500余名士兵组成的英国侵略军，闯到南京下关附近江面，停泊在仪凤门外的草鞋峡一带。

英国自从1840年6月发动侵略中国的鸦片战争以来，虽然在军事上取得了一些暂时的胜利，可它的胃口很大，要求中国割地、赔款、通商的停战条件没有完全得到满足，于是又进一步向清政府施加压力，悍然发兵攻打长江流域清廷粮秣的供给要地——江宁（今南京），借以威逼清政府接受它的条件。1842年6月，英军从浙江沿海侵入长江，攻打吴淞炮台。江南提督陈化成抵抗，壮烈牺牲，上海、宝山等地陷落。7月下旬，英军进攻镇江，守城的爱国官兵在副都统海龄的率领下，与英军进行了激烈的巷战。不日镇江失守，英军溯长江西上，闯到南京。在英军大兵压境的形势下，南京城内一片惊慌，驻守南京的清军有八旗兵6000人，绿营兵9000人，但军纪松弛，军心涣散，无力与英军作战。负守城之责的江苏按察使黄恩彤不懂军事；江宁将军德珠布已“年逾八旬，室有六妾，其人风烛余光耳”；两江总督牛鉴从上海溃逃回来后，成为惊弓之鸟。璞鼎查了解到这些情况后，采用武力威胁与和谈两手，一面派部队上岸骚扰，抢掠中国百姓，并将炮口对准南京城，扬言要开炮攻城；一面表示可谈判解决问题。牛鉴急忙致信璞鼎查，哀求英军不要攻城，并派人火速请耆英、伊里布来宁主持谈判。

道光皇帝在对待英国的态度上，一直十分犹豫，一会儿主战，一会儿主和。7月下旬，道光帝任命宗室耆英和前协办大学士伊里布为钦差大臣，前往江苏办理与英和谈事务。8月4日，耆英、伊里布刚到无锡，即接到牛鉴的告急文书。他二人即派幕僚张喜先去南京。8日和11日，伊里布、耆英先后到

达南京与英军和谈。谈判分为两个阶段：第一阶段从8月初到8月19日，双方参加谈判的代表级别较低，中方有张喜、黄恩彤、咸龄等人，英方有马科姆、马礼逊、郭士立等人，而耆英等人与璞鼎查主要是通过交换照会来谈判的。双方会谈的内容是围绕着英方起草的《南京条约》（又称《江宁条约》，或称《白门条约》）草案讨价还价。谈判开始时，英方提出的条约草案中有割让香港，赔款3000万元，开放广州、福州、厦门、宁波、上海五处为通商口岸等条款。8月8日起，张喜等人四次登上英国军舰，与马科姆等商谈条约的具体条款。按照道光皇帝的旨意和耆英、伊里布的意见，张喜等人主要在赔款和通商口岸上与英方讨价还价。张喜提出赔款数目太大，要求减少，不同意开放通商口岸，仍要英人到广州通商。马科姆一面对中方施加压力，声言如不同意英方的条件，就开炮攻城，一面在赔款的问题上稍做让步，表示可以协商，但得先交赎城费。在通商口岸的问题上坚持不让，并威胁说如不同意，就北上攻打天津、北京。8月12日起，双方代表又在仪凤门附近的静海寺举行了几次会谈。英方代表表示“既能诚心和好，稍减其数，亦尚可行”。同意将赔款减去900万元，改为2100万元。

从8月20日到29日为谈判的第二阶段。双方进行了高一级的会谈，耆英、伊里布、牛鉴与璞鼎查进行了几次会谈，张喜与马科姆等人的会谈也同时进行。双方主要是在条约的一些技术问题上进行磋商，并对通商口岸一条进行讨价还价。8月20日，耆英、伊里布、牛鉴等人登上英旗舰“康华丽”号与璞鼎查会面。8月24日，耆英等人接到道光帝的批复，对《南京条约》草案基本认可，但不准把福州作为通商口岸，要耆英与英军交涉，同日，璞鼎查等人到静海寺回拜耆英等人。耆英设宴招待璞鼎查，提出了在通商口岸中减少福州的要求。璞鼎查蛮横地拒绝了，声言条约不能再修改。8月26日、27日，清政府代表又与英方代表进行了两次会谈。璞鼎查向耆英等人试探了清政府对鸦片贸易的态度，建议清政府“若将鸦片的入口使之合法化，使富户与官吏都可参加合作……下便人民，上裕国课”。在英军的坚船利炮威胁下，耆英、伊里布、牛鉴等人完全接受了英方的条件。

1842年8月29日上午8时，耆英、牛鉴登上了“康华丽”舰，伊里布因年老多病，稍后赶到。英国侵略军为了庆祝他们的“胜利”，将“康华丽”号

重建的静海寺（摄于2006年）

布置得像过节一样，水兵们一律换上礼服。在富丽堂皇的船舱里，举行了《南京条约》的签字仪式。条约用中、英文分别书写，装订成册，一共缮写了四份。耆英、伊里布、牛鉴和璞鼎查四人在其中的两份上分别盖印签字，另两份将由道光帝和英国王“各用朱、亲笔批准后，即速行相交，俾两国各执一册，以昭信义”。接着，英军鸣放礼炮20响。英军在收到第一笔600万元赔款后，于9月下旬撤离南京。中英双方代表在香港交换了批准书。

中英双方签订的《南京条约》共十三款，主要内容有：清道光帝“将香港一岛给予大英君主暨嗣后世袭主位者常远据守主掌，任便立法治理”；“将广州、福州、厦门、宁波、上海等五处港口，贸易通商无碍”；赔款2100万元，分七次交付，到1845年底交清；英商“应纳进口、出口货税、饷费，均抑秉公议定则例”；废除“公行”制度，“凡有英商等赴各该口贸易者，勿论与何商交易，均听其便”。

中英《南京条约》是近代史上外国侵略者强迫清政府签订的第一个不平等条约。它严重损害了中国的独立和主权，给中华民族套上了沉重的锁链，使中国社会开始沦为半殖民地半封建社会。

（吴雪晴）

洪秀全入主天京

1853年初，太平天国50万起义大军水陆兼程，克九江，取安庆，下芜湖，顺江东下。在气势雄伟的太平军面前，腐败的清军“文武弃城远避，兵勇闻风先散”。3月19日，太平军用地雷轰塌仪凤门，破城而入，斩清朝两江总督陆建瀛。20日，太平军分别从水西门、聚宝门、汉西门入城，又斩清朝江宁将军祥厚、副都统霍隆武等。3月28日，洪秀全乘黄轿从水西门入城，直赴两江总督署，改南京为天京，并作为太平天国的首都。将原总督署改建为天朝宫殿，俗称天王府。

1854年，将战火毁损的督署做了改建。新的天朝宫殿，规制宏伟，周长数里，墙高数丈。其宫城东至黄家塘，西至碑亭巷，南至科巷，北至浮桥、太平桥一线。宫殿分为外城和内城，外城名为“太阳城”，内城叫“金龙城”。大门前还矗立一座大照壁，黄墙上绘有双龙双凤，颇有天子气势。天王发布诏旨就张贴于此。照壁以北还有约五丈高的圆柱形石砌天台，洪秀全每逢阴历十二月十日其生日那天，也就是金田起义纪念日，即登台祷天，敬谢天父皇上帝。在天朝宫殿的中心，还有一座大殿，叫“金龙殿”，天王朝会、接见均在此内举行。金龙殿后还有二殿、三殿，穿堂很长，直通后宫，即天王后妃的生活区。最后为后林苑，蓄养了珍禽异兽，颇有林野之趣。在此期间，各位将领也在天京大建王府，都在这“小天堂”享福起来。

1860年5月，太平军取得了二破江南大营的辉煌胜利，解除了对天京八年之久的重兵包围。可是不久，天朝在各地用兵受挫，又加之将领内讧，元气大伤，处于极度被动的境地。这时，清军加紧调兵对天京的包围。1862—1864年，为了打破清军对天京的围困，在粮尽援绝之时，洪秀全多次号召军民以野草充饥，自己也在天王府花园内觅草食用，坚持斗争到最后一息。1864年6月1日，洪秀全终因焦虑病重，逝于天朝宫殿内。据《荡平发逆图记》等书记载，

洪秀全画像（西方人绘）

太平天国的儿女们，按照基督教习惯，以绣龙黄缎包裹了天王，葬于金龙殿正中所掘的坑内（一说放在井道内）。1864年7月，清军曾国荃部攻陷天京，曾经挖了金龙殿等处，据说挖到了洪秀全遗体，并予焚毁。清军入后宫大肆抢劫后，为掩其抢劫罪行，放火烧了天朝宫殿。后人为此作诗慨叹曰："十年壮丽天王府，化作荒庄野鸽飞。"

（施善芊）

太平军血洒龙脖子

出太平门东去数百米处，即为龙脖子。2006年，新建了一条木栈道，人们走在古色古香的栈道上，一边是高峻耸立的城墙，一边是莽苍欲滴的林海，新古景观融为一体，景色佳绝，气势不凡。可很少有人想到，这里曾是一处烽火硝烟的古战场。穿越漫长的时空长廊，吹去厚重的历史尘埃，展现在人们面前的是千百年来兵家的必争之地。

龙尾坡为六朝时的古战场

钟山像一条巨龙由东向西盘桓而下，东为龙首，经东马腰、中马腰、西马腰，至富贵山城墙转弯处渐缓而下，称龙尾坡，又称“龙脖子”。古志称“其山西北曰龙尾，为历代战争之所也”。从南朝齐时起，多次在此展开激战。由于钟山山高坡陡，难夺制高点，只有沿龙尾而上，否则极难取胜。《齐书·崔慧景传》记载：“竹塘人万副儿善射猎，能捕虎。投慧景曰：‘今平路皆为台军所断，不可议进。惟从蒋山龙尾上，出其不意耳。’慧景从之，分遣千余人鱼贯缘山，自西岩下，鼓叫临城中。台军惊恐，即时奔散。”《梁书》也说，梁侯安都与齐将王敬实，皆战于龙尾。陈朝末年，隋军南下，大将“贺若弼于蒋山龙尾洲筑垒”，而后进攻台城，夺取北掖门，台禁军四散，台城遂陷落，陈朝灭亡。

太平军慷慨悲歌龙脖子

清同治二年（1863年），清军对太平天国治理下的天京展开了猛烈的进攻。此时太平军兵损粮乏，势力大减，但仍在朝阳门（今中山门）外至太平门

李秀成画像（西方人绘）

外围进行激烈的抵抗，尤其太平门外龙脖子是战略要地，双方争夺尤为惨烈。“龙广山，钟山之支，迤逦而南，隐然隆起者是也，一名龙尾”（《道光上元县志》），“自山趾筑道坡陀以登山”（《通鉴》）才能取得胜利，所以清军把重兵放在此处，伺机进犯。

同治三年春，清军已对天京形成合围之势。忠王李秀成和曾凤传亲自率军与湘军朱洪章部激战，终未挽回颓势，于五月三十日（公历7月3日），最后一道外围屏障地保城失守，太平军伤亡惨重，余军退守城内。

自洪秀全逝世一个多月来，保卫天京的指挥重任完全落在李秀成一人肩上。李秀成日夜在城墙各处巡视督战，而日益严峻的军事形势令他深感忧虑，感慨良多。城内那么多的伤员无医无药无粮，加之天气闷热难挡，更使他愁眉紧锁，遂叹咏起他不久前所写的二首诗来，以表自己的心声与决心。其一曰：

鼙鼓声声动未休，关心楚尾与吴头。
定知剑气腾飞日，犹是烟尘扰攘秋。
万里江山多筑垒，百年身世独登楼。
匹夫怀抱兴亡责，敢把功名付水流。

此时清军已逼近城下，由于龙脖子紧靠太平门东段城墙根，对湘军攻城十分有利，“左路地势甚高，利于直攻；右路地势极低，利于潜攻”。湘军统领曾国荃选此作为突破口，一面命人修筑炮台数十座，对城内日夜开炮轰击；一面命人赶挖暗道，直抵城墙根，在暗道内放置大量炸药，并砍伐芦苇、蒿草填塞壕沟与城高持平，为攻城铺平道路。六月十六日（7月19日）正午，曾国荃下令引爆炸药，顿时炸开城墙20余丈，朱洪章率湘军直冲而入。太平军虽作拼死抵抗，前仆后继，尸横如堵，终因劳顿疲乏，寡不敌众，经营了11年的天京

“小天堂”最终陷落。

清军涌进江宁城，大肆烧杀抢掠，“秦淮河尸首如麻”，“搜曳妇女哀号之声不忍闻”，江宁城十室九空。次年，代理两江总督李鸿章到此，面对城内外一片废墟，也惊叹道：“一座空城，四周荒田”，“无屋、无人、无钱，管（仲）葛（诸葛亮）居此亦当束手”，“似须百年方冀复旧”。

战后，清军将领朱洪章却为追记龙膊子战事，刻了一方“表忠之碑”，正面刻纪文，阴面刻诗章四首。正面碑文为：

表忠之碑

同治三年甲子，闰六月十六日，龙膊子地道告成，火发，轰城垣二十余丈，砖石雨下，长胜焕字等营首先攻城。前队奋勇死者四百余名，同瘗于此。呜呼，惨矣！亟志之以表忠烈云尔。

背面其二诗云：“……精兵四百全遭殁，壮士三千半幸生。漫道红旗邀赏赉，可怜白骨竟纵横……”

从碑记和诗句也印证了当时战况之惨烈。另外，碑记和诗句中两处所刻地名“龙膊子”，即古龙尾坡。膊者，趾膊，而今人不明其意，误写成“龙脖子”。脖者，颈项也。龙首在东，此处龙尾，颈子不可能出现在龙尾，可知其误，碑文即是确证（此碑今保存在太平天国历史博物馆）。

太平天国虽最终失败，却极大地打击了清廷的统治力量，动摇了清廷的统治根基，清朝从此一蹶不振，风雨飘摇。当年城墙坍塌处，光绪年间已修复，并砌有“东界”“西界”刻石，给今人留下了这段壮烈历史的印记。

孙中山就任临时大总统

1911年12月25日，孙中山乘海轮由国外回到上海。第二天，即在法国租界内的哈同花园（孙中山临时寓所）召开同盟会核心干部会议，除孙中山、黄兴、陈其美、宋教仁外，还有广东都督胡汉民，从北京闻讯赶来的汪精卫，从巴黎回国的张静江，会上集中讨论新国家的体制和临时政府的方案。会后，黄兴、宋教仁乘夜班火车奔往南京。

1911年12月29日上午10时，宣布独立的南方17省代表聚集在南京临时参议院（今湖南路10号），选举中华民国临时大总统。与会代表45人，按临时政府组织法大纲规定，每省只有一名代表权，以得投票总数三分之二以上者为当选。会上，推汤尔和为代表会会长，王宠惠为副会长，由江苏都督府参事刘元洁代表都督，监督开票。推举孙中山、黎元洪、黄兴为候选人。孙中山虽然没有出席会议，但众望所归，选举结果，孙中山得16票，黄兴得1票，孙中山以过投票总数三分之二，当选为临时大总统。选举揭晓时，“众呼中华共和万岁三声，是时音乐大作，在场军事各界互相祝贺，喜悦之情，达于极点”。当即宣布国号为“中华民国”，定公元1912年为中华民国元年。

当孙中山被选为临时大总统的消息传出后，各地群众热烈欢迎。在当时的《民主报》等报刊上，连续发表了国内外各界、各团体和各地群众的贺电；有些省的各界代表及军民万人集会都督府庆贺；有的省上万人提灯游行；海外侨胞从南洋、澳、欧、美纷纷致电祝贺。

1912年元旦，孙中山亲往南京就职。上午10时，孙中山乘沪宁铁路专用花车启程。同行者有代表会临时议长汤尔和、副议长王宠惠和孙中山的军事顾问荷马李等数十人。在上海车站送行者除陈其美等同盟会要人外，上海各军队均事前齐集车站持枪列队相送，另外还有各团体的代表约万余人。火车徐徐启动时，礼炮齐鸣，欢声震天。车过苏州、无锡、常州、镇江，均受到万人迎送。

南京临时政府召开第一次内阁会议（摄于1912年）

下午5时许，火车抵达南京下关。

这时南京各炮台和下关江面军舰礼炮齐鸣，17省代表、军政各界人士以及驻宁各国领事上前热烈欢迎。孙中山与欢迎者一一握手，稍事休息后，再乘原车到督署车站下车，改乘蓝色绣花彩绸马车，有军乐队奏凯旋曲为前导，后随卫兵，向总统府而去。华灯初上，总统府大门电灯辉耀如昼，以冬青柏枝扎彩，佐以红色彩绸。马车抵总统府，孙中山下车，由黄兴、徐绍桢迎接入府。

6时15分，孙中山在总统府对大家说："我这次从海外归来，报纸说我带有巨款，其实我是不名一文，带回来的只是革命精神。"大家闻之肃然起敬。

当晚10时，在原两江总督署的大堂暖阁内举行宣誓仪式。45岁的孙中山身穿大礼服，站在暖阁中央的案桌后，黄兴立左，徐绍桢立右，各省代表、各军团长及行政文官，均着礼服分列两阶，请总统就位后，各队员行三鞠躬礼。这时狮子山炮台鸣礼炮108响。隆冬夜晚的炮声，在古城上空回荡，它迎来了资产阶级民主共和国的诞生。孙中山庄严宣誓："倾覆满洲专制政府，巩固中华民国，图谋民生幸福，此国民之公意，文实遵之，以忠于国，为众服务。至专制政府既倒，国内无变乱，民国卓立于世界，为列邦公认，斯时文当解临时大总统之职。谨以此誓于国民。"

孙中山宣誓完毕，代表团由景耀月致欢迎词。接着授大总统印，印文为

孙中山临时大总统办公处旧影

“中华民国临时大总统之印”。大总统受印即启印钤于宣言书，由胡汉民代读。后又由海陆军人代表徐绍桢致颂词。词毕，大总统致答词，表示“誓竭心力，勉副国民公意”。代表及海陆军人大声三呼：“中华民国万岁!”最后奏军乐而散。

孙中山虽然只做了 90 多天临时大总统，但在他的主持下，先后制定和颁布了 30 多项有利于发展民主政治、发展民族资本和文化教育的政令，不愧为伟大的民主主义革命家。

（吴兰芳）

蒋介石定都南京

1926年底，蒋介石就曾掀起过一次“迁都之争”。这年11月8日，广州国民党中央政治会议为适应革命形势的要求，决定将国民政府与中央党部迁往武汉。但当蒋介石看到两湖地区的工农群众运动空前高涨，武汉地区的革命势力十分强大，国民党左派与共产党人共同掌握着武汉革命政权，可他以军治党、以军治政的目的难以实现时，就将国民政府与中央党部“暂移”南昌，还于1927年1月3日召开国民党“中央政治会议临时会议”与武汉的国民党中央相对抗。蒋介石的倒行逆施受到国民党左派和共产党人的抵制。3月10日至17日，国民党在武汉召开了二届三中全会。会议通过了提高党权、防止个人独裁和军事专制等决议，确立了中央常委会、中央政治委员会和军事委员会实行集体领导的原则，撤销了蒋介石的国民党中央常委会主席、军委会主席和军人部长的职务。

蒋介石不甘心自己的失败，于是选择南京作为他完成“宏图大业”的基地。

为了控制南京，蒋介石在攻占南京的第三天，就将其心腹温建刚派任南京市公安局局长。温一上任就网罗地痞、流氓、打手、反共分子成立各种反动组织，并在许多要害部门安插亲信，以对付革命群众。蒋介石还把受共产党影响、支持革命的第二、第六军调离南京。他对早进入南京的程潜施展两面派手法，先委程潜为南京卫戍司令，又将从帝国主义和上海买办资产阶级那里得到的2000万元反共经费分一部分给程潜，使程潜失去警惕，暗地里却收买了程潜手下的师长杨杰。乘程潜和林伯渠4月4日到武汉时，一连三道命令要程潜的江右军渡江去打张宗昌。程潜这时才发现上了当，连忙急电江右军原地待命，但为时已晚，第二、六军在代理军长杨杰带领下已于7、8两日渡江，何应钦的第一军开进南京。南京遂为蒋介石所控制。

从3月26日到4月8日，蒋介石在上海和李济深、李宗仁、白崇禧、黄绍竑、吴稚晖、张静江、李石曾、蔡元培等人多次举行秘密会议，商谈“反共清党”。4 月 2 日，吴稚晖、张静江等人“弹劾”“共产党连结纳于国民党之共产党同有谋叛”的呈文，为蒋介石叛变做政治上和舆论上的准备。

4 月 9 日上午，蒋介石回到南京即指使陈葆元、被江右军取缔的右派市党部负责人达剑峰捣毁了江苏省党部、南京市党部、南京市总工会，逮捕了张曙时等 30 余人。次日又指使数百名手执各种凶器的流氓在总司令部门前将前来请愿的各界群众打死数十人，打伤数百人。深夜出动便衣侦缉队秘密逮捕了正在大纱帽巷 15 号召开紧急会议的中共南京地委、国民党南京市党部、市总工会的负责人侯绍裘等同志，并将他们杀害。蒋介石又任命冯轶裴为南京戒严司令，下令从 10 日起每天下午 6 时，南京全城戒严，各交通要道军警林立，搜捕共产党员和革命群众。温建刚还颁布《清查户口条例》，限期共产党员及眷属自首，否则“定予严办”。15 日国民党“南京市党员清党运动委员会”发表电文，指责原市党部“曲解三民主义，被张曙时、侯绍裘、刘少猷、郜一谷所把持……因此即日改组江苏省南京市党部”，接着又宣布推达剑峰、巫一亚、赵一鹏、陈葆元、何成濬等 11 人为市党部筹备委员。同日，蒋介石任命国民革命军总部审计处处长刘纪文为南京市市长，主持市政，为在南京建立自己的统治中心做好组织准备。

在蒋介石的授意下，4 月 5 日，江苏省六十县“公民代表会议”发表电文，称：“我总理在日指定南京为永久之国都，故身后陵基犹倦不忘斯土，良以南京接近上海，中外枢纽，南北交通，对于外交既极形便利，关于财政尤于措施，不仅占地理上之优点已也，况日来沪上形势紧迫，宁案正开始交涉，必须中央最高机关坐镇其间，庶可以翕服中外……务乞中央党部、国民政府早日迁宁。”13 日，在上海贝勒路由新青年会等团体成立的迁都南京促进委员会攻击共产党和国民党左派“违反本党主义，捣乱革命之后方，反动行为日益暴露”，请求迁都南京，“震慑中外，领导民众，巩固革命新根据地，完成总理之遗志”。吴稚晖、胡汉民、蔡元培、李石曾、陈铭枢等人也纷纷发表谈话主张在南京建都。

4 月 15 日，在南京召开了国民党中央二届四次全体会议，因到会人数不足半数，改为谈话会，推柏文蔚为主席，决定以南京为首都，同时宣布武汉国民政府及中央党部均为非法，不予承认。17日，蒋介石召开国民党中央政治会议第七十三次会议，决议定都南京，并通过《奠都南京宣言》。18日上午9时，南京国民政府在丁家桥原江苏省公署举行成立典礼，由蔡元培代表中央党部授印，胡汉民受印。10时，在公共体育场举行“庆祝国民政府定都南京、国民党恢复党权大会”。蒋介石等人在会上发表了讲话，会议请求国民党中央政治会议严厉取缔“跨党分子”，训令各级党部立即从事“清党”。蒋介石还接二连三地发表了《告国民革命军全体将士书》《谨告全国民众书》《谨告中国国民党员书》，历数共产党和国民党左派的“罪行”，阐述在南京建都的“伟大意义”。

蒋介石在南京扎下大本营后，一方面变本加厉地开展“清党”“反共”运动，疯狂屠杀共产党人；另一方面对武汉的汪精卫等人软硬兼施，又拉又打，终于促使其在7月15日发动事变，和共产党分道扬镳，导致轰轰烈烈的第一次国内革命战争失败，宁汉合流，终究合二为一。在此起彼伏、纷纭复杂的国民党派系斗争中，工于心计的蒋介石逐步集党权、政权、军权于一人，以南京为首都，统治中国22年。

（江一村　陈　勤）

张学良四到金陵

张学良像

少帅张学良年轻得志，叱咤风云，成了近代史上的一位传奇式人物。

就是这位张少帅，曾经四次到达金陵，与古城南京结下荣与辱、生与死的不解之缘。

踌躇满志抵金陵

1928年6月4日，皇姑屯一声爆炸，张学良父亲张作霖命归黄泉。皇姑屯的爆炸声炸碎了少帅张学良心中对日本人存有的幻想，点燃了其心中复仇的火焰。当年年底，张学良幡然“易帜”，宣誓效忠国民政府。随着青天白日旗在东北的升起，蒋介石在中国实现了名义上的统一。

1929年3月，蒋介石、李宗仁为争夺两湖，爆发了蒋桂战争。4月2日，张学良发表通电，谴责桂系，声援蒋介石，很快桂系铩羽而归。

1930年，阎锡山、冯玉祥、李宗仁在蒋介石独裁统治与铲除异己的威胁下，联合反蒋，于是爆发了旷日持久的“中原大战”。同时，汪精卫、阎锡山、冯玉祥、李宗仁在北平召开国民党中央扩大会议，另组国民政府，与南京政府分庭抗礼。在这势均力敌的关键时刻，张学良挥师南下，入关助蒋，对中原大战实施“武装调停”，反蒋联盟迅速土崩瓦解。

蒋介石对张学良的一系列支持举动感激不已，随即授予少帅张学良全国陆海空军副司令职位，而且让东北军势力扩大到冀、察两省及平、津两特别市，表示恩宠和信任，并邀请张学良到南京会晤。

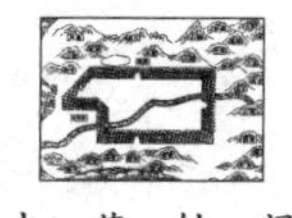

张学良夫妇与蒋介石夫妇、宋霭龄合影

1930年11月8日，张学良一行由100名卫兵护送，在天津乘火车沿津浦线南下，首次来到南京。12日，运载张学良一行的专列驶抵浦口站，张群、宋子文、何应钦、王宠惠、李石曾等七八百名高级官员早已恭候多时。张学良下车后，在张群陪同下，乘专轮渡江时，狮子山炮台鸣炮19响，本国军舰奏《迎上将乐》，外舰均悬中国国旗表示欢迎。从中山码头登岸后，中山大道两旁彩旗飘扬，欢迎标语随处可见，气氛异常热烈。张学良的轿车在装甲车的护送下，直驶国民政府官邸。张学良刚步出车门，身着戎装的蒋介石便趋步上前，以西方式的见面礼节与之热情拥抱，此等殊遇，在以往国民政府的欢迎仪式中是绝无仅有的。当晚，蒋介石以国民政府主席、陆海空军总司令的身份举行了隆重的欢迎仪式，他和张学良都发表了热情洋溢的讲话，其规格之高、礼遇之厚、气氛之热烈是罕见的。欢迎仪式结束后，举行了舞会，宋美龄邀请张学良翩翩起舞，堪称佳话。

在南京期间，张学良下榻在位于今中山东路128号的孔祥熙铁汤池官邸，其随行人员均住在当时南京最豪华的中央饭店。日常起居，除了随行卫兵护送外，还由卫戍团担任警戒。

引人注目的是，蒋介石与张学良每次出现在大庭广众之中总是并肩而行，宋美龄和于凤至也是形影不离。当时曾盛传蒋、张结为异姓兄弟。然而张学良夫人于凤至与宋氏姐妹结为干姐妹却是实情。在黄埔路口励志社曾留下这样一张照片，背景上是孙中山先生亲笔题写的一副对联：“养天地正义；法古今完人”。合影者左起为张学良、宋霭龄、于凤至、宋美龄、蒋介石。于凤至站在两宋中间，左右两臂各挽一宋之颈，亲昵之态，胜过亲生姐妹。

张学良于12月4日启程北返，9日回到天津。

应邀参加“国民会议”

1931年2月，蒋介石为巩固其独裁地位，在戴季陶、张群等谋士策动下，决定召集“国民会议”制定约法，改做总统。国民党元老、国民政府立法院院长胡汉民表示反对，被蒋介石软禁在汤山。蒋介石预料时局会有变化，遂令张学良迅速在北平成立副总司令行营，以便加强对北方的控制。

蒋介石拘禁胡汉民的行动，引起很大反响。国民党元老林森、谷应芬等与两广军阀陈济棠、李宗仁联合竖起反蒋大旗，与蒋唱对台戏。为消除异己，蒋介石又邀请张学良到南京参加5月7日召开的“国民会议”。4月30日，张学良由北平先到天津，再由天津飞抵南京。此次蒋介石夫妇更是亲至明故宫机场迎接。南京的大街小巷到处张贴着写有“欢迎拥护中央、巩固统一的张学良将军”“欢迎维护和平、效忠党国的张副司令”字样的标语，欢迎盛况不减当年。张学良的行营仍设在孔祥熙铁汤池官邸。据悉，当晚张学良刚到公馆坐定，蒋介石夫妇又来访，对少帅可谓殷勤备至。

“国民会议”如期在南京开幕，张学良被蒋介石推上主席团成员的高位。与会成员合影时，蒋介石特意在前排中央空出两个位置，与张并肩而立。5月16日，蒋介石亲邀张学良共同阅兵，并请张氏训话。国民会议期间，蒋介石亲到铁汤池官邸看望张学良，且多次召张学良到中央军校住所密谈，并设家宴款待张学良。

此次张学良来宁，蒋介石让南京交际处长刘令侠接洽，办理少帅在南京期间生活娱乐诸事。据当时张学良的随行人员刘锐回忆，刘令侠详细向他和张学良的副官周彦了解少帅的习惯，听到少帅爱吃红烧肉和芒果，爱看外国电影后，当天就派专人去上海搞来了最新的外国影片和上等芒果，而红烧肉是每餐必备的菜肴。此外还搞了许多南方名贵鲜果，一并送到铁汤池公馆。

蒋介石不光对张学良本人关怀备至，就连其所有的随行人员在南京也都享受

了超级礼遇。据悉，当时少帅的随行人员胸前都佩戴有证章，南京政府在会议期间关照南京所有的商店和娱乐场所，凡东北军人员购物，一律给予七折优惠，亏损由政府予以补贴。因此，南京的商店、戏院、澡堂对东北军人非常欢迎。

除此之外，蒋介石还经常以各种名义赏赐张学良的贴身官员。据悉，在南京一个月，蒋介石先后赏给张学良贴身副官刘锐和周彦数套呢料军服、牛皮鞋和很多高级烟酒食品。离开时，他们每人都特地买了两只柳条箱子才装下。

“剿匪”不力遭冷遇

1935年9月，担任“西北剿匪”副总司令的张学良在蒋介石“攘外必先安内”国策的指导下，飞抵西安，“围剿”红军。一到西安，张学良迅速调兵遣将，攻打红军。希望能够尽快打败红军，以不负蒋之厚望。结果装备最精良的第110师被全歼，师长何立中被击毙。军事上的挫败使少帅受到强烈震惊，他再也不敢轻视红军，轻举妄动。恰在此时，他要赴南京参加国民党第五次全国代表大会，于是下令各路“剿共”大军暂缓前进，原地待命。

10月下旬，张学良飞抵南京。由于张学良在西北战场“剿共”不力，南京政府对少帅颇为不满。张学良受到了意想不到的冷遇。机场上冷冷清清，只有蒋介石侍从室主任钱大钧一人等候在机场，往日的热闹场面烟消云散。少帅想起前两次以陆海空军副司令身份来南京时的风光场面，不禁黯然神伤。他清楚地认识到，这次礼遇的降格，意味着自己地位的下降。

11月1日，参加国民党第五次全国代表大会的中央委员100多人于早晨7点钟循例上中山陵谒陵，9点钟回到湖南路中央党部举行开幕式，汪精卫致开幕词。开幕式结束后，代表们步出礼堂，集中到中央政治会议厅门前等候合影，因蒋介石借故推辞，汪精卫替代蒋介石与等候已久的中央委员们合影。9时半，摄影完毕。

正当代表们陆续转身走上台阶，打算进入会议室开会时，突然从记者群中闪出一人，从大衣口袋中掏出左轮手枪，对汪精卫连开三枪，枪枪命中。现场秩序大乱，坐在椅子上的张静江滚到地上，孔祥熙慌忙钻进旁边的汽车底下……在一片慌乱中，与汪精卫同在第一排的张学良和张继临危不惧。张继一把抱住了刺客的腰，张学良奔上前猛踢一脚，又狠击一拳，刺客手枪坠地，这才使汪精卫捡条活命。

张学良在千钧一发之际，挺身救汪，一时传为“美谈”。张学良并不清楚孙凤鸣刺汪出于爱国热情，而认为是党派之争，因此心里并不痛快。特别是11月下旬，接到第109师全军覆没、师长牛元峰身亡和第106师受到损失的消息后，倍感苦闷，郁郁寡欢。然而，蒋介石、何应钦这些党政要员都在忙着开会，对东北军的损失漠不关心，甚至连张学良向他们报告军情都不耐烦听，似乎东北军受损与他们无关，这大大地刺伤了张学良的自尊心。因此，12月大会一结束，张学良就托故去了上海，秘密会见杜重远。启程时，在南京机场送行的只有上海市市长吴铁城等少数党政要员。

委曲求全送“统帅”

1936年，中国人民抗日热潮空前高涨，张学良心情激荡，接受中共“停止内战，一致抗日”的主张，致电蒋介石，要求联共抗日。蒋介石大发雷霆，12月4日，亲临西安督战。张学良苦谏蒋介石放弃剿共政策，蒋介石大骂张学良无知。张学良见苦谏不行，决意“兵谏”，逼蒋抗日。12月12日，张学良、杨虎城扣押蒋介石，发动了震惊中外的“西安事变”。后经各方调解，蒋介石答应接受停止内战，一致对外等六项条件，西安事变和平解决。

12月25日下午3时半，西安事变和平解决后，张学良担心节外生枝，悄悄地护送蒋介石、宋美龄、宋子文等离开。在洛阳休息时，蒋介石有意对张学良说：“汉卿，你回西安吧！不要再送了，南京有人对你不谅解啊！”此话恰到好处，张学良动了感情，愈发坚持要送蒋回南京。他万没想到，此次南京之行，竟会沦入被终身幽禁的悲惨境地。

12月26日下午，蒋介石返回南京，政府官员倾室出动，在明故宫机场迎候。40万南京市民涌上街头，想看个究竟。

张学良一下飞机，便被送到宋子文公馆，但他只在此住了5天。每日宋子文夫妇陪他打牌、玩球。只是他外出时，多了两部汽车同行。一部是南京警务厅警务人员乘坐的，一部是军统特务乘坐的。张学良的行动已经受到监视。

住进宋公馆的当天，蒋介石通过宋子文暗示张学良应有来京请罪的书面表示，少帅不得已亲笔给蒋介石写了一封“负荆请罪”的信：“介公委座钧鉴：学良生性鲁莽粗野，而造成此次违反纪律不敬事件之大罪。兹腼颜随节来京，是以至诚，愿领受钧座之责罪，处以应得之罪，振纪纲，警将来，凡有利于吾国者，学良万死不辞，乞钧座不必念及私情有所顾虑也……”张学良原以为写一份请罪书就会得到蒋的宽恕，可蒋介石却将这封“请罪书”抄同原件分呈国民党中央和国民政府，此后对张的迫害接踵而至。

12 月 30 日，经过周密的策划之后，蒋介石任命李烈钧为审判长，朱培德、鹿钟麟为审判官，组织高等军事法庭。31 日上午，在军事委员会军法处（今羊皮巷 12 号洪武路小学内），开庭审判张学良。当即宣布事先拟好的判决书，判处张学良有期徒刑 10 年。退庭后，张学良以阶下囚的身份被宪兵押送到中山门外卫岗孔祥熙别墅（此房抗战时被日军烧毁）看管，当时张学良在孔公馆内的生活和安全，都是由黄仁霖负责照料的。平时无人居住的公馆，如临大敌，明岗暗哨密布，气氛肃杀恐怖。

当日下午，蒋介石假惺惺地呈请国民政府特赦张学良将军。新年过后，1 月 4 日上午，国民政府在蒋介石的授意下发布命令，宣布：“张学良处 10 年有期徒刑，本刑特予赦免，仍交军事委员会严加管束，此令。”张学良将军一生的自由被剥夺，从此开始了他那漫长而凄苦的幽禁生涯。

（卢海鸣）

侵华日军在南京烧杀淫掠

1937年12月13日，侵华日军攻陷南京，随即开始了长达六星期的杀、烧、淫、掠暴行。我国同胞被集体屠杀并毁尸灭迹的有19万多人，被零星屠杀，尸体经四个慈善团体掩埋的有15万余具，被害总数在30万以上。

日军屠杀我同胞手段极为残忍，除用机枪扫射外，有砍头、剖腹、活埋、火烧、水溺，甚至以杀人竞赛取乐，其野蛮暴行，令人发指。城破后，日本侵略军从中华门、光华门、中山门三路蜂拥入城，沿着中华路、中山南路、中山北路、中央路肆意扫射马路上的难民群，并向马路两旁的街巷居民射击。14日上午，日本军官率领一队士兵到难民区要求搜捕“6000名解除武装的中国士兵”，并说保证遵守《日内瓦公约》给战俘以人道待遇，动员中国士兵站出来。结果连没有饭吃的平民在内站出来的有1300人。到了晚上，日军突然把他们包围，用绳子把每100人串成一队，押到汉中门进行集体屠杀。一位外国人在给上海的朋友信中写道：“我目睹当时的情景，心里真痛楚极了……”15日夜间，在中山北路上行走着长长行列的人群，望不见尽头，他们正是被押往挹江门外的屠场。据日本早稻田大学教授洞富雄在《南京事件》一书中引述一个日本记者的目击：“在码头上，一片片黑乎乎的尸体堆积如山。有50人到100人在将尸体丢向江里去。他们不声不响地忙个不停，就像在演哑剧……作业完毕，‘苦力们’被迫排列在江边。‘哒哒哒’！一阵机枪声。只见这一群人，或仰面，或朝前，尽跌进江中，哑剧便告结束。”日军这样做是根据司令长官松井石根的“最机密”指示行事的，他们奉命要通过邮检、新闻封锁、焚毁尸体等手段全面遮盖南京大屠杀的真相。

日军（老百姓皆称其为“日本鬼子”）进城后，除杀人之外就是竞相发泄兽欲，强奸、轮奸妇女随处可见，从幼女到老妇，甚至孕妇都不能幸免。鼓楼大锏银巷一家姐妹四人，几乎天天要遭受日军的数次轮奸。“许多被轮奸致死

侵华日军残暴屠杀南京人民（摄于 1937 年）

的妇女的尸身仰卧在地上，小衣撕破，下身肿烂，小腹像鼓一样隆起……”目击者说。有的年轻女子衣服被剥得精光，先拍照戏弄，然后进行奸污，稍有反抗，即被刺刀捅死，乳房被割去，下身被刀乱刺。据目击者撰文说：“妇女被侮辱的种种情状令人窒息。就在我们楼下有三名女子被鬼子赶进一间小屋里奸污了。只听她们那种痛不欲生的哭声叫人撕肝裂胆。被害人当中有我的女同学，她的年龄还不到 15 岁。”

日军所到之处还大肆抢劫、焚烧和破坏。抢劫之后，纵火焚烧，全市约有三分之一的房屋被烧毁，半城几为灰烬。昔日六朝古都，处处断墙残壁。陆泳黄在《丁丑劫后里门闻见录》中记述感慨：“一泓淮水依然绿，两岸烧痕不断红……第一次到夫子庙，所得之印象，自东牌楼起，迄大中桥止，巡视一周，其间屋宇之被毁者，约十之六七。有名古建筑物，如大成殿、魁星亭、得月台、奇芳阁等，均付之一炬。”其破毁之惨重，半个世纪也难以恢复。日军 731 部队在南京所犯下的罪行更令人发指。

侵华日军给南京造成的惨重损失，据“抗战损失调查委员会”的初步汇总，

侵华日军在南京抢夺财物（摄于1937年）

损失房屋729幢又31000多间，器具2400多套又309000多件，衣服5900箱又5914000多件，现款447000多元，金银首饰14209多两又6300多件，书籍1800多箱2800多套又1480000多册，字画28400多件，古玩7300多件，车辆900多辆，牲畜6200多头，粮1200多万担，损失折时价值国币2300多亿元。而日军在南京的杀、烧、淫、掠，使南京工农业生产和各项事业之破坏，多年不能恢复，这方面造成的损失更是无法计算的。

日军的血腥暴行，为人类文明史所罕见。为铭记这一血的历史教训，用历史教育广大人民群众和子孙后代，并与世界人民一道反对侵略战争，维护世界和平，1983年底，中共南京市委、南京市政府决定筹建纪念馆，并报经江苏省委、省政府批准，于1985年8月15日建成开放。

2019年，全国人民代表大会常务委员会做出决定：每年12月13日为“国家公祭日”。当年12月13日，习近平总书记亲临江东门纪念馆同广大人民群众一道出席首次国家公祭日纪念活动，深切哀悼遇难同胞。全国各地也在这一天同时举行悼念活动。“前事不忘，后事之师”。为了反对侵略战争，维护世界和平，我们应该永远铭记这一惨痛的历史事件。

（高　强　陈　红）

周恩来风雨战梅园

1946年5月3日，古城南京晴空万里。明故宫机场上，百十名中外记者等候在这里，等待着一位不寻常人物的到来。

下午5时10分，当马歇尔专机在机场上空出现时，人们欢呼雀跃起来，原来是周恩来率领的中共代表团抵达了。

周恩来、邓颖超一行在国府路（今长江路）东首梅园新村30号、17号下榻，开始了艰巨而又特殊的斗争生活。

当天，周恩来即在住地举行中外记者招待会，宣布在南京继续重庆开始的谈判，并指出："在谈判重开时，应首先协议停止中原内战，以免牵动全局，发展成为全国内战。"

代表团刚到南京，工作千头万绪，要访问马歇尔、赴宣化店解决中原冲突、《新华日报》筹备出版问题、代表团工作及住房问题等。

第二天清晨，周恩来安排陆定一、章汉夫为筹备《新华日报》在上海出版及向上海当局请拨给中共代表团驻沪办事处等事去上海。又取出一封给国民党政府行政院秘书长蒋梦麟的亲笔信交石西民去办理。这封信的全文是：

梦麟先生勋鉴：

恩来昨日抵京，尚未趋候，比维道履请告为颂。

兹有恳者，敝代表团人员陆续来京，前由政府所拨梅园新村房屋两幢尚感不敷，现有中山东路149号楼房四间亦原封存敌产，拟请拨予暂住，以解决目前困难。再者，前曾请求拨中山东路147号为新华晚报之用，亦尚未见复示。以上统祈鼎力多加协助，俾可以从速解决。费神容后面谢。兹由敝处石西民同志前往看谒。

即希惠予接见赐教，无任感祷。

专肃敬候

安勋

周恩来谨启

五月四日

可是国民政府却拒绝拨给房屋，又不准中共在南京出版报纸。代表团只得自己设法找到中山路360号一幢房屋，设立“重庆新华日报驻京办事处”，开展新闻报道和统战工作。又自己出钱买下梅园新村35号，董必武、李维汉等即住于此，大部分工作人员住17号，分别负责外事、军事、新闻、统战、妇女运动等工作。

中共代表团对内称“南京局”，由周恩来、董必武、叶剑英、吴玉章、陆定一、邓颖超、李维汉七人组成，中共中央候补委员廖承志也参加领导工作。周恩来为南京局书记兼外事委员会书记，董必武为地下工作委员会书记；叶剑英驻北平，为“军调部”中共方面委员；吴玉章驻重庆，为中共四川省委书记，负责川、康、滇、黔党的工作，领导重庆《新华日报》；陆定一负责宣传工作（6月7日返延安）；邓颖超领导群众工作委员会，负责工、青、妇三方面工作；李维汉为地下工作委员会副书记，（陆定一去后）又负责宣传工作。廖承志协助周恩来工作。

中共代表团为维护和平与国民党当局进行了针锋相对的谈判斗争。

当时代表团驻地环境十分险恶，31号为特务监视站（两层楼房），29号是国民党首都警察厅厅长兼军统局副局长陈焯的公馆，紧挨着还有中统军统联合指挥所、特刑庭侦讯室、青年党办事处等12个特务机关。还有便衣特务整天监视来往行人。

周恩来以南京为据点，与美蒋反动派进行了一次次严肃有理的斗争。

他从南京到武汉，为促成“汉口协议”奔走，使中原的紧张局势得以缓和，为中原解放军赢得了45天时间，得以补充休整。

接着他又赶往宣化，解决蒋军违反协定进军中原军区的问题。同行的还有美国驻华特使马歇尔的代表白鲁德、国民党军令部长徐永昌指派的代表王天鸣。周恩来利用谈判间隙具体布置李先念等所率中原部队，实现了中原突围。

他又从南京到上海会见民主人士；到沈阳、到开封解决一个又一个急迫问题。

11月15日，国民政府不顾中国共产党和全中国人民的反对，一党包办召开了伪“国大”，延安电台当即播送了中共中央毛泽东主席的严正声明。

16日下午，周恩来在梅园17号举行了一次著名的中外记者招待会。签到的有美联社、路透社、塔斯社、法新社、印度自由新闻社、《泰晤士报》《时代》周刊、《生活》杂志、《纽约先锋论坛报》《基督教科学箴言报》、英国《新闻报》等驻京记者及国内十余家报馆记者。在招待会上，周恩来对国民党一党包办的伪“国大”进行了严厉的揭露：“这是一个违背政协决议和全国民意、由国民党一手包办的分裂的‘国大’，而不是各党各派参加的国大，中国共产党坚决反对，坚决不承认！”

周恩来在南京梅园举行中外记者会（摄于1946年）

周恩来郑重告诉记者："和平之门已被国民党一手关闭，我将于日内撤回延安；董必武同志仍在南京、上海负责各方面联系。"

一位记者即问："周先生回延安后，是否还再来南京？""南京，我们是一定要回来的！"周恩来满怀信心地回答说。

1946年11月19日，周恩来与邓颖超、李维汉飞返延安。1947年3月7日，国民政府撕破假面具，驻南京、上海、重庆的中共代表团被迫撤退。张治中、邵力子到机场送行。董必武向南京人民宣告："再见之期，当在不远。"果然，在两年零一个半月后，历史翻开了新的一页，人民解放军攻占国民党首都南京。董必武赋诗曰：

团结之中有斗争，斗争也为固同盟。
独裁恶性难更改，毁约残民又逞兵。
奋起人民解放军，蒋家天下雪山崩。
两年月半离宁后，白下红旗耀日明。

梅园新村纪念馆（茅鸿兵摄于2021年）

（朱丹耕）

毛泽东赋诗颂解放

1949 年 4 月 23 日，中国人民解放军“百万雄师过大江”，解放南京。捷报传至北京，毛泽东同志无比激动，立即挥起如椽巨笔写下了《七律·人民解放军占领南京》的光辉诗篇。

毛泽东阅读《南京解放》号外（摄于 1949 年）

在解放南京的日日夜夜，毛泽东同志心系南京。1948 年 12 月 12 日，中央军委电示淮海战役总前委邓小平、刘伯承、陈毅、粟裕和谭震林，要他们准备渡江作战计划。1949 年 3 月 4 日，三野向军委报告了攻占浦口炮击南京的作战方案。3 月 17 日，毛泽东等军委领导同志在西柏坡与陈毅、邓小平、谭震林等共同决定，渡江战斗之确定日期为 4 月 10 日。军委通知二野和三野：攻占浦口、浦镇的准确时间必须由中央临机决定，至于攻占浦口、浦镇之后是否炮击南京，则要看谈判情况如何而定。3 月 19 日 2 时，军委电示陈毅、粟裕：决定 4 月 1 日为南京代表到达北平并开始谈判之日期。要求从 4 月 1 日起，三野和军委的电台须昼夜密切联络，不使稍有间断。

3 月 23 日，党中央由平山西柏坡移至北平，毛泽东住香山之“双清别墅”。自此，远在北平的军委和南京日夜联系，甚至时时联系。4 月 1 日，总前委向军委呈报了《京沪杭战役实施纲要》。4 月 11 日凌晨刚发电令，一小时后，军委又指示总前委及两个野战军（二野和三野）：目前数日（11 日至 16 日），请令各部不要发生任何战斗（尤其是芜湖及镇江对岸），以便稳定南京诸人并

人民解放军坦克部队在新街口受到南京人民欢迎（范忆供图）

使李宗仁、于右任、居正、童冠贤四人于协定签字之日能来北平观礼。4 月 20 日，南京国民政府拒绝签订“国内和平协定”。4 月 21 日，毛泽东主席、朱德总司令发布了“向全国进军的命令”。4 月 23 日辰时，我 35 军攻占两浦，深夜渡江至下关，并迅速占领挹江门两侧高地。24 日晨，我 35 军占领“总统府”。

解放南京，意义重大。这场战斗，既是一场激烈的军事斗争，更是一场影响深远的政治斗争。毛泽东同志在《七律 · 人民解放军占领南京》诗中予以热情歌颂，做出高度评价：

钟山风雨起苍黄，百万雄师过大江。
虎踞龙盘今胜昔，天翻地覆慨而慷。
宜将剩勇追穷寇，不可沽名学霸王。
天若有情天亦老，人间正道是沧桑。

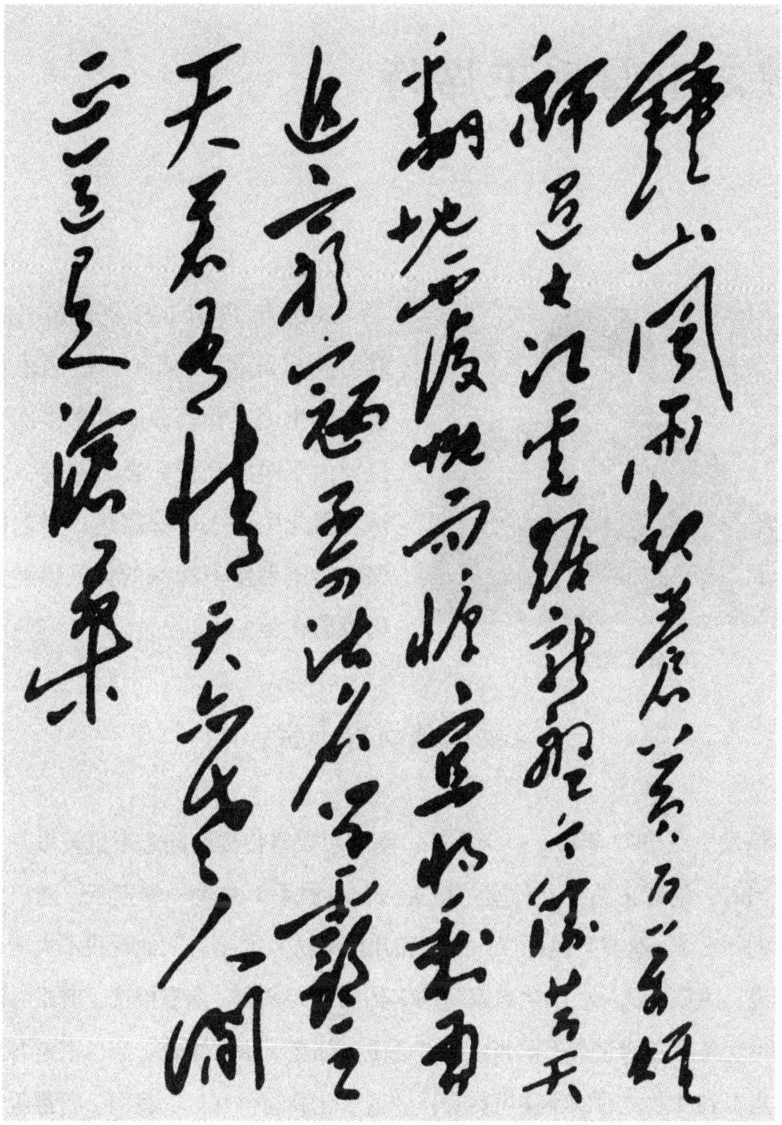

钟山风雨起苍黄百万雄
师过大江虎踞龙盘今胜昔天
翻地覆慨而慷宜将剩勇
追穷寇不可沽名学霸王
天若有情天亦老人间
正道是沧桑

毛泽东赋诗颂解放

（吴福林）

林散之书写毛主席诗

林散之先生

2020年12月6日是著名书法家林散之先生辞世31周年。追忆往昔，笔者与先生因工作等原因有幸多次交往，但皆由于时间仓促，来去匆匆，未及深谈。但先生待人平和豁达，书艺博大精深，给笔者留下深深的美好感触，至今仍历历在目。

初次偶访得墨宝

事情发生在1972年春。一天上午，南京市委宣传部许同志来机关事务管理局办事，当时，笔者正站在办公室门口等人，见他手上拿着一卷宣纸，随口问他："你拿的什么？"他笑笑说："林散之和几位书法家的字。"他看我不大明白，便进一步说，国家要选一些书法名家写的字到加拿大参展，南京挑选了其中一幅林散之写的书法条屏送到北京。据北京来电话说，郭老（指郭沫若）亲自审定各地选送的字，当看到林散之写的字连声称赞："这字比我写得好！"我们一听都很惊讶："南京还有写这么好字的人？"同年9月，郭老又向来华访问的日本首相田中角荣推荐林散之书法，深受日本友人赞美。1973年，林散之的草书条幅"东方欲晓"在《人民中国》刊出后，引起海内外人士的关注，声名从此大振。

此后，笔者有幸与林老多次晤面，每次都给笔者留下很深的印象。

第一次见面的机会很偶然。那是1975年春天，我正在起草接待外宾的安排方案。一位本来是江浦县知青刚刚被吸收到市机关工作的吴同志说，要去看望同乡林散之老人，问我去不去。我有些犹豫，因为互不相识，冒昧上门会不会有唐突之感。可他一面说没关系，一面硬拉着我就走。

到了大庆路（今中央路）林老寓所，我忐忑地跟着进入室内，见老人在伏案书写，我点头向老人问好后，老人含笑招呼我们就座。小吴同志说："老陈同志喜欢林老的字，请林老赐给一幅。"林老笑呵呵地说："真喜欢就好。"说着就取出纸笔，挥挥洒洒，为我写了张条幅："远上寒山石径斜，白云生处有人家。停车坐爱枫林晚，霜叶红于二月花。济民同学嘱杜牧山行诗，散之。"林老取出印章，郑重地钤印。我捧着林老的手书不知如何是好，只得连声说谢谢。

在当时情况下，要是付钱或送物都会不妥，林老也不会接受，我想不如留下一份纪念品吧。我取出两盒绿底金边硬壳"长江大桥"牌香烟放在桌上，也不问他抽与不抽，权且充作纪念吧。

林老书写巨幅毛主席诗词

1978 年前后那几年，到南京访问的外宾日渐增多，还有外宾提出要到市级机关大院访问，市领导储江、房震考虑到这情况，要求把大礼堂（原民国考试院明志楼）东会议室布置装饰一下，作为"外宾会见厅"。我们（笔者当时在机关事务管理局工作）建议，请几位著名书画家创作字画，既能起到美化作用，更凸显文化氛围，最终确定邀请亚明、宋文治、魏紫熙、黄养辉、伍霖生等画家，林散之、费新我等书法家创作。

我们将书画家请到五台饭店（古南都饭店旧址），张允然秘书长说，今天邀请书画界名家、大家，为市外宾会见厅题字作画，以颜其壁，共襄盛事，十分感谢。并提出具体要求，然后把宣纸发给各位，请他们悉心创作，后送来的作品果有不少精品。后来，我考虑到外宾会见厅西墙壁尺幅相当大，要有一张大作品才能显出大气磅礴的气势。我提议，请林散之先生到现场来写。联系好后，由同事祝同志带车去接林老。

那天，林老由他的孙女儿陪同到来，书写毛主席《七律·人民解放军占领南京》诗篇。林老所用的纸横长有 3 米多，宽约 1 米多，是用 3 整张宣纸拼接起来的。林老凝神片刻，便提笔挥毫。写完后，他又不太满意，觉得气韵不足，前几句写得比较拘谨，后面越写越洒脱，前后不大协调。

林老提出重写，又铺开宣纸。写好后，林老仔细端详，整个作品看上去走笔如神，姿态舒展，气势雄浑，饱含韵味。林老高兴地说："这是我近年来写得最好的一幅。"我们也很高兴。此长卷装裱后，即悬挂在外宾会见厅西墙壁上。

1982 年，因市政府大礼堂楼上也需要布置画作，又再次邀请林散之、萧娴、尉天池、萧平等书法家，陈大羽、李剑晨、夏冰流、喻继高等画家创作书画。这次活动我因临时出差未能参加。

陪友人再访问林老留有"欠字"

1983 年，我被调去办杂志，更有机会与文化界人士打交道。记得 1986 年 8 月 12 日，时任南京市政府办公厅副主任刘玉甫来电话，约我和《青春》杂志副总编顾伯岭等人一起去看望林老，谈谈建林散之纪念馆及去日本访问等事。

我们一行驱车来到中央路 105 号林老寓所。进院后，林老之子林筱之邀我们进画室休息，说林老正在午休，3 时起床。我们坐了片刻，林老从楼上下来。当时，林老已近 90 高龄，但精神很好。刘主任说："我们来看望林老，顺告建纪念馆事。"当时，南京市已决定在江浦县林老的家乡建"林散之纪念馆"。交谈时，因林老耳背，不全明白我们的意思，我们便将话写在纸上"笔谈"。

刘主任拿起笔，在便条纸上写道："想请你写一篇传记。"林老接过笔来写道："（暂）没有传记可写，等（纪念馆）盖成搬进住下来，心情舒畅，可以写一点。"我们一起点头，坐了一会儿即告辞了。

我临走时，把林老他们三人用碳素笔写的字条放进采访本内，并在字条上注明："前文为林筱之书，后为林散之书。1986.8.12。"此后几年，琐事繁多，未曾前去打扰。岂料，1989 年 12 月 6 日，林老病逝，那次拜访成了最后的诀别。

林散之先生 1898 年出生于乌江江家坡，青壮年时先后师从范培开、张栗庵、黄宾虹等，诗、书、画俱精，草书尤佳，被尊为"草圣"，享誉书坛。新中国成立后，历任安徽省人大代表（新中国成立后江浦一度归安徽管辖）、江浦县副县长、南京市政协副主席、全国政协委员、江苏省书协主席、全国书协常务理事、全国文联委员、南京书画院院长等职。

时光匆匆，林老去世已有 31 年，时值先生冥诞之时，翻阅那幅条幅以及永远无法兑现的那张"欠条"，睹物思人。林老精神不死，笔墨光耀千秋。

名人遗踪

周瑜府与“小乔墓”

“遥想公瑾当年，小乔初嫁了，雄姿英发……”人们对苏轼这首千古名词可谓十分熟知。该词歌颂的主人公是三国孙吴年轻统帅周瑜。因周瑜骁勇善谋，英姿勃发，以十万之兵大败号称百万大军的曹军于赤壁，赢得史书的极高赞誉，人们亲切地称他为“周郎”。

年轻统帅周郎与貌美贤淑的娇妻小乔曾在金陵住过并留有遗迹，这恐怕就很少有人知晓了。

金陵“大都督府”

东汉建安五年（200 年），当时孙吴政治中心尚在苏州，孙权之兄孙策为征战之需，就在秣陵（今南京）淮水北（指秦淮河北）建讨逆将军府，周瑜因商讨军事之策，常往返于苏州和荆湖之间，途经南京即下榻于该府，并携小乔居住于此。因周瑜任“前部大都督”之职，故该府又称大都督府。据云该府治所就在今府西街南京一中所在地。

公元 208 年，周瑜取得赤壁之战的辉煌胜利，解除了孙吴西部边陲的军事威胁，为三国鼎立的政治格局奠定了基础，更促使孙权于公元 211 年定下决心将政治中心由京口（今镇江）迁到秣陵，改秣陵为建业，取“一代宏图开建业”之意。遗憾的是，周瑜已于上年去世。小乔随之来到建业，住进曾经下榻过的大都督府。

周瑜画像

此处后来成为数朝重要政治治所及著名人物的府邸。元朝，为镇守南方的元江南行御史台的元御史大夫宅。明清两朝先后为应天府和江宁府的府衙。太平天国后期为李秀成忠王府。清军复入，仍为江宁府署。院内有小山，山上建有“上谕亭”。后毁。1911 年 12 月，江浙联军攻克江宁（今南京），成立新政府。12 月 17 日，以“江宁府署为军政分府”（见《秋梦录》）。

江宁“周郎桥”

周瑜在南京还有一处遗迹，即“周郎桥”。据明《万历上元县志》载：“周郎桥，在丹阳乡。吴周瑜渡秣陵，破笮融，下湖熟，曾经此，故名。”清《同治上江两县志》也说，汉兴平二年（195 年），孙策将兵，“攻下邳相笮嗣于秣陵，未克。乃由小丹阳转攻湖熟、江乘，皆下之，还定秣陵”。攻打笮嗣的将领为周瑜，“曾过此桥，桥以村名”。至今周郎桥、周郎村地名尚存。周郎桥在今江宁区土桥镇，土桥镇因该桥而名。《江宁县地名录》说：“周郎桥是三国时名将周瑜协助孙氏平定江东的一个遗迹。乡政府所在地的土桥镇……以村北一简陋平桥（俗称土桥，即周郎桥）而得名。后称土桥市，宋改为土桥镇。元、明、清各代沿袭此名。”清代江宁著名文人刘源深曾作《周郎桥》诗二首，其一曰：“弈代勋名尚未消，路人犹说姓周桥。论才不敌惟诸葛，艳福何修得小乔。一战险擒天下贼，千秋难冷大江潮。东风此后如方便，爇向赢檀舰舰烧。”

高淳还有周瑜宅，据志载：“周瑜宅在高淳县西二十里。周氏世居于此。以砖为垣，周一里。”至清初遗址犹存。固城边阳江镇曾有东吴孙权为纪念周瑜建的三元观。清礼部侍郎、“桐城派”首领方苞《三元观记》说：“汉末吴将周瑜驻屯于此。瑜殁，权立观，以褒其功。”

如今，南京一中校园内已难觅大都督府踪迹。但 20 世纪 50 年代初，笔者就读于一中时，就听说校园内有“小乔墓”。在该校和平大楼东侧有一座小山，约有三层楼高，山上植有梧桐树，“小乔墓”即指此山。

如今尽管尚无更多的史料佐证大都督府曾设于此及“小乔墓”的可信性，但即便是传说，无疑也会使人顿生几多怀古追念之思。

周处何曾拜陆机

周处画像

周处是一位传奇式的人物，古代有小说、戏剧《周处除三害》，广为流传，说的是浪子回头，改恶从善，并建功立业的动人故事，有积极的教育意义。

南京城东南角有他的住宅遗迹，人们习称为“周处读书台”。1979 年笔者寻访时，经多方打探，穿过密密匝匝居民住户区的小巷，好不容易找到一座土坡高台，上筑 10 余间小瓦平房，住着几户居民，已经很难想象出当年是何种景象。隔了几年，笔者再次造访时，台下正在整理出一条小路，在路的起端入口处用旧砖新砌一座仿古门券，上刻“古周处读书台”。

周处，字子隐，义兴阳羡（今江苏宜兴）人，三国吴大将周鲂之子。因早年丧父，缺少教养，少时横行乡里，纵情肆欲，时人厌惧，把他与南山虎、长桥蛟并称为“三害”。后幡然改过，励志勤学。不久入仕，三国时为吴“东观左丞”，吴亡前任“无难督”之职。西晋初，历任新平太守、广陵太守，以致任御史中丞，因他刚直谏劾，曾得罪梁王司马肜。晋惠帝元康六年（296 年），氐族首领齐万年率族起义，反对晋朝统治。周处受命为建威将军，作为梁王的副帅去镇压，在战斗中受梁王牵制，于次年战死，时年 58 岁。晋王朝追认他为平西将军，后被追封为“孝侯”。这就是周处改恶从善后一段不平凡的经历。可是有的书在介绍周处改恶从善后，都加入一节“入吴拜陆机、陆云为师，励志勤学”等文字。

其实，人们只要查考一下两人的生卒年月，就可知道此说的谬误。

周处生卒年代有二说，《辞海》载为（？—297）；《中国历代名人辞典》记为（240—299）。笔者考证，周处殁于晋元康七年（297 年），实龄 57 岁，推算其生卒年代应为 240—297 年。《名人辞典》记亡于 299 年，实误。

陆机，字士衡，吴郡吴县华亭（今上海松江西）人。生卒年代为 261—303 年。

将两者的生卒年代对勘，即发现周处比陆机早出世 21 年，如果按某书说周处在弱冠时拜陆机为师，其时陆机尚未出世；若按另一书说周处拜陆机时是 30 岁，那么此时陆机也仅有九岁，而其弟陆云则更年幼，如何谈得上授徒“教诲”呢？此乃附会名人之说是显而易见的。再从周处入仕的历程亦可看出上述说法的谬误。东吴天纪四年（280 年）二月，晋龙骧将军王濬率军顺流而下，直指建业（今南京）。三月壬寅，王濬舟师至石头，后主孙皓用绳自我反绑，令人捧着玉印抬着棺材以表诚心降晋。四月十九日，晋师举行酒宴，酒酣时，晋安东将军王浑对前朝吴国官员挑衅地说：“诸位是亡国之余，此时此刻的心情难道不悲恸吗？”周处一听立即站起来反驳：“汉末分崩，三国鼎立。如今魏灭于前，吴亡于后，亡国之痛，非止我们吴人！”说得王浑无以言对。此时此地，周处年 40 岁，而陆机也不过 19 岁，何况周处从任吴东观左丞，到无难督，已入仕多年。

吴亡后，20 岁时的陆机与弟陆云返回华亭故里，闭门勤学，颇显文才。晋太康九年（288 年），陆机奉“举清能”诏令，于太康十年携弟陆云北上洛阳，受到文坛领袖张华的赏识，交往甚密。此后，陆机、陆云文学创作进入佳境，于 40 岁后创作《文赋》。“文章冠世，服膺儒术”，与其弟陆云并称为“二陆”。

从二者入仕的历程，亦可见周处拜陆机之说是站不住脚的。此说之误源自《晋书》引《世说新语》所致。诚如评论家所言：“《世说新语》是小说，既然是小说就必然有作者的杜撰成分。”亦如清人劳格在《晋书校勘记》中所指出的，这是史家引录《世说新语》之故，“小说妄传，非事实也”。

周处台，是周处为吴东观左丞时的堂宅，称“子隐堂”（周处字子隐）。宋张敦颐《六朝事迹编类》记载：“周处台一名子隐堂。府雉东南有故台基曰周处台，今鹿苑寺之后。”而后，南宋周应合在《景定建康志》中亦载明：“周

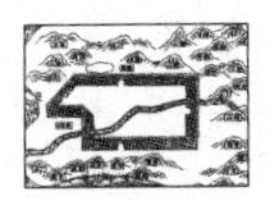

周处台旧址（摄于民国年间）

处字子隐，仕吴，为东观左丞，有台于此。”

民国年间，宜兴人在此设同乡会，悬挂周孝侯石刻画像拓本，看上去真是豹头环眼，凶相毕露。还塑起了“晋散骑常侍平西将军周孝侯讳处字子隐之位”的牌位。土坡小宇，是台是堂，清静雅致，不失为一处游览胜地。

刘禹锡赋诗朱雀桥

朱雀桥是六朝时期秦淮河上的第一大桥，是南出建康都城国门的要津。历史上曾在这里发生过许多重大事件，它伴随着六朝都城的兴衰起迭，荣损与共。朱雀桥这个富有诗意的名称，与乌衣巷一起成了南京“六代豪华”的形象代名词，凝聚着那个时代纷繁变化的历史和绚丽斑斓的文化，被后人追怀兴叹，传诵不绝。

诗人争诵朱雀桥

“朱雀桥边野草花，乌衣巷口夕阳斜。旧时王谢堂前燕，飞入寻常百姓家。”唐朝诗人刘禹锡这首脍炙人口的《乌衣巷》，既饱含深情，又明白晓畅，而被广泛传颂，朱雀桥因此而备受世人关注。其实早于刘禹锡作此诗半个世纪前，就有一位唐天宝十三年（754年）进士，官至中书舍人、世称“大历十才子”之一的韩翃在江宁（今南京）作了《送客之江宁》一诗。这首十二句诗中就有“春流送客不应赊，南入徐州见柳花。朱雀桥边看淮水，乌衣巷里问王家。”诗中也是把朱雀桥和乌衣巷连在一起，也极其自然地联想起了当年鼎族大户王导和谢安。其后，宋、元、明、清文人屡有朱雀桥的诗作问世。如元朝诗人王冕，他在《金陵行送余局官》的诗中写道：“高楼如天酒如海，触景令人生感慨。红堕香销燕子飞，风流王谢今安在？我欲去寻朱雀桥，淡烟落日风萧萧。交疏结绮杳无迹，但见野草生新苗。”诗人追忆往昔金陵“高楼如天酒如海”“多少楼台烟雨中”的六代豪华，经王敦之乱、侯景之劫，尤其是隋灭陈之后“平荡耕垦”的彻底摧毁，如今已是“红堕香销”，不免顿生感慨，勾起他急切想去踏巡朱雀桥遗踪，无奈因日落凄风而打消了念头，不免留下抹舍不去的怀念与遗憾。

何时始有朱雀桥

朱雀桥由朱雀航、朱雀大航而来。而朱雀航本为吴时南津大航。唐朝许嵩《建康实录》记述："咸康二年（336年），新立朱雀航，对朱雀门，南渡淮水，亦名朱雀航，本吴南津大航桥也。"《世说叙录》及《舆地志》《丹阳记》皆云："吴时南津桥，名曰朱雀航。"朱雀桥之名最早见于《吴纪》："天纪二年（278年），卫岑昏表修百府，自宫门至朱雀桥，夹路作府舍……"庾阐在《扬都赋》中描述朱雀桥："横朱雀之飞梁，豁八达志之遐冲。"上述文献告诉我们朱雀航所处的地理位置及其重要性，还出现了几个尚需搞清楚的名称之间的关系，比如朱雀门与朱雀桥。《宫苑记》就说："自宫门南出，至朱雀门七八里，府寺相属。"而《舆地志》则从都城门说起："朱雀门背对宣阳门，相去五里余，名为御道。夹开御沟，植柳环济。"六朝时，从都城南门向南筑了一条五里余长的御道直达秦淮河边，其尽头建筑了一座颇为壮观华丽的朱雀门，"重楼皆绣栭藻井，门开三道，上重名朱雀观。观下门上有两铜雀，悬楣上刻为龙虎左右对。"而出朱雀门即可走上朱雀航的引桥，引桥为高级木材制作，上刻纹饰，颇为精美。朱雀桥及朱雀航皆因与朱雀门相对而名之。朱雀，古谓主正南方之神。《三辅黄图》云："苍龙、白虎、朱雀、玄武，天之四灵，以正四方。"而朱雀大航是因为当时有丹阳、竹格、朱雀、骠骑四航，而朱雀居四航之首，故称朱雀大航。

朱雀门是进出都城南门的要冲。居住在都城的朝廷官府的大量官员、广大市民、"南朝四百八十寺"中的十多万僧侣和驻军以及高门大户荫庇的佃户累计人口达50万之众。他们常年生活所需的粮食、柴薪，除部分从上游水道运入外，南乡出产的山柴、豆稭及水产、蔬菜皆由此运进，并在城南东长干中的大长干、小长干及城内缘淮水、沿青溪而形成大市场，米市、禽畜、柴行遍布，酒楼、茶市应运而生，水村山郭间酒旗在风中招展，市场空前繁荣，人烟稠密，市民比邻而居，寺庙棋布，浮屠亭亭。正如一位古代诗人写道："两山回处是为干，有塔亭亭高似山，不但庄严增梵刹，可能形胜助城关。"其实滨江临淮的都城建康"盖舟车便利，则无艰阻之虞；田野沃饶，则有转输之籍"，成为全国性的繁荣富庶的大都市。“轻舆按辔以轻隧，楼船举帆而过肆。果布辐辏而常然，致远流离与珂珬。缫贿纷纭，器用万端。金镒磊砢，珠琲阑干”。“都邑之盛，士女富逸，歌声舞节，袨服华妆，桃花绿水之间，秋月春风之下”，无往非适。这是对六朝前期建康都城生动形象的写照。

至东晋太宁二年（324 年），王含、王敦作乱，以水路五万之军并进，企图夺取朱雀航大津，然后进朱雀门沿御道直奔宫城，情况万分危急。丹阳尹温峤当即下令烧毁朱雀航，以阻遏王敦之兵，终于挫败其敌，保全了京师。但平定王敦之乱后，因“京师缺乏良材，无以复之”，使朱雀航未能恢复其原貌。随后，采用杜预河桥法重新搭建。“长九十步，广二十步”的浮航，冬夏随水位涨落而上下浮动，使宽阔的秦淮河又成了繁忙的通道。朝廷还派重兵驻守以确保朱雀航的安全。

古朱雀桥究竟在何处

“要识当时朱雀航，秦淮河口驾浮梁。既为铜雀施重屋，又作璇题揭上方。波底净涵楼阁影，桥间望断水云乡。不知此处今何在，须有遗基在两旁。”宋代马野亭这首诗道出了许多人的困惑。一座名闻遐迩的朱雀桥怎么竟杳无踪迹了呢？秦淮河本是一条贯穿城市南部 100 米至 130 米宽的大河，波涛汹涌，水流湍急。自从杨吴筑金陵城，把淮水主流引往城外，城内淮水（俗称内秦淮）日益狭窄，加上人为填河造屋，致内奏淮仅通舟楫，尤其是架设镇淮桥，新出现了一条南唐御道，这条新的南北主干道就将原由朱雀航承担的交通运输任务取而代之了。朱雀桥（航）渐趋冷落以致旧迹难寻，“六朝故迹，盖往往湮矣”。

那么朱雀桥原来在何处呢？南宋周应合主纂的《景定建康志》说：“镇淮桥，在今府城南门里，即古朱雀航所（旧志）。”该志先引旧志说镇淮桥即古朱雀航，接着又考证说：“今四航皆废，镇淮桥即朱雀航旧所也。”明朝礼部纂修的《洪武京城图志》也引用此说：“镇淮桥在聚宝门里，吴时玄津桥也，名曰朱雀航，今名镇淮。”《景定建康志》所说镇淮桥即古之朱雀航，有多少可信度呢？元朝张铉《至正金陵新志》说：“镇淮桥在今府城南门里，疑即朱雀航所。”张铉对《景定建康志》所说是持存“疑”态度的。笔者以为从历史上朱雀航（桥）所对朱雀门——宣阳门的走向及邻近乌衣巷的位置，朱雀航是在淮水的东段，而不是在后来的镇淮桥所处淮水的中段，朱雀航（桥）应在镇淮桥北偏东。以“《金陵图》考之，当在今镇淮桥北左南厢”。而早于《景定建康志》100多年前的南宋绍兴年间张敦颐撰《六朝事迹编类》对朱雀门、朱雀航是这样记述的：“晋都城南门，正中曰宣阳，与朱雀门相对……势正与桐树湾相对，以地考之，在今上元南厢也。”“朱雀航……在县城东南四里，对朱雀门。南渡淮水，亦名朱雀桥。……里俗相传今桐树湾相对，即其地也。”明朝陈沂撰《金陵古今图考》在《历代互见图》中更形象地画了两条御道走向：一条在西，北端从内桥南至镇淮桥的南唐御道；另一条在东，北端从宣阳门南至朱雀门的御道（六朝御道）。图中明白无误地标明朱雀门（朱雀航）与镇淮桥是分处在一东一西的两个位置，并指出：“朱雀门临淮水上，朱雀航北，今考镇淮桥东南桐树湾，当是航所。”综上所述，笔者以为朱雀航（桥）当在桐树湾，位于武定桥西，即明救生局所在地附近，而非今之镇淮桥处，正与当年乌衣巷（今剪子巷处）临近。

如今古朱雀桥已难觅踪迹，值得庆幸的是，十几年前有关部门在今武定桥西的内秦淮河上复建了一座桥，位于武定桥西、镇淮桥东北的两桥之间，其位置似在古朱雀桥近处。1999年1月被命名为朱雀桥。该桥西端连着军师巷，东端连着马道街，桥跨河长约40米，宽约30米，桥两侧的护栏中的位置皆刻着草书“朱雀桥”三个大字，向两端延伸部分镶嵌着六组朱雀形象的浮雕，显得古朴雅致。从东桥堍拾级向河边往下，建有一码头，临河立一巨石，上刻“朱雀新坊码头”六字。约30米宽的临河两岸新建的栋栋仿明清建筑河房，与朱雀桥相映衬，倒显出几分古色古香。凭栏俯视桥下，绿茵茵的河水慢慢地流淌着，古朱雀桥的往事似乎随着悠悠流水已经远去，但复建的朱雀桥仍然能使人感受它承载着厚重的历史与文化，却为人们增添了一处怀古追思的好去处。

易址重建的朱雀桥（范必胜摄于2012年）

杜牧诗吟杏花村

清明时节雨纷纷，路上行人欲断魂。
借问酒家何处有？牧童遥指杏花村。

唐代诗人杜牧的一首《清明》诗让“杏花村”出了名。在南京门西一带，昔日就有一处杏花村，历来就有文人骚客在此流连。早在六朝时这里就是沽酒的雅处，附近就有孙楚酒楼，李白曾在此楼品酒。“杏村沽酒”曾是“金陵四十八景”之一。

繁盛数朝的金陵杏花村

杏花村在今天的城南门西、集庆路以南原四十三中（现已并入文枢中学）一带。昔日的胜景早已隐身在密集的民居中，再无酒旗飘飘、杏花怒放，但那些仍保留着明清式样的老房子不禁让人抚今追昔，遥想当年。

明代焦竑在《重建凤游寺碑记》中记述：此地“别开一境，崇岗曲折，林麓翳然为杏花村。其地逶迤相属，最为幽旷”。明朝顾起元《客座赘语》写道：“花时灿然若云锦”，“红霞映地矣”。过去，此处地傍郊外，与古长干相连，岗峦叠翠，绿水环绕，是唐、宋、元、明、清数代的风景名胜区。唐以前有南苑、孙楚酒楼、白鹭洲，杨吴、南唐筑金陵城时，将杏花村、凤凰台一起圈进城内。宋朝有佳丽楼、赏心亭、折柳亭、二水亭等景点环布四周。其时，任太常博士的大诗人杨万里在国乱稍安之时，也慕名到城西登凤凰台并吟咏了一首名诗：“千年百尺凤凰台，送尽潮回凤不回。白鹭北头江草合，乌衣西面杏花开。龙蟠虎踞山川在，古往今来鼓角哀。只有谪仙留句处，春风掌管拂蛛媒。”凤凰虽然不见了，但美丽的杏花村景色依然，令诗人感慨不已。

不难想见，阳春三月，几番春雨，锦绣江南铺锦叠翠，生机盎然。梅妍柳绿之后，随之就是杏花吐蕊，暗香浮动。此时来到城西，村光野影，秀色可餐，空气中弥漫着花香酒气，难怪历朝历代文人墨客都爱在此流连。

元朝末年，平章阿鲁灰在杏花村与朱元璋部队一战，败死于此，杏花村毁损严重，仅余“老杏数株”。明代又行复植，花时灿然，这里又成了著名的风景名胜区。明礼部尚书倪谦尝游此，亦作《游杏花村诗》：“都城之内西南隙，有杏成林千万植。阳春二月花正开，烂如云锦天机织。都人游赏趁韶华，林下追欢纷络绎。诗社翁君折简邀，亦欲乘时莫须掷。”明朝杏花村为金陵四十景 之一，朱之蕃在《金陵四十景图像诗咏》中有“杏村问酒”一景；清朝高岑绘《金陵四十景图》中亦有“杏花村”一景。人们对此地称慕不已，不仅常游不辍，甚至把别墅迁建此处。清初诗人余宾硕在《金陵览古》诗中说：“至杏花村，春时花烂如霞蒸，中多名园……余亦有数椽在村中。”清军打入南京时，杏花村又遭毁坏，著《儒林外史》的吴敬梓，不忍名胜林区被损，又在杏花村亲手植“杏树百余株”，以至杏花村胜迹相沿达千年之久，有大量的史书诗文连篇咏述。女诗人郝嫣然春雨霁后访此，见红杏菜黄、蝶舞蜂飞的美丽佳景遂咏道：“雨过荒台春草长，浮云暗处是斜阳。杏花零落知多少，黄蝶翻飞野菜香。”

这里不但是风景胜地，亦是沽酒的雅处。明代顾起元《园居杂咏》诗云：“杏花村外酒旗斜，墙里春深树树花。莫向碧云天外望，楼东一抹缀红霞。”南京杏花村有酒卖是有史料为证的。南京酒至唐时已脍炙名人之口。唐朝大诗人李白就亲身感受到这浓浓的诗情酒意。他在金陵登孙楚酒楼，在凤凰台饮酒赋诗：“置酒延落景，金陵凤凰台。”以畅饮名酒“金陵春”为快。而这孙楚酒楼、凤凰台都与杏花村毗邻。

清朝金陵四十八景之“杏村沽酒”

杜牧几次到南京先后留下了多首名作，其中有《泊秦淮》：“烟笼寒水月笼沙，夜泊秦淮近酒家。商女不知亡国恨，隔江犹唱后庭花。”《江南怀古》：“车书混一业无穷，井邑山川今古同。戊辰年向金陵过，惆怅闲吟忆庾公。”以及《金陵》《江南春》等。

“千里莺啼绿映红，水村山郭酒旗风。南朝四百八十寺，多少楼台烟雨中。”这首《江南春》绝句，就写的是江南地区，主要是南京一带春雨连绵的光景。从诗意上看，《清明》诗与《泊秦淮》《江南春》似乎一脉相传。诗人在清明时节，出游六朝故地，目睹了曾经的繁华已为陈迹，不禁触景生情，想到唐帝国国势日衰的形势，从而抒发出内心的兴亡之感及羁旅愁思。也许这首《清明》与《江南春》正是诗人同一次游南京时所作，诗中的杏花村当是金陵著名卖酒地。

历代文献记载的杏花村

杏花村在南京历代文献中的记载，可谓连篇累牍，诗词游记不胜枚举。

南宋时期，就有著名诗人杨万里的诗作（见上述诗句）。更有官修志书记载，宋《景定建康志》在“军备”条下记述：“制效军寨有二所：一在城南门

杏花村原址附近民居（摄于 1993 年）

外虎头山，一在城里杏花村。”这是最早最直接的确证。元代，杏花村名景已在散曲中出现。元散曲《渔隐》：“樵夫野叟，相近相亲。昨日离石头（城），今朝在桃叶渡，明日又杏花村。”明至清，杏花村最为繁盛，诗文碑记频频歌咏。明代状元焦竑所撰碑记、明代学者顾起元的笔记丛书中均对金陵杏花村有详细记述。尤其是嘉庆年间陈文述编纂的《金陵历代名胜志》中记载，杏花村为“杜牧沽酒处，牧之诗‘南朝四百八十寺’‘夜泊秦淮近酒家’，皆在金陵。”并附诗一首：“江南春雨梦无垠，沽酒旗亭白下门。一自樊川题句后，至今人说杏花村。”“樊川”即杜牧号，正因为他在金陵写了这首诗，后人才可能争相传诵“杏花村”。宋元之时，除南京有杏花村外，又出现了安徽贵池、湖北麻城、山西汾阳杏花村，到明清时全国有杏花村达十余处之多。

清代方志学家陈作霖在《凤麓小志》中则说，杏花村“为杜牧之沽酒处，信然”。清代中叶杏花村渐被名园取代，至晚期杏花村终于荡然无存。民国时期“杏花村”地名仍存。民国年间由著名学者叶楚伧、柳诒徵主编，王焕镳编纂的《首都志》亦有南京杏花村“谓杜牧之沽酒处，信然”之语。

萨都剌赋诗凤凰台

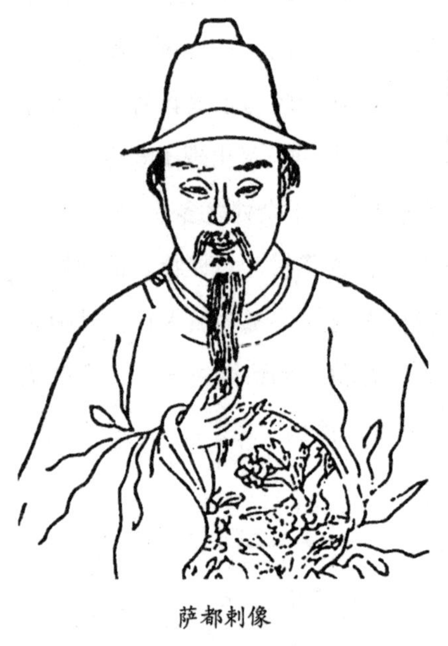

萨都剌像

600多年前，元代少数民族诗人萨都剌，在青年时代就来南京做官，曾留下了他一生中最有代表性的作品。

萨都剌，字天赐，号直斋，雁门（今山西代县）人，回族。约生于1300年，二十六七岁时中进士，随后即赴镇江任录事司达鲁花赤，在职三年，颇多善政。元至顺二年（1331年）初秋，来到集庆（今南京）任江南行御史台掾属。元代江南行御史台机构曾三度迁到金陵，最后一次是在至元二十九年（1292年）春三月，由扬州移此。该台统辖江东、江西、浙东、浙西、湖南、湖北、广东、广西、福建、海南十道，掌纠察百官善恶、政治得失之重任，其人员中有回回掾史二人、令史十六人。萨都剌即为回回掾史。

萨都剌来到南京，广结名流学者张雨、倪赞、司马昂夫，登石头城，泛舟青溪，游凤凰台等处，实地考察南京情况。在游城南凤凰台时，御史大夫易释董阿公向他索取诗句，他随即赋诗一首：

六朝歌舞豪华毕，商女犹能唱后庭。
千古江山围故国，几番风雨入空城。
凤凰飞去梧桐老，燕子归来杨柳青。
白面书生空吊古，日陪骢马绿衣行。

表达了他内心的无限感慨之情。他目睹金陵因战争和往日统治者的荒淫虐政所造成的衰败景象，发出了“后庭遗曲依然在，商女能歌不忍听”的警言，敦促当地官员奋发厉治，发展生产，扶助教育，匡济人才。到元统二年（1334年）八月，他离职北上之时，南京的情况已有了变化，“不到青溪三四日，藕花无数水中开”，呈现出“青溪鸥鹭白荡荡，白下杨柳青依依”的生机景象。

萨都剌工诗，多借山水以抒情怀，在南京足迹所至多有题咏，留下了《念奴娇·登石头城》《满江红·金陵怀古》等有影响的作品30多首。其中《满江红·金陵怀古》：“六代豪华，春去也，更无消息。空怅望山川形胜，已非畴昔。王谢堂前双燕子，乌衣巷口曾相识。听夜深、寂寞打空城，春潮急。思往事，愁如织，怀故国，空陈迹。但荒烟衰草，乱鸦红日。玉树歌残秋露冷，胭脂井坏寒蜇泣。到如今，唯有蒋山青，秦淮碧。”词人通过山水风物依旧，六代豪华消息的对比，抒发了吊古伤今的感慨。萨都剌因久病缠身，不到50岁即病逝。一说其曾结庐安庆太白台，“年八十余卒”。

魏源著书小卷阿

魏源像

南京城西清凉山的东南有一泓池水，名曰乌龙潭，是一处名胜佳境。这里曾是唐代著名书法家颜真卿任昇州刺史时，辟建的放生池。潭西北旧有隐仙庵等寺庙，以及薛庐、宛在亭等园林建筑，其中魏源的别墅“小卷阿”引人注目。

魏源（1796—1857）是我国近代史上著名的思想家、史学家和诗人，字默深，湖南邵阳人，清道光时进士，官至江苏高邮知州，一生的活动主要在江苏。道光五年受聘于江苏布政使贺长龄。鸦片战争期间，道光二十一年（1841年）他在两江总督裕谦幕府，参与浙东抗英战役，痛愤时事，提出“师夷长技以制夷”的观点，建议造枪炮、轮船和其他机器工业产品；主张加强海防，抵抗外国侵略。

1832年，魏源在南京乌龙潭畔购得草房一处，深居简出，潜心著述。对所居茅舍取名为“小卷阿”。“卷阿”之名取自于《诗·大雅》的篇名，用作舍名，则有概括屋舍居于乌龙潭畔卷曲环境之意。他在《卜居金陵买湖干草堂》一诗中道出了原委：

巢由原不买山居，敢笑知章乞鉴湖。

底事草堂钱十倍，只因门外水云租。

因湖干草堂远离繁华的市区，兼有山村野市的特点，他在这里编辑、著成了《皇朝经世文编》《筹漕篇》《诗古微》《春秋公羊议礼》等书，其《海国图志》于1841年在镇江受林则徐嘱托，返宁后编纂而成，影响最为久远。此外，他还招收生徒，会友人，宣传他的政治主张，抨击时政，探讨富国之道。

魏源有一子曾做过江宁知县，后来退居小卷阿，善习书画，南京博物院藏有其作品。

小卷阿现为龙蟠里20号，经过世事变迁，仅存屋数间。据传说，小卷阿曾辟数间做了“皇姑庵”，以收留太平天国失败后从天王府逃出的天王洪秀全的元妃。但经近代学者考证，认为不可能是洪秀全88个后妃中的任何一个，即使有逃匿此为尼者，也不过是天王府中的一位宫女。

陶澍捐建屈原祠

每年端午节，全国各地都会举行赛龙舟，人们吃粽子，并将粽子抛于江中，以纪念投汨罗江而死的爱国诗人屈原。

或许人们还不知道，在南京鼓楼东南角的双龙巷，曾有一座纪念屈原的“屈子祠”，即古妙相庵所在地。妙相庵于清初由僧默汝创建。清代中后期每逢端午节南京人纪念屈原时举行赛诗会，就多次在此举行。可惜的是，如今南京“屈子祠”已拆迁一空，再也见不到当年“曲槛临风，空亭枕雨，疏花幽竹，明瑟有致”的景象了。

陶澍捐银建“屈子祠”

“节分端午自谁言，万古传闻为屈原。堪笑楚江空渺渺，不能洗得直臣冤。”唐代诗人文秀的诗清楚地点明了端午与屈原的渊源。

妙相庵这片佛家清修之地为何会修建“屈子祠”呢？20多年前笔者曾去寻找妙相庵，最后在薛家巷以北的双龙巷才找到了该庵的遗迹，当年偌大的庙场，只剩几间老屋，青砖小瓦，斑驳陆离。

据清《道光上元县志》记载，妙相庵在“唱经楼薛家巷后”，南临唱经楼，北至黄泥岗，西至王家墟（今中山路西侧达汉口路）。在南京佛寺史上，妙相庵可以说是默默无闻。然而，自修建“屈子祠”后，在清朝中后期一直是群贤毕集，名声远扬。妙相庵至道光年间已有相当规模。其时妙相庵住持请来高僧金海峰讲佛，为救一个落水的听讲僧人，高僧金海峰不幸身亡。为了纪念金海峰和同样落水身亡的屈原，住持决定修建“屈子祠”。两江总督陶澍得悉捐廉银增建亭台楼阁。当时名流包世臣为亭阁题写“天问堂”额，汪正鋆题写集《楚辞》长联，汤贞愍、董夫人分写《九歌》，祁文端、陶澍诸公皆有诗作刻石镶壁。后因战火毁损，但遗存“石壁甚夥”。

石达开王府、曾国荃生祠

由于妙相庵一带景色如画，除了众多香客来进香礼佛外，还吸引了很多文人墨客。清代每到梅雨时节，他们相聚妙相庵品茶赏景，吟诗作赋，形成“雨集”。“黄梅时节家家雨，青草池塘处处蛙”。农历江南五月，梅雨霖霖，人们置大缸收蓄雨水，以备煎茶。“瓷翁竞装天雨水，烹茶时候客初来”。南京文献学家陈作霖就曾记录“五月雨集妙相庵”。后来逐渐形成了纪念屈原的赛诗会。

咸丰年间，太平军进入江宁（今南京），建立太平天国。各路将领封王，于是纷纷在城内建王府造花园。翼王石达开见妙相庵一带风景殊佳，十分钟爱，遂将此庵作翼王府花园，遣散僧尼，禁绝香火，该庵从此冷落。

太平天国失败后，湘军进入，城内各处官邸、王府花园因战争及人为破坏，大多被毁，唯独该园保存完好。湘军统领曾国荃一见十分喜爱，江宁诸绅士见此遂将该园改为曾国荃生祠，“以供曾威毅伯长生禄位”，以了却曾国荃的心愿。妙相庵也得以部分恢复。

同治后期至光绪年间，江南乡试恢复举行，每逢乡试之时，朝廷派来的主考官即以此庵为“下车行馆”，戒备森严，任何无关人员不得与主考官接触，以防走漏消息或被别有用心之徒打通关节。

暨南学堂

清朝末期，各地开办学堂，南京就办有三江师范学堂、水师学堂、陆师学堂等，可在全国尚无一所专门为华侨办的学堂。

据《钟南淮北区域志》说：“薛家巷内有屈子祠，本名妙相庵……后改为暨南学堂，以教华侨子弟。”光绪三十二年（1906 年），我国驻荷兰公使钱念劬派员到南洋等地考察，发现华侨长居海外，没有华文学校教育，对祖国历史文化越来越生疏，尤其是华侨子弟对祖国认同感有行将淡薄之势，即致信两江总督端方在国内办学校，让华侨子弟回祖国读书。端方奏报清政府获准奏，在

暨南学堂旧影

江宁办校。

因妙相庵环境及房舍设施甚好，又邻近两江师范学堂，即定此址办校，取名“暨南学堂”（今广州暨南大学前身），于当年秋季开办。首批选择南洋21名侨生到南京。因侨生多为广东、福建人，总督端方就推荐在“两江”任职的广东籍温秉忠、郑洪年到该校管理，温秉忠任学堂总理，所聘教员多为知识界名流，如余上沅等。

辛亥革命后，郑洪年与教育部司长、暨南学堂董事董鸿祎商请恢复学堂。1918年，由江苏教育会负责人黄炎培派人着手恢复，改名暨南学校。1923年在真如建新校舍，暨南学堂本部一并迁入真如。

国立戏剧专科学校

暨南学堂本部迁真如以后，本址只留部分专业。1932年，陆军大学在此创办，三年后陆军大学合并迁出。

1935年，国立戏剧学校成立，校址设在曾国荃祠堂，因为余上沅在戏剧界声望很高，被教育部聘为戏剧学校校长。所聘教授皆为戏剧界有名望的专家，有应云卫、马彦祥、陈白尘、陈治策、曹禺、杨村彬、黄佐临等。

1940年，戏校改名为国立戏剧专科学校，余上沅仍任校长。抗战胜利后，学校迁回南京原址复课。著名导演谢晋1947年在此攻读导演专业。新中国成立后，剧专与原华北大学艺校、东北鲁艺合并组成中央戏剧学院。

经访问得知，上世纪50年代妙相庵的尼姑和佛家塑像都被迁走，此地变成一个工厂，后来又作为居民住所。南京“屈子祠”也从风光无限到日渐衰落，最终消失在新一轮城市建设的拆迁浪潮中。

左宗棠恭建二公祠

南京长江路292号原先是民国总统府，新中国成立后是江苏省政府和省政协所在地，清朝为两江总督署衙门。左宗棠当年在这里做两江总督的时候，上任不久就热心为陶澍、林则徐合建了一座祠堂。提起这座祠堂，使人想起他们在南京一段很有意义的交往。

早年左宗棠在中了举人以后，便再试不第，政治抱负未能施展，过着拮据寡欢的生活。由于他治学严谨，被同乡、两江总督陶澍所赏识，聘为自己的家庭教师。左宗棠到达南京后，在陶府及惜阴书院（书院在龙蟠里，因为纪念远祖陶侃遗教，取名“惜阴”）饱览了陶氏丰富的藏书，得益颇大。尤其是1845年，林则徐由新疆获释东归到达南京陶府，这时在陶府执教的左宗棠被引荐与林则徐结识，并作一次促膝长谈。这次谈话决定了左宗棠后半世的生涯。从此他投笔从戎参政，踏上了威震政界、权威显赫之途。

四年后，林则徐赴督广西，路经湖南。此时左宗棠已在长沙任职，特前去拜见。当两人再次谈到新疆问题时，已不同早年那次林讲左听，而是左宗棠侃侃陈述，颇多见解，使林则徐大为欣赏。林对左说：“他日建奇勋于天山南北，能完成我的愿望者，看来就是你了。”后来沙俄侵略新疆事态日益加剧，左宗棠上书清廷力主规复，清政府终于在1875年任命他为钦差大臣督办新疆政务。左宗棠决心施展抱负，实践当年他与林的誓约，于是挥师抵抗沙俄侵略，先后收复乌鲁木齐、和阗等地，最后迫使沙俄侵略者从伊犁撤军，使祖国的领土得以保持完整。此举使左宗棠成了历史上的一位杰出人物。

左宗棠在年近七旬时，光绪七年（1881年）九月被朝廷任命为两江总督，他十二月抵达两江总督署就职。过去在总督署上执教，想不到如今到此做了总督。他到任后巡视大江南北，见水利失修，便下令各地成立水利局主司水利建设，还亲自督促整修秦淮河，提议维修南京城墙。重赴故地，睹物思人。上任

易址重建的二公祠（摄于 2007 年）

仅仅几个月，左宗棠在公务百般繁忙之际，于光绪八年春邀约南京士绅捐款恭建陶澍、林则徐二公祠，以便常去仰祭。二公祠两进三开间，有前厅、大厅、左右廊，构成一正方形院落。它原坐落在长江东街 4 号，离当年总督署衙门仅一箭之遥。人们去参观时，自然会激起感慨：左宗棠富贵之时还没有忘记当年的引路人。

2001 年，其地因建设需要，当年 6 月 2 日该祠被拆，主要构建保存下来等待适当地点复建。2007 年于“总统府”东苑按原样重建，当年 9 月建成，年底对外开放，供人观瞻。

曾国藩奏建昭忠祠

在北京东路43号，今南京市级机关大院东院内，始建于清代的武庙大殿和昭忠祠古建筑群依然耸立。同治八年（1869年）建筑的武庙大殿及“金陵官绅昭忠祠”，规模为全国之冠。“昭忠祠”所祭的人物非常特殊，不仅有以往故去的“金陵官绅”，还有朝廷钦差大臣及当时江苏、安徽、直隶（指北京）、河南、河北、天津、山东、山西、陕西、甘肃、吉林、黑龙江、浙江、福建、广东、广西、湖南、湖北、云南、贵州、西昌等地的总督或总兵、总管、巡抚、副都统等，共计2300多人，这样非同寻常的祭祀设施在全国堪称罕见。

昭忠祠是清代专祀为捍卫大清江山捐躯的文武官吏的祠堂，以表彰他们的“忠勤节烈”。最早的昭忠祠于清雍正二年建于北京。

咸丰三年（1853年），太平军占领江宁（今南京），建立太平天国。太平军与清廷调派来的清军在江宁周边一带进行了长达十多年的鏖战，大批清军官兵阵亡。太平天国失败后，同治四年（1865年），时任两江总督并节制苏、皖、浙、赣四省军务的曾国藩奏报朝廷，“以金陵为忠义之最”，请求在江宁建湘军昭忠祠，以昭“忠勇英烈”，获朝廷准奏。同治六年，建四祠，即“楚军水师昭忠祠”“楚军陆师昭忠祠”“金陵妇女贞烈祠”（以上三祠在莲花桥东北）、“金陵官绅昭忠祠”（初在中正街，同治八年随武庙移建于原文庙旧址）。其中以金陵官绅昭忠祠等级最高、规模最大、所祭人物最多。

令人奇怪的是，该祠所祭的人物不仅有江宁布政使司在咸丰战事中死亡的重要人物，还祭祀全国20多个省在此次战事中死亡的重要人物。

总祠，在武庙大门内的第一座中大殿（今议政堂），主祭“咸丰三年二月江宁初陷守城殉难之员”，包括两江总督陆建瀛、江宁将军祥厚等1031人。东侧一殿，即大门内的东庑殿祭“咸丰三年至十年城外大营伤亡人员”，包括钦差大臣、湖北提督向荣，钦差大臣、江宁将军和春，江南提督张国梁、甘肃凉州镇总兵马龙、署江宁将军苏布通阿、直隶通永镇总兵虎坤元等789人。西侧一殿，即大门内西庑殿祭“江宁七属绅士及外郡绅士殉江宁者”368人。东侧二殿，在武庙大殿东侧祭“金陵将领出援各路死于宁国、浙江者”155人。西侧二殿，在武庙大殿西侧祭“镇江、扬州死事之员”35人。金陵昭忠祠共祭2378人，皆设立牌位。昭忠祠落成典礼时，两江总督、江宁将军、江宁布政使及府州县等大批清廷官员到场致祭，以后则定期有官员祭祀。

辛亥革命后，革命军将“昭忠祠”内牌位尽除，但殿宇保存完好。1930年，国民政府要在此处建考试院，就把昭忠祠及武庙西侧的千仓师范、千仓山馆及由观音庙会形成的“大市场”一并征用。这样就把昭忠祠、武庙与考试院连成片。从此形成一处东到珍珠河边，西达鸡鸣山下，庭院深深，清静雅致的庞大建筑群。昭忠祠总祠建筑仍保存完好，现为南京市政协的议政场所——议政堂。

昭忠祠（黄正平摄于2021年）

姚锡舟承建中山陵

巍峨壮观的中山陵，以其朴实、典雅的设计风格，体现了中华民族的精神与陵墓主人的气概。其气势之雄伟，建造之精良，素为中外人士盛赞。陵墓建在海拔 158 米的山坡上。融中西建筑风格于一体，在我国近代建筑史上写下光辉的一页。

由于工程浩繁，费资额巨，工程分三期进行。第一期主体工程，包括陵墓、祭堂等，由全国著名包工、上海姚新记营造厂以造价规元银 443000 两承包。吕彦直为陵墓建筑师（吕逝世后由李锦沛继任），刘梦锡任监工。自 1926 年 1 月 15 日开始炸山填土，3 月 12 日孙中山逝世一周年举行奠基典礼，正式动工兴建。

留下买路钱

由于在荒无人烟的山坡上建陵，施工条件极差，当时中山路尚未兴建，中山门外杂草丛生，仅有一条南京通往汤山的崎岖、坎坷的土路，运输十分困难。姚锡舟带领二三十人，白天勘察运输路线，晚上栖身于紫霞洞西边一个大庙内，披荆斩棘十余日，才将孝陵卫西边的一条小路填平加宽，途中有几个大水塘，只得用木枋搭成浮桥。由姚新记自备的四部卡车将材料、工具运达山下，再由工人扛上山去，而大石料及柱基则需在山坡上铺上铁轨，然后用绞关拽上山去。不但运输途中占用道路、农田遭到了当地土豪劣绅的敲诈勒索，而且海关、铁路也纷纷伸手要钱。石料来自苏州、青岛、香港和意大利，而意大利的 850 吨大理石要经香港用海轮转运到上海，再由上海用火车转运南京。海关要征收关税，京（宁）沪铁路局提出大宗货物只能运到下关火车站，不办联运，趁机勒索。后经疏通关系，以“借”银 5 万两为条件，方准联运至宁省铁路（即市内小火车）督署车站（在今长江路东段）。而宁省铁路局又以“铁路枕木腐朽不能承受如此重量”为由，要姚新记投资银3万两作修路费，不然拒绝运输。姚锡舟不得不忍痛捐款。因当时南京尚为军阀孙传芳盘踞，交通经常中断，运送材料的车辆常被散兵游勇劫走，有时押运人员亦被拉夫。工地上“一夜数惊，员工衣物被洗劫一空，工人逃散”，“因汇兑不通，派人从上海携款赴京开支工薪伙食，不意在下关火车站遭到抢劫”，经费、物资损失巨大，虽无一日停工，但进度却十分缓慢。至1927年春，姚新记营造厂除设在上海江西路62号的总事务所外，又在南京都督府黄家塘21号开设南京事务所。总理葬事筹备委员会除原有的张人杰（静江）、汪兆铭（精卫）、林子超（森）、于右任、戴传贤、杨庶堪、邵力子、宋子文、孔祥熙、叶楚伧、林业明、陈去病（1926年3月辞职，由陈果夫代理）12位委员外，又加推蒋中正（介石）、伍朝枢、邓泽如、古应芬、吴铁城、陈群、杨铨为委员，聘夏光宇为主任干事，并将办事处由上海迁来南京浮桥2号办公。姚新记遂报请免除海关关税，并请求在运输材料的火车上加盖“南京孙中山先生陵工材料”字样的篷布，由国民政府命令各铁路局及时办理，至此情况才有所好转。

工程在宁，取决于沪

陵墓工程开工前必须根据蓝图做成总体模型，送至上海仁记路25号（后迁至四川路29号）彦记建筑事务所经吕彦直亲自审阅。据当年参与制作模型的沈全英老人回忆，陵墓模型巨大，底盘约有60平方米，拆散后整整装了一节火车，运到上海再行拼装。陵墓用料十分考究，“凡水泥均须选用上等马牌及泰山牌水泥；祭堂内墙须用灰色意大利大理石护壁；祭堂及墓室铺地，均需上选白色意大利石并具有灰色斑纹者……”钢筋混凝土中之竹节钢拉力试验及沙、石、混凝土强度的检验均须由南洋大学校长凌鸿勋和中国工程学会会长徐佩璜等专家在场主持并参照美国材料试验公会的标准进行检验。单青砖就选样几次都未通过，后决定在紫霞湖边设四座砖窑自行烧制。这些在姚新记营造厂给总理葬事委员会的函中道出了苦衷：“工程在宁，取决于沪，而吕建筑师……事事均须亲自审阅或进行试验、比较，常反复数次才能决定，不免疲于奔命。”

而有些事还要报告陵墓工程主持人、总理葬事委员会委员林森批准，所以姚锡舟常常乘夜车由沪至宁清晨谒见林森，与林共进早餐时在餐桌上敲定。

施工艰难备至

不仅施工中要将重约3000吨的材料、工具运送上山，而山上无水。据当年参加建陵的老石工耿泰春回忆，仅每天挑水上山的工人约有200人，每人挑一副火油箱到山下紫霞湖边担水。1927年下半年，又决定第二期工程上马。吕彦直亦觉远离工地不便，遂从上海来到南京，住宿在山上亲自督工。第二期工程（石阶、祭堂前拥壁、石坡及栏杆等）以造价规元银268084两由上海新金记（康号）营造厂承包，于11月24日开工。两期工程同时进行，施工进度加快。1928年8月8日国民党二届五中全会做出决定，翌年1月1日为孙中山先生举行葬礼。9月27日国民党第170次中常会又将奉安大典改为3月12日孙中山逝世四周年时举行，要求陵墓工程务必在11月12日前全部完成。同时，总理葬事筹备委员会作出决定，为吕彦直建筑师及姚新记营造厂厂主姚锡舟立《陵墓建筑记》石碑。于是自8月11日起日夜施工，林森坐镇四方城内亲自指挥，孙科、夏光宇等亦常来工地视察。至1929年2月国民党第196次中央常委会又决

中山陵旧影（摄于民国年间）

定改期在6月1日举行奉安大典。至三四月间两期工程全部告竣。而吕彦直建筑师忽于此时身患绝症，不久溘然长逝。

奉安大典后，6月30日葬事筹备委员会撤销，未尽事宜由总理陵园管理委员会继续办理。第三期工程（左右大围墙、碑亭、陵门、牌楼、卫士室、休息室等）由上海陶馥记营造厂以造价规元银419706两承建，8月底开工，历时1年又10月告竣。全部陵墓工程费为银圆2213405.96元，历时5年半。

姚锡舟其人

姚锡舟是马路小工出身的土建筑师，于1875年出生在上海南姚一个贫苦农民家庭，幼年无力求学，到上海英租界为外国人拾网球谋生，虽然不识多字，却说得一口流利的英语。后当马路小工、小包工，由于他聪明勤奋，又得到上海著名营造包工杨斯盛指教，营造技术日渐提高。1900年，他独自创办一所小营造厂。1905年，他奋然投标建造上海电话大厦，开创我国营造业建造钢筋水泥建筑的先声，巍峨大厦如期落成，姚新记营造厂崭露头角。1906年上海英租界工部局重建外白渡桥，外国营造商打下木桩，拦起铁壳，浇好钢骨水泥桥墩后，竟无法拔出木桩，施工不能继续进行，洋商束手无策，不得不由工部局出面登报向华商招标。上海各大营造商纷纷去工地察看，莫不望洋兴叹。当时年仅31岁的姚锡舟也挤在人群中，他望着黄浦江潮涨潮落的情景，若有所悟，毅然投标。他只派几个人租几只空木船，在枯潮时将木船牢牢捆在桩头上，随着江潮上涨，利用浮力原理，巧妙地拔出几十根木桩。此举轰动了整个上海滩，为我国的建筑业扬眉吐气，外国营造商亦刮目相看，姚锡舟从此声名大振。此后他还承建了上海的中央造币厂、中孚银行大厦、大中华纱厂、法国总会、南京的南洋劝业会展馆、和记洋行大厦以及粤汉铁路全线建筑工程，中山陵是姚氏承包的最后一个工程。他一生兴办实业，除在南京创办了中国水泥厂外，还与聂云台等办大通纱厂，与范旭东等合办永新麻织厂。姚锡舟于1944年8月逝世，终年70岁。

（刘　凡）

蒋介石汤山温泉别墅

早就耳闻蒋介石在汤山有温泉别墅，为探其真容，1985年秋冬，时在《南京史志》编辑部工作的笔者与庄、刘、隋君一行四人驱车前往距城28公里的汤山镇汤泉路3号。

眼前是一座围墙，两扇大铁门将小院与外界完全隔绝。听到敲门声，院内传出几声犬吠。一位老者闻声拉开半扇大门。等我们说明来意，他回复说，早已不向外开放，如果要看，需要与部队联系。原来，自“文革”时期至此时，温泉别墅由附近部队疗养院代为看管。我们随即去疗养院，部队管理部门热情接待了我们，并派一位干事陪同参观。进入院内，里面住着一对老夫妇在看守，显得异常空寂冷落。据老者说，从1959年以来，已20多年几乎无人来此，你们是“文革”后第一批来访的。

温泉别墅是一座两层小楼，随着老人的指点，从地面一层的会客室、休息室、棋室，到地下层的蒋宋夫妇浴池、侍卫官浴池及随员浴池，我们一一观看。眼前的景象令人难以想象出当年的“真容”：墙壁、地面斑驳碎裂，水管浴池锈迹斑斑，原为并列的“鸳鸯池”，早已改为一大池，拧启水龙头，滴水不下。休息室内的橙黄色布绒沙发不仅褪色，且用手只轻轻一按，面布已朽，弹簧吱吱作响，已不堪承荷。我们一位同仁想打开窗户透一下空气，岂料轻轻拉一下棕色窗帘，帘布随之耷拉下来。昔日的森严华丽已经逝去，如今只剩下一座徒有四壁的空壳破败老屋。透过陈设仿佛一个时代已经远去，给人恍若隔世之感。我们拍了一组照片（部分刊登在《南京史志》1986年第一期上），谢过老人和部队接待同志，在部队用餐之后即打道回程。

旋查书刊资料，有说该屋是江宁名人陶保晋所建，故称陶庐；也有的说是国民党元老张静江送给蒋介石、宋美龄夫妇的“结婚礼物”。两说孰是孰非？

据馆藏档案证明第二种说法与实情不合。张静江公馆并未做过蒋介石温泉别墅。民国三十五年（1946年）2月间的多份往来文件中，内有南京市工务局《勘修汤山主席官邸工程》的函件，函件中说："查本局修理汤山主席临时官邸（即张静江先生公馆）工程，业将次第完成。所有内部电灯急需派工接火，相应函达，希即查照办理。"还有陆军总司令部给当时南京市政府公函说："本月三日同视察之汤山张静江先生公馆，希于日内派员收拾布置，以备委座临时休息之用。"函件标题及文内括号注释，皆说明张静江公馆是"主席官邸"，陶氏温泉别墅并非"主席官邸"。

而蒋介石温泉别墅前身确系陶庐。有关陶庐的历史，民国初年陈诒绂《金陵园墅志》记载："陶庐在汤山，江宁陶锡三律师（保晋）别墅。筑室数椽，后有小池温泉出焉。花木极盛。"那么陶庐又怎么成了蒋介石的别墅呢？据卢海鸣、杨新华主编《南京民国建筑》及原档案资料记载，陶庐又名"陶园"，为陶保晋的私人房产。陶保晋，又名锡三、席三，南京江宁人。清末任江苏咨议局议员、江苏省政法学校校长。辛亥革命后，陶当选为省众议院议员。民国定都南京后，他退出政界，从事慈善事业。汪伪时期，任汪伪"立法委员"。抗战胜利后，以汉奸罪"被收监"。

陶庐始建于1920年，至抗战前陶庐专对富有者开放沐浴，澡资每次五六角至一元不等。八年日伪统治时期，历遭兵劫，屋内"了无所存"。1946年，陶庐作为逆产被国民政府没收。蒋介石见此墅虽破损不堪，但独门独院，环境清幽，心有所仪，可他又不便明说，就面谕"从速修理藉作公教人员休憩之所"。言外之意谁也能听得明白。

1946年4月至1947年3月，成立以张溥生为主任的"汤山风景区建设筹备处"，秉承蒋介石旨意，计划用2000万元进行整修。5月，蒋介石还两次亲自听取维修汇报并提出具体修缮要求。可蒋介石又答应将此处临时用作"陆军大学将官训练班班址"，于是引起了一场惊动许多单位、长达18个月的争夺使用权的风波。当时的市政府责令张溥生加紧修理，而张溥生感到非常难办，他在报告中呈述由于"陆军大学一部分人员侵入该屋，并将应用桌椅床铺大批用具卸堆屋内，不听劝阻"，致使工程无法展开。南京市市长马超俊发电报到江西牯岭，请示"委员长"如何处置。可是"委员长"来个推托，于是手下人借辞"未核"不做正面答复。反又来电，说可找"苏浙皖区敌伪产业处理局"处

由陶庐改建的蒋介石温泉别墅（摄于2007年）

理。该局驻京办事处遂奉命将陶庐作“敌产接收”（因内幕太多曲折，本文难以尽述）。修好后，即为蒋介石、宋美龄的专用温泉别墅。

新中国成立后，此处为江苏省省级机关管理处管理。在节假日期间，有老同志前去沐浴休憩。此后，因形势变化，又因该庐习称蒋介石汤山温泉别墅，故少有人问津。“文革”后期，由附近部队代管。

1986年7月，该屋移交给南京市机关事务管理局管理。起初只是看管，维持现状。1991年开始维修，对外部主体保持原貌，内部做彻底大修，更新管道线路，铺设板壁瓷砖，添置与之协调的各项设备、陈设，新建附属用房，并将院落扩大，重砌围墙，改建大门，成立专门管理机构妥善管理。1993年秋，管理局接待处徐处长电话告知笔者，修缮工程已快告竣，有机会可去看一看。在欣喜之余，笔者特地放大一张蒋介石、宋美龄夫妇彩色结婚照送给温泉别墅。1994年6月，徐处长陪同笔者专程前往。进入小院，面貌焕然一新，给人以小院春回之感。

汤山温泉古已扬名，南朝时即有人慕名前来沐浴洗疾。明清日盛。清代江宁知县、著名文人袁枚来此，即赋《浴汤山五绝句寄香亭兼谢荷塘明府》诗，其一云：“为寻圣水濯尘缨，爱忍春寒远出城。刚是杏花村落好，牧童相约过清明。”其二云：“方池有水是谁烧？暖气腾腾类涌潮。五日熏蒸三日浴，鬓霜一点不曾消。”民国时期，附近陆续修建了几座浴池，有供大众浴的、富商大贾用的、政府官员专用的。新中国成立后，大众浴池修了几十座，供人民群众沐浴和疗养健体之用。

历时 80 余年，曾经的蒋介石汤山温泉别墅，今已得到妥善保护，并适度对外开放，供人们参观沐浴，领略其怡情雅趣。

地名典故

桃叶桃根桃叶渡

在古城东南秦淮河与青溪合流处有一座古渡口，叫桃叶渡。东晋时，大书法家王献之在此迎送爱妾桃叶而得名。《图经》云：“桃叶者，王献之爱妾名也。其妹曰桃根。”东晋时，秦淮河远比现在宽很多，而且水流湍急，名叫桃叶的女子经常往来渡水，王献之担心其安全，就亲自到渡口迎送，并作《桃叶歌》：“缘以笃爱，所以歌之。”初见《古今乐录》为三首，《隋书·五行志》仅录第三首，而《玉台》录后二首。今三首歌词皆录存于下：

桃叶映红花，无风自婀娜。春花映何限？感郎独采我。
桃叶复桃叶，桃树连桃根。相连两乐事，独使我殷勤。
桃叶复桃叶，渡江不用楫。但度无所苦，我自迎接汝。

日复一日，年复一年，人们为其夫妻恩爱的真情所打动，桃叶渡的故事广为流传。千余年来，文人名士来此观瞻，见到长流不断的秦淮河水和两岸风中摇曳的杨柳，就自然地联想到当年王献之与桃叶在此渡水的情景，于是留下许

桃叶渡秦淮河的船娘（摄于清末）

古桃叶渡今貌（范必胜摄于 2012 年）

多美好的诗篇。宋人杨备（字修之）作《桃叶渡》诗云：“桃叶桃根柳岸头，献之才调颇风流。相看不语横波急，艇子翻成送莫愁。”桃叶渡在宋代最为著名，其原因是宋代的几位大词人皆游此并作词咏颂而引起世人的广泛关注。其中就有辛弃疾、吴文英，还有姜夔、黄孝迈等词人。辛弃疾在词中咏桃叶渡，被沈谦极其推崇；而吴文英“烟波桃叶”被近人俞平伯视为“错杂用典”的范例。可谓“当时此地话离愁，古渡人人说不休”。清朝还有一位画家画了桃叶、桃根姐妹俩的画像《桃叶桃根》，“当时欢向掌中销，桃叶桃根双姐妹”（李商隐诗），给人们留下了美好的形象。

清雍正初年，撰写《儒林外史》的吴敬梓，从全椒迁居桃叶渡旁秦淮水亭，交朋结友，著书作诗，畅游金陵山水，观文德桥半月，传为佳话。

桃叶渡分别为明代十八景、清代四十八景之一。明人有诗曰：“旧京风物在，良夜泛舟时。古渡无桃叶，新歌有竹枝。灯红帘尽卷，露白月偏迟。一叶秦淮水，苍茫动旅思。”

20 世纪 90 年代，于渡口遗址修建了一座小公园，塑起了“古桃叶渡”牌坊，嵌有一联：“楫摇秦代水；枝带晋时风。”联语取自明代金陵女诗人纪映淮的诗意：“清溪有桃叶，流水载佳人。名以王郎久，花犹古渡新。楫摇秦代月，枝带晋时春。莫谓共凭揽，因之可结邻。”园内有一方形古色凉亭，塑一王羲之教儿时王献之的雕像。园内植桃栽柳，春色满园，颇有雅趣。其园一侧又复建了《儒林外史》作者吴敬梓的秦淮水亭及吴氏塑像，可谓珠联璧合。

金陵胜迹凤凰台

“凤凰台上凤凰游，凤去台空江自流。”大诗人李白的这首名诗使凤凰台名声大振，流传千古。凤凰台位于南京城西南隅花露岗，岗西有凤游寺和来凤街。古时这一带名胜景点甚多，山势高亢，江水环流，亭台宛立，绿荫婆娑，是游人竞相踏足赏景的极佳之处。

古凤凰台

花露岗古称花盝岗。南朝《宋书·祥瑞志》记载：“元嘉十四年（437 年），大鸟集秣陵永昌里，改曰凤凰里。”元《至正金陵新志》说：“凤凰里，宋元嘉十四年，大鸟二集秣陵民王觊园中李树上，大如孔雀，头小足高，毛羽鲜明，文彩五色，声音谐从，众鸟如山鸡者随之行。”就是说这一年有两只状如孔雀的大鸟降落永昌里，于是引来众多鸟随行，形成“百鸟朝凤”之势。人们称此鸟为“凤凰”。凤凰降此，视为祥瑞之兆。时任扬州刺史的彭城王义康闻知此事，改二鸟所集之地为凤凰里。随之又在岗西南边建楼筑台来纪念此事，该台被命名为凤凰台。李白于天宝六年（747 年）游历金陵时曾登临此台，近看西边江中洲渚白鹭洲（遗址在今江东门一带），向南远眺板桥附近的三山矶，触景生情，感时伤事，写下《登金陵凤凰台》：“凤凰台上凤凰游，凤去台空江自流……三山半落青天外，二水中分白鹭洲”的著名诗章。李白还在另一首《金陵凤凰台置酒》诗中写道：“置酒延落景，金陵凤凰台。长波写万古，心与云俱开。”诗人在夕阳西下的时光，一边在台上饮酒，一边欣赏江天一色，白帆点点的大自然的美丽风光，抒怀心意。后游人登临赏景者络绎不绝。

杨吴天祐六年（909年），徐知诰，就是后来的南唐先主李昇首筑金陵城。城高二丈五尺，上阔二丈五尺。下阔三丈五尺。城据石头岗阜之脊，其接长干之势，又有伏龟楼在其上。该城把花盝岗隔断，将秦淮河的干流移出城外，由此形成了外秦淮与内秦淮的河流走势，但凤凰台仍圈在城内。立于岗顶环顾四周，远眺牛首山岚，近看白鹭翻飞，众多景点，星罗棋布，山光水色，云烟袅袅。其山后为骁骑仓，仓下有地数亩，可以屯营，为骁骑卫教场。场内有一大井，名“仓顶大井”。该井上狭下广，井周壁如城墙，内可容纳数十人，下有四尊铁铸金刚，手皆作擎柱姿势，威武雄壮，堪称奇观。

北宋末年，战乱频起，人们无心游台。南宋初始，金人张太师于建炎年间，曾登临此台，见百尺楼台荒凉冷落，随赋诗感曰：“六代兴亡地，千年一瞬间。无情是江水，终日对钟山。烽火连吴越，旌旗耀海蛮。凤兮今不至，百尺古台闲。”此后，淳熙中，留守范成大，开庆元年总领倪垕分别两次进行重建，凤凰台呈现新貌，人们又兴起游台的热情。台下直北为杏花村。宋《景定建康志》首录杏花村驻扎兵营之事。元末，朱元璋与元朝平章阿鲁灰在杏花村一战，阿鲁灰战死，杏花村也遭损坏。明初，复植杏花，花时灿然，烂若锦绣。其时，又于凤凰台之西建一寺庙，状元焦竑因此庙临近凤凰台遂取名凤游寺。人们寻胜探幽，纷至沓来，更有名家富贾在凤台左右至杏花村“筑园建墅，堂宇钜离，携眷闲居，宾朋咸集，风流跌宕，为城中之胜景”。诚如清末著名文史学家陈作霖所言：“金陵为山水之窟，其西南隅尤佳。”女诗人郝嫣然慕名游凤凰台、杏花村亦赋诗赞曰：“雨过荒台春草长，浮云暗处是斜阳。杏花零落知多少，黄蝶翻飞野菜香。”一幅天然美丽图画。表明至清代晚期凤凰台虽“荒”但尚存，台后毁于何时未见记载。近年据有关部门规划，打算重建凤凰台，果能如此倒是一件盛事。

陈后主遗恨胭脂井

南京历史上有井上万口，名井也有十多口，但还没有哪口井像胭脂井这样，千百年来令人萦怀难释。问题是鸡鸣寺前的这口井到底是不是胭脂井？

翻阅黄裳先生的《金陵五记》中写于1946年的《旅京随笔·鸡鸣寺》：“到了鸡鸣寺，看了‘胭脂井’。”黄先生也是把这口井当成“胭脂井”了。该文末还有一首诗：“古井空遗六代祠，美人风雨泣燕支……旧情更向何人说，惆怅城头落照时。”古往今来，有数不清的文人墨客为胭脂井题诗赋词以抒情怀。

马超俊以讹传讹

那么鸡鸣寺那口井为何被说成“胭脂井”呢？实在是误解了。唐、宋、元、明诸朝众多史籍都记述在台城内。只是到了清嘉庆年间，江宁知府吕燕昭主修、四品顶戴刑部侍郎姚鼐总修的《嘉庆江宁府志》（简称《吕志》）把鸡鸣寺后的一段城墙误作“台城”，于是“胭脂井”也就随“台城”到了鸡鸣寺。清同治年间，莫祥芝、甘绍盘主修的《同治上江两县志》即指出：“谓鸡笼山为台城故址，引鸡鸣寺后古城为证……可知鸡鸣寺后之城乃是明代扩都城时所遗，俗呼曰‘台城’。吕氏遽此以为确据，误矣。”史家虽做了纠正，

鸡鸣寺“胭脂井”（摄于民国年间）

但并未引起人们的注意。民国二十四年（1935 年），时任南京市市长马超俊又在鸡鸣寺古井旁树立一块大石碑并题字“古胭脂井”，更造成以讹传讹，以至黄先生 1946 年旅京游览也被马氏蒙了一回。

陈后主避难胭脂井

多少年来，人们对胭脂井有一种丝丝难解的情结。个中缘由是陈后主与张丽华的情感故事，而这种情感又与家国兴亡紧密相牵，更多的可能是出于对张丽华悲惨结局的同情。南朝陈最后一个在位皇帝陈叔宝，史称陈后主，于陈太建十四年（582 年）一月即皇帝位。次年改年号为至德元年，在位八年。《陈书》记述：“后主意愈骄，不虞外难，荒于酒色，不幸政事。”在位期间大兴土木，兴建豪华宫殿，耗尽国库银两；成天在后宫与宠妃和文臣学士游宴，“君臣酣饮，从夕达旦”，荒政误国。到祯明三年（589 年）一月，隋军兵临建康（今南京）城下，陈后主无力抵抗，隋军入宫时，他被逼走投无路，带着两个宠妃躲进景阳楼下枯井中，最后被隋大将韩擒虎活捉。因此，此井又称“辱井”。“泪痕滴透绿苔香，回首宫中已夕阳。万里河山天不管，只留一井属君王。”元朝人陈孚《胭脂井》诗哀婉之意溢于言表。

张丽华因貌美丢了性命

这年三月，后主、太子、诸弟王及文武大臣一起将被押往长安。可倒霉的事却落到张丽华的头上。韩擒虎见贵妃张丽华发黑如漆，神采端丽，光彩溢目，聪慧机敏，便想将她献给隋文帝杨坚。可是晋王杨广（即后来的隋炀帝）见后，担心“美色误国”，便将其押到青溪中桥（今四象桥）斩首。一个妃子不但丢了脑袋，还留下千古骂名。“可怜此井亦何辜，一辱至今不能洗”（清代周宝偀诗）。

胭脂井在今天的珠江路附近

“华林秋老草莽莽，谁指遗宫认景阳？当日君王纵消渴，井中何处泛鸳鸯。”清初著名诗人袁枚的诗句说胭脂井本名景阳井，地点在华林园附近。唐代诗人李白《金陵歌》亦曰：“天子龙沉景阳井，谁歌玉树后庭花？”诗歌“玉树后庭花”是陈后主与张丽华及大臣所为也。宋张敦颐在《六朝事迹编类》说得更为确切：“景阳井，一名胭脂井。台城中景阳宫井也……其井有石栏，上多题字。旧传云：栏有石脉，以帛拭之作胭脂痕。”

诗歌与史籍都说明，胭脂井在台城内。而台城并不在此。清嘉庆年间著名文人周宝偀曾指出：“今鸡鸣寺侧为台城语，多不合。”台城的位置据文献记载及近年考古发现，台城南界在大行宫北口一线，台城周长八里，每边以二里计（当时的里比今之里要小，约合 440 米），向北二里（900 米），北界在花红园逶西一线。而胭脂井在台城中部偏东，其位置约在珠江路东段今玄武区政府机关附近，与鸡鸣寺相距二里许。

话得说回来，现在鸡鸣寺前的那口古井，虽不是真正的胭脂井，但也有几百年历史，如能在井旁刻石一方说明由来，还是颇有意思的。

乾隆帝三问扫叶楼

南京城西有座清凉山，古称石头山、石城山。六朝至隋唐时期，此山濒临长江，为江防之要塞，诗文中称之为西塞山，刘禹锡有《西塞山怀古》诗作。后长江西移此山成了城内之山。南唐时称清凉山，山有东西二阜，中为坡谷，林木扶疏，环境清幽，自从南唐被辟为皇家避暑胜地之后，名闻遐迩，一直为游览胜地。山上名景众多，其中扫叶楼尤为引人注目，慕名而来者终年不绝。

乾隆帝到清凉山

乾隆帝六下江南，有五次游历清凉山，而且对清凉山和扫叶楼的由来颇有追根溯源的兴趣，可谓地名史上的趣闻。

乾隆十六年（1751 年），乾隆帝第一次到江南，就来到清凉山。他一路看到山青水秀，竹木葱郁，心绪极佳，随即咏道：“宛转溪流仄径长，青云五里夹松篁。”当见到山南有古亭建筑扫叶楼时，随口问起名称的由来，却没有得到大臣们明确的回答。“征名无实兼名泯，参到清凉意亦忘”。乾隆二十二年，弘历再登清凉山，又问道“隔岫谁家扫叶楼？清凉占断石城秋”，还是没有得到解答。乾隆三十年，弘历又登扫叶楼，这次问的结果如何？他在诗文注中写道：“志书未载，问之地方官，亦称莫考。”他在《寄题扫叶楼再叠旧作韵》诗中慨叹道：“清凉寺里望书楼，拥帚遗书万古秋。不辨题名自谁氏，诗中郑陆忖从头。”看来乾隆帝三问清凉山及扫叶楼皆未得到确切的回答，是带着一丝遗憾离开南京的。

扫叶上人扫叶楼

龚贤画像（范忆供图）

扫叶楼主人是谁？近年来颇多书籍文章皆云为清初“金陵八大家”之首的龚贤。

最有代表性的是清末民初金陵人陈诒绂《石城山志》《金陵园墅志》皆说：“扫叶楼在清凉山善司庙后，即半亩园也，上元龚半千贤隐居处。半千尝绘一僧持帚作扫叶状，因以名楼。”今人侯鸣皋先生等（笔名“石三友”）撰写《金陵野史》，书内一文《扫叶楼居龚半千》说：“龚贤字半千，号‘半亩山人’。上元人，善书画，居明末清初山水画家‘金陵八家’之首。他关心国家大事，痛异族之侵凌，遂弃家隐居于此……自画一老人，持帚作扫叶状，悬于所住楼上，扫叶楼即由此得名。”两说由清初名人王士祯的诗作误导所致。王士祯，号阮亭、渔洋山人，明朝遗老，清康熙时又任高官，被奉为清初诗坛领袖，由于他在《咸阳集》中写道：“尝自写小照作扫叶僧状，因名所居为扫叶楼。”王在扬州时与龚有深交，于是对此说信以为真。此说之伪，刘宇甲《龚贤研究集》和王一羽的文章，皆有翔实考证。

查阅与龚贤同时代的名人周亮工、孔尚任、杜浚、方文等人的诗文即可知晓。龚贤与他们及寺僧颇友善，尤其与方文“过从甚欢”。方文在《嵞山续集》中有《寒食同宿扫公房》和《同龚半千访扫叶上人》二诗。从诗题到诗的内容“老僧莲乘者，白首栖禅关。厥徒字扫叶，诗律夙所娴”涉及四人，即莲乘、扫

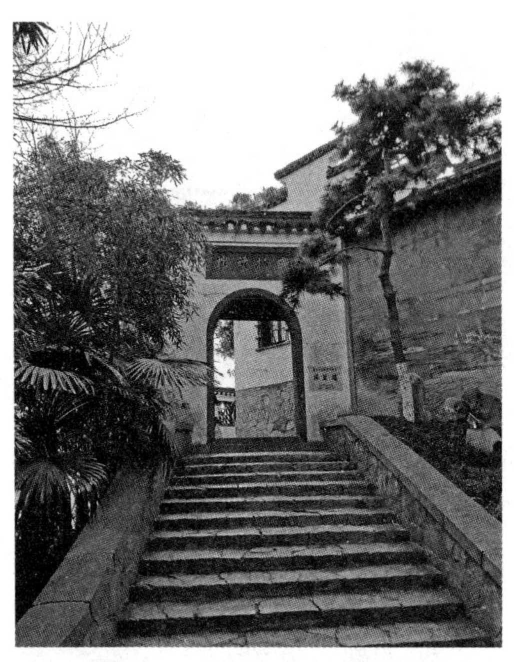
扫叶楼（茅鸿兵摄于 2021 年）

叶、龚贤及作者方文。因为作者是同龚半千一道访扫叶上人，故可知扫叶上人不是龚贤。若扫叶上人是龚贤，岂不是龚贤自己访问自己？那幅画像的题头字为“扫叶上人像”，亦证明这幅画不是龚贤“自画像”，而是画“厥徒扫叶”。

扫叶，法名宗元，扬州人。闽中魏宪在清凉山选编的《诗持二集》中就说：“释宗元，扫叶，维扬人。”人尊称其为扫叶上人、扫公，其楼称“扫公房”，俗称扫叶楼。

龚贤，又名岂贤，字半千，一字野遗，号半亩，昆山人。生于明万历四十七年（1619 年），卒于清康熙二十八年（1689 年）。他晚年在《赠王翚》诗中序云：“余家草堂之南，余地半亩，稍有花竹，因以名之，不足称园也。清凉山名，山上有台亦名清凉台……余家即在此台下。”也说明山上扫叶楼不是龚贤的住所，他的住所半亩园“在此台下”。周亮工在《龚贤小传》中写道：“半千早年厌白门杂沓，移家广陵。已复厌之，仍返而结庐于清凉山下，葺半亩园。”也说在“清凉山下”。那么在清凉山下何处呢？孔尚任在《虎踞关访龚野遗草堂》诗中，说半亩园在虎踞关。此处与清凉山相距不远，龚贤常与往来，与扫叶上人切磋诗画。龚贤去世后，孔尚任挥泪写下《哭龚半千》诗四首。由于龚一无所有，即由孔尚任解囊料理后事。

扫叶楼虽不是龚贤的住所，但龚贤常至此寺访友、品茶、赋诗，留下一代大师的活动踪迹。当我们今天走进古清凉寺公园的大门，举目凝视西侧山阜上的扫叶楼时，似乎还能想象到龚贤与扫叶上人在谈禅论道与人世沧桑的情景，“千古恩仇看短剑，一生勋业付霜舟。东南西北无安宅，谁道王孙不可留”。

乾隆与瞻园之名

位于今夫子庙西侧瞻园路之瞻园，是一座著名的江南园林。园内有副楹联寓意深邃，给人以无限遐想，也引得游人驻足吟哦：

大江东去，浪淘尽千古英雄；问楼外青山，山外白云，何处是唐宫汉寝？

小院春回，莺唤起一庭佳丽；看池边绿树，树边红雨，此间有舜日尧天。

对于这副楹联的作者是谁有多种说法。其中一说是魏国公徐达出的上联，一位书生对出下联。楹联专家沙元伟则认为从词意与气势来看，上联断不会出自徐达之手，下联也不是书生所为。而上联应为明太祖朱元璋所出，下联是徐达作答。对一副楹联的作者探讨与争鸣良久，可对于主题瞻园之名的来历，却没有引起人们的注意。如今众多书报皆说瞻园之名是由乾隆帝弘历“题额瞻园”而来的。其实此说大误。

此处明初称之为“大功坊”，是明太祖朱元璋赐给第一功臣徐达的花园，门前有两座大的纪功牌坊，故名。明初太祖有谕，官宦宅第不得花费造园。徐达更是谨慎，只稍做修葺作为府第，且将宅西空地用作织室及马厩。至明中叶禁令渐弛，徐达七世孙徐鹏举精心设计构筑，购四方奇石，挖水叠山，造景达十八处之多，形成一处真正的江南古典式园林，其时称“西圃”。

乾隆二十二年（1757 年）三月，乾隆皇帝第二次南巡时驾幸藩署，题“瞻园藩署斋名”。这藩署是何机构？清朝在此园置布政使司，简称藩司，其衙署简称藩署。有文说此时藩署为“江宁布政使司署”。此有误。这时江宁布政使司尚未设立，应为“安徽布政使司署”（该署于乾隆二十五年从南京大功坊迁

瞻园（陈遥摄于2007年）

徙安庆，江宁布政使司始设于此）。乾隆帝确在此署题写“瞻园”二字，此碑额至今尚存。但不能由此就推定瞻园之名是由乾隆帝题字而来的。因为在乾隆帝题字之前，早就有瞻园之名了。远的不说，就以编纂于康熙年间、成书于乾隆元年的《江南通志》中已见“瞻园”之名。该志“古迹篇”说：“瞻园，在江宁县大功坊，明魏国公徐达赐第内西偏，竹石卉木为金陵园亭之冠。”该志所记瞻园比乾隆帝题字要早二三十年，可知此说之确误。

那么此说是怎么来的呢？笔者查阅史籍，发现始作俑者是清黄建莞《瞻园记》。该记云：“瞻园为高宗纯皇帝南巡时，赐藩署以斋名也。”说是高宗即乾隆皇帝弘历赐瞻园名。后人未加考核引用此说而导致讹误。

瞻园历经咸丰战事而面目全非。如《瞻园赋》云：“淡水轻烟正好春，无端狼藉变香尘……红妆自古遭浩劫，银烛徒怜照病身。”清末及民国年间虽经几次大修，仍未复旧观。民国十年，何宾笙游此，见名园败落情景，遂赋诗曰：“六朝如梦鸟啼花，况复中山魏国家。今日瞻园吊遗迹，只余残石照堆斜。”

民国时期，这里是国民政府内政部和特务机构“中统局”。

南京解放后，中共南京市委书记彭冲到此视察，要求将瞻园妥善保护，加以修缮，供人民游览娱乐。在著名园林设计家刘敦桢教授主持下，南京工学院（今东南大学）建筑系制订方案，经过六年建设达如今规模。

南京在清代还有一座瞻园，即乾隆状元秦大士（号涧泉）之府第。秦大士及第前住今中华路西侧“秦状元里”。秦大士于乾隆三十三年回乡服父丧便辞官归隐，仍住中华路西侧老宅。数年后在武定桥东购得一大宅院，改建为府第，以欧阳修“瞻望玉堂，如在天上”之意取名瞻园。此园与“乾隆赐名”亦无关。后由其子扩建，人称“大夫第”，即今长乐路 57、59、61 号之院落。2007 年整修，左右南向两座紧邻大门，西边门额为“大夫第”，东边门额为“秦状元府”，对市民开放，供人观瞻。中华路西之秦状元里老宅，迁居后作为“秦氏家祠”，但秦状元里之名传称至今。

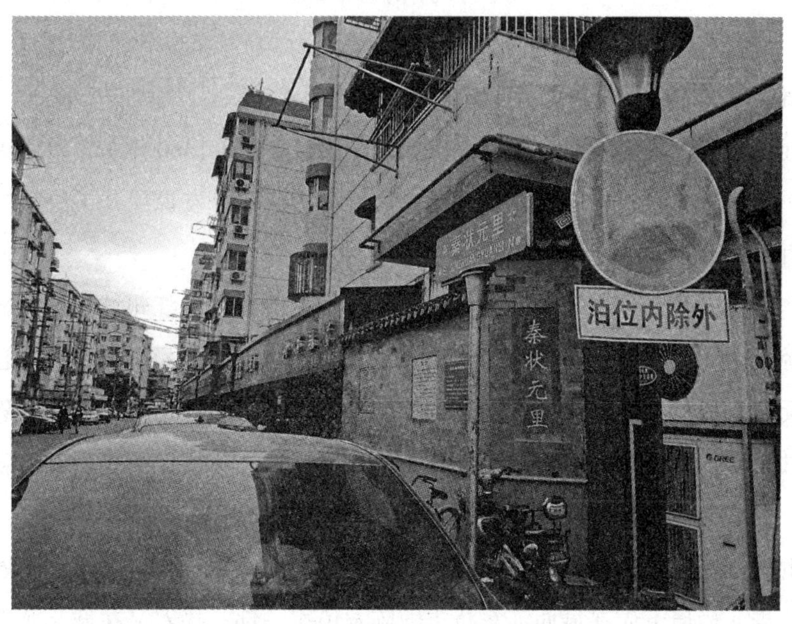

秦状元里（茅鸿兵摄于 2021 年）

汉王府与汉府街

今长江路 292 号为民国总统府旧址。此处早在 1500 多年前即为东吴、东晋、南朝宋、齐、梁、陈六个朝代的宫城（台城）所在。往北是宫苑地，往南是官署区。在长达数百年间，这里是庭院深深，殿阁巍峨，卤簿威仪，藏龙卧虎之地。到了明朝，又在此处兴建汉王府。由于历史变迁，旧迹难寻，加之史籍对于汉王府的记载或寥寥数语，或互有抵牾，云里雾里，令人莫辨。

元末明初四汉王

既然是汉王府，首先要搞清其时哪些人当过汉王。

元朝末年，风起云涌，群雄逐鹿。元至正二十年（1360 年），以应天（今南京）为治所的朱元璋和以江州（今九江）为治所的陈友谅展开了决定中国未来三百年命运的殊死决战。

当年夏五月，陈友谅迎其主、红巾军领袖徐寿辉进入江州城。徐入城后，陈友谅遂紧闭城门，出其不意地将徐寿辉身边部将悉数杀死。徐寿辉虽怒不可遏，无奈大势已去。陈友谅当即自称汉王。这是其时第一位汉王。随后陈友谅率军往采石，并在此派人击碎徐寿辉头颅致其死亡。陈友谅于采石五通庙即皇帝位，国号汉。陈友谅对应天虎视眈眈。

此时，在应天的朱元璋感到极大威胁，遂与部将紧急商讨对策，计划诱敌围歼。朱元璋属下先在城西江东桥击败陈友谅军一部；接着又在城北龙湾亲自率军大败陈友谅军。元至正二十一年八月初，陈友谅败退江州。朱元璋率军一路追击，于八月初六攻克江州。陈友谅遂奔武昌，并组织反攻。至正二十三年八月二十六日，朱元璋率徐达、俞通海与陈友谅的号称六十万大军决战鄱阳湖。在此次血战中，陈友谅被流箭“贯睛及颅”而死。其次子陈理逃往武昌，并在武昌自袭汉王。这是其时第二个汉王。

明朝建立后，又先后封过两位汉王。一位是朱元璋第十四子朱楧，于洪武二十一年（1388 年）被封为汉王。二十四年朱元璋传谕朱楧偕其弟卫、谷、庆、宁、岷五王练兵临清。二十五年改封肃王。二十六年命驻平凉。二十八年就藩封地甘州。至建文初，肃王奏请内迁，获准移驻兰州。

另一位是朱元璋孙子，即朱棣次子朱高煦，于洪武二十八年被封为高阳王。因在"靖难之役"中助其父屡立战功，并在危机时救其父一命。朱棣在夺取政权即帝位后于永乐二年（1404 年）封朱高煦为汉王，并将其家小由北京（永乐元年改北平为北京）迁来南京。

那么，南京明初所建汉王府是四位汉王中哪位的府邸呢？从上述行文可以看出，陈友谅是在江州称王，南京的汉王府与此汉王无关。而第三位汉王朱楧已早去西北封地，也未在南京建立王府，所以汉王府与此人亦无关。余下的只有陈理与朱高煦。在明朝史籍中未见有为陈理建汉王府的记载，只是到了 400 年后，清嘉庆年间由知府吕燕昭主修的《江宁府志》（习称《吕志》）记载曰："明洪武初，封陈友谅之子陈理为汉王，建府西华门外，后徙高丽。"此志一出，其后《同治上江两县志》《钟南淮北区域志》、民国《首都志》皆照录不疑，而流传至今。

笔者以为《吕志》所述有几点与史不合。一是陈理是在武昌自袭汉王封号，归降朱元璋后他的"汉王"封号随着该政权灭亡而自行消亡，朱元璋不可能再恢复其"汉王"封号，那是于法于理都不合的。《明史·陈友谅传》即记载："……太祖亲征武昌……理遂降……旋应天，授爵归德侯……洪武五年，理及归义侯明升并徙高丽。"可见，陈理归降后并未封"汉王"，是封归德侯。即使朱元璋为其建府，也只能称"归德侯府"，而不该称"汉王府"。

二是《吕志》说为其"建府西华门外"那更是臆测。汉王府的位置在皇城西门外，而在明朝洪武年间皇城西门称"西安门"（见《洪武京城图志》），并不叫"西华门"。只是在明朝永乐以后，皇城、宫城有所扩建整修，才出现皇城西门有"西华门"之称（《南畿志》《金陵古今图考》）。此后皇城西安门与宫城西华门屡有混淆，而陈理早在明洪武五年已被迁徙高丽济州岛。所以汉王府与陈理无涉。

朱高煦汉王府及其变迁

明成祖朱棣次子朱高煦因助其父夺取皇位，朱棣对该子赞赏有加，除进封汉王外并为其建造一座豪华的汉王府。该府址位于西安门外，南有通衢街市，北有城濠相拥，西有潺潺流水，东近青溪故道（青溪由竺桥经太平折向南），依依杨柳，环境佳绝。且周边有卫所驻军拱卫，府内一座座飞檐翘角的古建筑显得富丽堂皇，气势不凡。可惜好景未长，朱高煦恃功骄纵，被父王斥迁外地（《明史》）。当其兄太子朱高炽及其侄朱瞻基先后即帝位，他便伺机窃位直至公开谋反。后被押京“覆之铜缸焚死”（《明刑部尚书郑晓《今言》）。

其后南京汉王府闲置无人敢用，任其毁圮。汉王府遗存至明景泰三年（1452年），朝廷下令将此府整修，作为“督理江南织造”之所，为朝廷监制朝服所用的锦缎。瞿合节《贡舰》诗云：“朝廷亲遣属司空，织造东南掌岁贡。”至明崇祯二年（1629年），命“织造太监提督江南织造”进驻汉王府。邻近的街巷即称“汉府街”。

清初，明降清大臣洪承畴以“钦命招抚江南各省地方总署军务兼理粮饷内院大学士太子太保兵部尚书兼都察院右副都御史”的官衔进驻该织造之所，即原汉王府，成为治理江南数省的总督部院（习称督署）。而江宁织造也在此处。据《江南通志》载：“督理织造江宁，始于前明时用太监管理汉府事。”顺治二年（1645年）即留前明太监管理汉王府织造，顺治五年改由户部差官员管理。此时两个机构同处一院，既拥挤又不便管理，于是在原汉王府西南构建织造廨署及织造局（织锦作坊），织造署随之搬入新址（署、府同处），以上在《江南通志》中均有图标注。此时这里出现一大片古建筑群，成天车水马龙，威风八面。

随着时光的流逝和朝代的更替，以织造府改建的行宫已不复存在，仅留下一处“大行宫”的地名。而昔日明朝汉王府、清朝两江总督署的机构早已成为历史名词，但尚有多处建筑遗存，并在其旧址上续建了民国总统府。该府规模宏大，庭院深邃，景点迭布，胜于往昔，凝聚了久远的历史和丰厚的文化韵味。游人至此寻古探秘，追忆往事，感悟良多，流连忘返。

滨江怀古白鹭洲

“三山半落青天外，二水中分白鹭洲。”李白诗句中的白鹭洲，并非今日夫子庙附近的白鹭洲公园，而是当年南京城西长江中的一座小岛。东晋到南朝时期便有白鹭洲的记载，小岛四周洪涛翻卷，江流拍岸。随着长江水道西迁，明清时白鹭洲一带已是平畴绿野，屯军耕垦。1949 年以后这里则是南京重要的蔬菜生产基地，为市民提供大量的时鲜蔬菜。今日，这里是欣欣向荣的河西热土。千年的沧桑巨变，令人感慨。

当年李白在《登金陵凤凰台》中吟咏的白鹭洲已经消失在历史的长河中。明朝金陵八景之一“白鹭晴波”、明朝朱之蕃《金陵四十景图像诗咏》“白鹭春潮”和清初金陵四十八景之一“鹭洲二水”，都足以让人想见当年白鹭洲的美。

古白鹭洲在今河西。刘宋山谦之《丹阳记》记述：“洲在大江中，多聚白鹭，故名。”当时的长江并非今天的走向，而是经今水西门一带绕石头城而过。至唐朝中叶，水西门外仍江流拍岸，白浪滔天。至唐朝末期，江始西移，白鹭洲渐渐扩展，江流分汊，苇荻始生，上万只白鹭在江汊中起起落落，觅食筑巢，颇有野趣。

杨吴、南唐时，白鹭洲更为扩展。到宋朝，洲有不小规模。张敦颐在《六朝事迹编类》中引《图经》说，白鹭洲“在城西南八里，周回十五里，对江宁之新林浦”，四面环水。清朝高岑绘《金陵四十景图》中有“白鹭洲”一景，并说洲“在府治西南八里”，明清时的府衙在今中山南路南京一中所在地，这表明洲东缘距城里许，与宋《建康府图》比照，其范围约在今所街以北、南湖以南，毛公渡南河以西，江东河以东的地区。此时的白鹭洲，芳草萋萋，鹤鹭展翅，邻近又有白鹭亭、二水亭，别有一番景趣。南宋时诗人杨万里登凤凰台，见城外潮去潮回，遂咏诗道：“千年百尺凤凰台，送尽潮回凤不回。白鹭北头江草合，乌衣西面杏花开。”

元朝中期，白鹭洲东边已扩展到金陵城下的外秦淮河边（今集庆门外），西边至上新河，北边与诸多滩涂相连延伸至三汊河，南边与汝洲（今沙洲圩）相接，形成万顷绿洲。当时有西域和阿拉伯商人赶着骆驼、骡马来到集庆（今南京）做生意，驼马就是在白鹭洲喂料过冬。因白鹭洲由江沙堆积而成，土壤尤为肥沃，明初朝廷在此设典牧所，并置卫屯田。由于洲东、西二面临水，故而交通繁忙。据《洪武京城图志》记载，江东门附近为水陆码头，“多聚客商船只、米麦货场”，形成繁华街市。为接待四方宾客，朝廷在都城西门和南门内外建有“花月春风十六楼”。

因白鹭洲临江及秦淮河，常遭水患，明初洲上建有“水府祠”，以祈河神保佑。从明代中叶至清朝中叶三百年间，白鹭洲遭遇七次重大水患。明万历十四年（1586年），城外城内一片汪洋，“城中水高数尺，江东门至三山门行舟”。清道光二十九年（1849年），“大水平地，深丈余，民房仅露屋脊，城中街衢皆棹瓜皮小艇或乃聚处城（墙）上”，白鹭洲更是白浪汹涌。同治九年（1870年），知县莫祥芝禀请调拨官银、组织民工挑堤挖河；光绪四年（1878年），知县吴元汉又奏请调拨营兵大规模兴修水利，从此奠定了河西堤坝河渠格局，使得这里的绿野平畴间，河渠纵横，一度成为盛产花香藕、鸡头果、菱角、茨菰、芋头、茭白、水芹、荸荠合称“水八鲜”的鱼米之乡。菱舟摇荡，荷叶田田，白鹭在洲中河渠觅食，夜晚飞入城内西南万竹园树丛中憩息，咿呀鸣叫，“为一异景也”（《江宁府志》）。

新中国成立后，这里被辟为南京市蔬菜主产区。茶南、南圩盛产矮脚黄、大白菜、红白萝卜、水芹、茭白、鲜藕、雪里蕻等蔬菜，每天供应城区各菜场。每年冬天，这里的菜农早早就准备马粪（垫底为秧苗升温）、垒建温房，赶做营养钵。每逢伏缺，为缓解市民吃菜难题，这里的菜农都要赶种菜秧，每天凌晨3点起床摸黑到菜地拔剪菜秧，天刚亮就用板车拖进城赶早市。秋冬时节，这里的水芹大量上市，菜农们站在冰凉的水中捞洗水芹菜，再一把把扎好摞上板车，送进城里。

上世纪60年代初期，笔者被抽调到这里蹲点，春来秋往，朝去暮归，那些湖塘沟渠、田头菜畦里，菜农种菜采菰、捕鱼挖藕是我最常见的乡景。在这里

古白鹭洲遗迹白鹭村（摄于1965年）

我还发现了古白鹭洲留下的踪迹——当地人称“所街”之地名是由明代朝廷在这里设置的典牧所而来，唐代大诗人李白诗中咏诵的白鹭洲就在所街大队北部。从江东桥顺江东河堤向东南行走，约莫一里路有一村名白鹭村。

从小岛成为陆地，又从昔日的河漫滩以及连片菜地变为城区，岁月让古白鹭洲发生了天翻地覆的变化。古白鹭洲所在地今天已被纳入河西新城区，曾经白鹭齐飞的地方现在是成片的居民住宅，原先的菜地被一条条宽阔的马路、一幢幢拔地而起的高楼大厦取代，河西新城火热的建设场面成为这座城市新的景观。

千年的沧海桑田，让今天的人们无法再目睹白鹭洲当年的美景，如若当初在规划建设时，能保留部分沟渠芦荡，在城市的喧哗中存有一点天然野趣，那该多好啊！不过在原白鹭村附近兴建的楼盘名称“白鹭花园”“鹭鸣苑”倒给后人留下一线探古寻幽的历史脉络。

南京户部及户部街

今太平南路西侧有一条街，名户部街，有的书籍说“明南京户部衙门驻此”。令笔者甚为疑惑，户部应在皇城前，怎么可能在此呢？

明朝建立前，初设四部分掌钱谷、礼仪、刑名、营造之务。洪武元年（1368年），始置吏、户、礼、兵、刑、工六部。这六部除刑部衙署设在太平门外，其余五部皆在皇城南端，“承天门外御街东”。即在今御道街之东，从后标营起，经标营、蓝旗街，直至光华门内，由北而南衙署次第为宗人府、吏部、户部、礼部、兵部和工部。顾炎武《建康古今记》更明指，该六衙署皆坐街东而门朝西。户部衙门在“柳树湾笃字铺”，即在今蓝旗街至标营间。

明户部掌天下户籍、田土、税粮、漕运、盐政、钱钞等事务。职官设户部尚书，左、右侍郎各一人。下分五科：一、二、三、四科及总科（后改为四部，即总部、度支部、金部、仓部），每科设郎中一人，员外郎一人，主事四人。户部按地域另下设十三清吏司分掌各省部务。

明永乐十七年（1419年）秋，因明成祖朱棣常住北京皇宫不回南京，六部政“悉移而北”，加“行在”二字。十八年秋九月，“六部官属移之北，不称‘行在’；在南者加‘南京’”，“在南之官，加‘南京’字于职衔上”（《明史》《应天府志》）。从十九年起，在南之六部仍保留，只是职能大为缩小，职官人数也作削减，且在衙署及职官之前皆须加“南京”二字。此后，该户部即称“南京户部”。既然户部不在太平路，那此处“户部街”之名又缘何而来，又始于何时？

户部街之名始于清朝。清顺治二年（1645年），豫亲王多铎率领清兵占领南京，改明南直隶为江南省。历史惯例，改朝换代，前朝政权机构自然消亡，明南京六部当无例外。可世间并非没有例外之事。当年闰六月十三日，清大学士、兵部尚书洪承畴受命经略招抚江南各省。洪承畴深感其时军政任务之重，

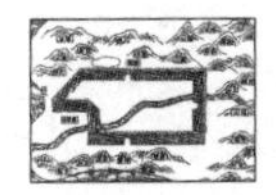

今日户部街（茅鸿兵摄于 2021 年）

即上奏朝廷南京各部院理应裁撤，“唯户、兵、工三部时军务众多，以兵马、钱粮、船只为重”，请留。清廷准奏，遂从北京三部中派遣满、汉侍郎各一人驻江宁（南京）分理部务。因而户、兵、工三部得以保留，只是名称略有改变。但户部原驻御街东，此时要在该处建驻防城（后亦称满城），进驻八旗军。于是户部迁到原宝源局西北部建衙署，称“南京户部都税司”，乾隆时又称“南京户部公馆”。往后此处逐渐形成街市，即称“户部街”。据 1982 年普查资料：户部街 52、54、56 号为“明户部衙门旧址”（应为清南京户部都税司旧址），有一组三路建筑，中路 54 号，面阔五间五进，东西 52、56 号二路为面阔四间四进。近年因城市建设，该组旧址建筑被拆，但户部街地名仍存。

成贤街与四牌楼

成贤街位于太平北路珍珠河西侧，南北走向，南连珠江路，北接北京东路。明初因国子监居此，入学可以成为贤者，故名。

这是一条跨越千年历史、光耀数个朝代的文苑之地，是南京通连古今的文脉。早在 1500 年前的南朝宋元嘉十五年（438 年），就先后建立玄学、史学、文学、儒学等四学馆，我国大学之有分科自此始。这四类专业大学，除儒学馆在钟山之麓外，其他三馆皆设在今成贤街北端的鸡笼山周围。

1902 年，我国最早的高等师范学堂三江师范学堂创办，1903 年迁至北极阁下成贤街西北侧（今东南大学四牌楼校区），为南京九所大学的前身。

明代南京的大学城

明太祖朱元璋在南京登皇帝位后，下令“建学校，延师儒，招生徒，讲道论德，以复先王之业”。遂于洪武十四年（1381 年）四月，钦定在鸡鸣山之阳建立国子监。国子监规模宏敞，最盛时号舍达 1089 间，生员达 9972 名，时为世界之最。

永乐初，明成祖朱棣又在北京设国子监。南京国子监简称“南监”，又称“南雍”，持续到明朝末年，历时达 270 年之久，培养了大量高级人才，编成我国古代规模最大的百科全书《永乐大典》。清军进入南京改应天府为江宁府。于顺治八年（1651 年）改南京国子监为江宁府学，直至清咸丰年间毁于战火。江宁府学在长达 200 年的时间里，为江南最大的官办府学（同治年间迁府学于朝天宫）。该校从国子监到江宁府学，历时近 500 年，在一地的建校历史之久，实为罕见。

国子监门前四牌楼

四牌楼因明朝国子监前有四座牌楼而得名。

如今，站在珠江路横跨壕沟的通贤桥上向北望去，遥想当年，国子监前四座牌楼屹立，古典式牌坊建筑金碧辉煌，监内房舍栉比，气势恢宏，为“天生灵秀，人文之奥区”。当年的国子监正门在今珠江路北、成贤街偏西约 300 米大纱帽巷与将军巷交会口附近。

国子监正门叫集贤门，正门前为街市（该街在今珠江路稍北，与珠江路平行），街南有前、后两座牌楼，左、右各有一座牌楼。门南第一座牌坊为“国子监”坊，坊向南为南成贤街牌坊，上也覆楼三间。再向南为通贤桥，横跨壕沟，向西达莲花桥，向东通珍珠桥。

咸丰兵起，此处牌楼殿宇尽毁，四座牌楼不复存在，但“四牌楼”地名却传承下来。

清末的成贤街没有什么建筑，人烟稀少，沿河东侧散布着坟冢，一到傍晚令人生畏。只是一天几趟小火车从河东驶过，隆隆的轰鸣声多少带来一些生机。

鲁迅任职教育部

辛亥革命后，临时政府成立，成贤街焕发出一片生机。先是在成贤街成立临时政府教育部，在成贤街北端改办东南大学，以后又在中段建立中央研究院筹备处，然后又在珍珠桥边创办《中央日报》，成为集教育、科研、文化于一处的文化街。又有谭延闿等名人兴建公馆别墅，开通了公交车线路，使冷清多年的成贤街逐渐热闹起来。

1912 年元旦，孙中山建立中华民国临时政府。临时政府教育部就设在成贤街 43 号。蔡元培任临时政府教育总长。鲁迅曾在临时政府教育部任职。当时鲁迅与许寿裳都是部员，除食宿免费外，每人每月 30 银圆“部员津贴”。他俩“白天则同桌办公，晚上则联床共话”。休息时，又一同去寻访清朝驻防旗兵的营地。这时教育部的主要工作是“管理教育、学艺及历象、礼教事务”。鲁

明国子监所在地成贤街（茅鸿兵摄于 2021 年）

迅在此期间，除研究和著述外，主要工作，一是对革命形势和政策进行宣传演讲；二是收购图书，准备建立中央图书馆；三是创办《文教》杂志。南北政权议和后，临时政府教育部解散。4 月下旬，鲁迅离开南京。

1927 年，国民政府定都南京，教育部办公地点仍设在成贤街原教育部办公处。南京沦陷后，这里成为汪伪政权的工商部。新中国成立后，这里先后为南京市级机关民政、交通、城建、文化、教育、卫生、妇联等单位的办公处。近年又有地名办及民主党派等部门入驻。

阅江楼与望江楼

坐落在城北狮子山上的阅江楼，自 2001 年建成以来，吸引了众多海外游客前来观赏。人们从山下建宁路上重建的静海寺、天妃宫一路游来，既重温了近代史上一段不同寻常的历史，又领略到山色江涛的壮美景观。

阅江楼历史之谜

登上 78 米高的狮子山，眼前一座 7 层 52 米高的巍峨建筑呈现在游人眼前，飞檐翘角，雕梁画栋，碧瓦朱楹，瑰丽恢宏，给人以古典大气之美。听讲解员介绍："阅江楼自 2001 年 9 月建成，结束了 600 年'有记无楼'的历史。"对"有记无楼"之说，南京师范大学地理系李教授在报纸上发表文章《阅江楼真的有记无楼吗》提出质疑。文章认为阅江楼"有记有楼"，"有记"是指朱元璋及宋濂皆写过《阅江楼记》；对于"有楼"，李教授列出五条证据。该文首先引述明代著名学者王守仁（王阳明）的《登阅江楼诗》："绝顶楼荒旧有名，高皇曾此驻龙旌。险存道德虚天堑，守在蛮夷岂石城。山色古今余王气，江流天地变秋声。登临授简谁能赋，今古新亭一沧情。"李教授认为诗题为"登"，有楼才能登，既然能登就必定有楼。李教授接着又列举了明王士性《留都述游》中"阅江楼临流以受江、汉朝宗，都人士之所毂而肩摩也"之句以证明。王守仁，是明弘治年间进士，正德至嘉靖年间任刑部、兵部主事等职，后为著名理学家。王士性是明代中叶的地理学家。两位学者所言凿凿，应是可信的。笔者不仅对李教授所列这两条论据持赞同意见，而且还可补充两条史料。明朝《南畿志》在"狮子山"条目下说："以山类卢龙因名，国朝改名狮子山，于都城之内，长江在其下，山巅建阅江楼。"该志书为明嘉靖年间，由闻人铨、陈沂所修，志中就记载"山巅建阅江楼"。闻人铨、陈沂与王守仁、王士性几乎是同时代人，不约而同地写有“建楼”“登楼”“阅江楼临（江）流”。明《万历上元县志》也记述：“（卢龙山）国朝以形似易名狮子山。山首突出城堞，于西岩建阅江楼。”以上足以说明狮子山上是“有楼”的。那么史书上又说“无楼”又怎么解释呢？笔者以为，朱元璋于洪武七年（1374年）二月动工兴建，后见天有异象，“惶惧乃罢其工”，是在建楼过程中见“天有异象”而罢止，造成建而未竣，按今天的话说是“烂尾楼”，也正如志书所载“建而未果”，所以才有王阳明登楼之事及有关志书有建楼记载。至于李教授其后所列三条“论据”说楼至清代中叶尚存，笔者不能认同。因为清代中叶有史料证明“阅江旧迹已成空”，到清晚期仅剩“有平砥，其故址也”（《同治上江两县志》）。这从清代南京著名文人周宝偀的诗作中可以得到印证。诗人所作组诗其中第一首云：“左有卢龙百丈峰，阅江旧迹已成空。凭栏纵目沧江阔，宛在琉璃世界中。”该组诗作于清嘉庆年间，说卢龙山（狮子山）上曾有阅江楼，如今已空无陈迹了。而李教授所举清《长江水运图》江边山上标“塔状建筑物”，即认为是“阅江楼”，笔者以为极有可能是把附近山上另一座楼当成了“阅江楼”。那附近山上的那座楼是什么楼呢？

望江楼指点迷津

城北狮子山（原名卢龙山）右边还有一座山叫幕府山，幕府山有五座山峰，最高的南峰叫北固峰，高205米，西峰186米，北峰高130米，皆高于狮子山。笔者曾于2006年“五一节”那天登狮子山阅江楼，俯瞰长江大桥及右手东南方的幕府山皆历历在目。说明当年周宝偀站在幕府山上左看卢龙山也是清晰可辨的，所写“阅江旧迹已成空”诗句是可信的。当年幕府山，峰下临江，江流湍急，常有帆船倾覆，溺死者无数，于是在幕府山上建楼。该楼建于清嘉庆十年（1805年），由胡兰川太守（即江宁知府）发起，制军百菊溪（即两江总督百龄，号菊溪），前后两任抚军（即江苏巡抚）胡果泉、陈香谷力主其成，“筑楼大江，横列槛前，数十里了然在目，对列浦口诸峰最为雄壮”，白昼见楼，黑夜悬灯，导引往来船只，免覆于狂澜，人皆称为善举。该楼名为“望江楼”。这是周宝偀在《望江楼》六首七绝诗前的引言所述。周宝偀，字月溪，号二石

阅江楼

居士，江宁（今南京）人，生活在乾隆至道光年间，对南京名胜古迹颇多研究，善写竹石山水，工诗词，所著《金陵览古诗考》四本十卷，涉及南京众多名胜古迹，诗篇多作于乾隆后期至嘉庆年间，该诗集刻于道光元年。作者有感于筑望江楼的善举，遂作《望江楼》诗六首，其第一、第二首分别为："层楼高踞大江滨，四面窗开望眼新。黄鹤岳阳徒览胜，哪能人世指迷津。""一点灯悬百尺竿，常于黑夜照狂澜。客帆无恙中流渡，举目真同彼岸观。"既然狮子山上阅江楼早已成空，那《长江水运图》上标的"塔状建筑物"当是望江楼无疑。惜望江楼毁于清朝后期的战乱之中，也了无踪迹了。

钟鼓楼与大钟亭

关于钟鼓楼和大钟亭的历史变迁，见到由侯鸣皋先生等（署名“石三友”）编写的《金陵野史》，其中一文说，南京有“一钟一鼓”之说，鼓者，即鼓楼；钟者，大钟亭也。到了康熙年间，钟楼倒塌，鸣钟、立钟皆毁，卧钟半陷土中，俗称倒钟厂。其实大钟亭不是明代的钟楼，更不是倒钟厂。鼓楼、钟楼、倒钟厂、大钟亭，分别处在四个地方，四者各有各的历史，各有各的位置，是不能相混的。而大钟亭是在钟楼倒塌五百年之后才建的。

钟鼓楼，在明代是一处胜景。鼓楼岗本名黄泥岗，高耸于城中，在此建钟鼓楼，居高临下，晨钟暮鼓，钟声远播，昭示南京迎来新的一天。据洪武二十八年（1395 年）修撰的《洪武京城图志》记载：“鼓楼在今北城兵马司东南，俗名黄泥岗。钟楼在鼓楼西。”鼓楼康熙时损坏，随之修复，今尚存。钟楼在鼓楼西侧，即今江苏省消防总队所在地。倒钟厂应读铸钟厂，是浇铸铜钟

鼓楼旧影（范忆供图）

之处，其位置更在钟楼西。这在《同治上江两县志》“二县城内图第十三”上从东到西文字标注“鼓楼、钟楼、倒钟厂”即是佐证。至于建鼓楼的用处及钟有几口，也是众说纷纭。说“鼓楼古时是报时，迎妃接诏之处”。报时的作用可信，但“迎妃接诏”之说则难以置信。皇帝下诏书，一是大臣在奉天殿直接拜授，二是在府邸由宫中派臣送达，何苦要绕道到鼓楼去接诏呢。而明《万历上元县志》记为“接王选婚”，这倒符合实情。至于钟有几口，也说法不一，有文说两口，多数文说三口，实为四口，即洪武十五年钟楼悬鸣钟一口；洪武二十一年九月吉日铸钟一口；洪武二十四年四月二十日，铸立钟一口于楼前；洪武二十五年十二月十四日造卧钟一口。清康熙年间，钟楼、鼓楼先后坍塌，鼓楼后修葺；而钟楼只剩局部而未重修，但鸣钟、立钟并未“皆毁”。清代诗人周宝偀在文中记道：“前明有四钟：钟楼一、旁一，倒钟厂一，江口一，时有飞鸣食宿之目。”

大钟亭旧影（范忆供图）

咸丰年间毁钟三口，洪武二十一年铸的铜钟遗存。该钟高 3.56 米，重 23 吨，是国内著名的铜钟。清光绪十五年（1889 年）由江宁布政使许振祎在鼓楼东北一里多处的百子亭附近建一有民族风格的六角亭，亭内悬挂此铜钟，此亭即称“大钟亭”。从此“元声再起”，古韵犹存。

古城两座香林寺

历史文化名城南京有众多的文物古迹，尤其在历史上有许许多多的寺庙。由于时代久远，有的已不为人知，有的则以讹传讹。南京先后有两座香林寺，历史悠久，繁盛数朝，是南京佛教文化的重要组成部分。

太平门内香林寺

今太平门内佛心桥 37 号有座古寺，叫香林寺。寺庙远离闹市，背依城郭，环境清幽，寺名亦颇富诗意，加之康熙大帝驾幸并题字，平添了一道玄妙的光环。而后又有江宁织造曹寅的大量捐助，使渐衰的香火复盛，成了曹府的家庙，这又引起了红学界的关注。

该香林寺，本名兴善寺。明万历《应天府志》卷六说：“兴善寺，在太平门内。”尤其是明葛寅亮《金陵梵刹志》记述得更为翔实：“中刹兴善寺，在太平门内北安门后东城地。洪武初年创，成化己亥重修。”

这两本志书已把兴善寺的历史起源记载得很清楚。而于 1993 年出版的《金陵胜迹大全》书内有一文却说：“香林寺为金陵古刹之一，始建于萧梁天监（502—519 年）时，位在今江宁县湖熟镇上，系由‘杜、桂二姓平章朝政，舍居为寺’，故名杜桂院……洪武元年（1368 年）迁入城内，建寺于今址，取名兴善寺。”此文竟说该寺是由湖熟的香林寺于洪武元年迁来，不知根据何在？而近年不少报刊文章写太平门内香林寺的历史时，更直书该寺为南朝天监年间所建，造成以讹传讹。

这是误把湖熟香林寺（原名杜桂寺，亦名杜桂院）的历史人为地移植到太平门香林寺头上所致。其实两寺毫无关系。湖熟香林寺自始至终在原址未动，根本没有迁入城内之事。而上文作者说是引录《金陵梵刹志》所说，我们不妨

查阅《金陵梵刹志》的原文是怎么说的。该书卷十四说："小刹香林寺，古刹。在郭城高桥门外，东城丹阳湖熟镇，此去领法清院十五里，西去正阳门十八里……（有）佛殿三楹，左伽蓝殿一楹，僧院四房。基地三十亩：东至东塘、南至陶家田、西至本寺桥、北至中桥。"该寺于南宋迁址时改名香林寺。《金陵梵刹志》是葛寅亮于明天启七年（1627年）孟夏日编刻的，此时距洪武元年城内建兴善寺已过259年，而湖熟香林寺庙殿及田产均仍在湖熟，可见丁洪武元年"迁入城内"之说，并无史据。

至于太平门内兴善寺改名香林寺之事是发生在清朝。乾隆十六年（1751年）编纂的《乾隆上元县志》记述："香林寺，在太平门内，明时建。国朝三十八年圣祖南巡改今名。方丈内赐御书'觉路'二字匾额。"

由于康熙大帝驾临该寺并题字，使该寺声名远播，于是得到江宁织造曹寅（其时曹寅的官职为"管理江宁织造内务府三品郎中加五级"）的大力资助，"买施秣陵关田二百七十余亩，和州田地一百五十余亩"，使寺庙香火复盛。至咸丰年间，清驻防城毁坏，也殃及该寺。光绪十四年（1888年）重修。自20世纪20年代后期，在香林寺西边建陆军军官学校，寺院被军队占用。1946年6月，国民政府国防部及其所属装甲兵司令部又占驻香林寺，因此从"建军官学

太平门香林寺（黄正平摄于2021年）

校以来，强半驻军，寺宇荒凉，无复当年气象矣”。20 世纪 60 年代，在寺内办起了职工学校至今。

今寺西侧一条流淌千年的小溪虽已见底，尚细流涓涓。进入院内，清净而静谧，一座大殿尚存，陈旧的殿宇显露出悠远岁月的印痕。矗立在冬日斜阳里的几株老银杏，微风拂过发出瑟瑟之声，似乎在向人们述说它昔日的辉煌。

湖熟香林寺

湖熟香林寺，原名杜桂寺，据元《至正金陵新志》引宋《庆元志》：“院有吴钟记：梁天监中，杜、桂二卿平章朝政，舍所居以为寺，故从其姓以杜桂名。”该寺又名杜桂院。《南朝佛寺志》也云：“寺有大钟铭文可按也。宋改香林寺，移赤山西。”

南宋时因寺舍损毁，迁赤山西，改名香林寺。这在南宋《乾道志》等史籍都记载得明明白白：杜桂院在上元县丹阳乡（今江宁区湖熟镇），“在杜桂村，因为院额。今名香林寺，又曰香林院，在赤山西”。

清代史学家在《嘉庆江宁府志》中更指出：“香林寺，在太平门内，明时建，名寺。国朝三十八年圣祖仁皇帝南巡改今名。按：此与宋《庆元志》所载杜桂村之香林寺在高桥门者各别。”实在有意思，前人生怕后人把两者混为一谈，特地加按语，两处香林寺“各别”，而今人恰恰把两者混淆了。1935 年编修的《首都志》在“南京佛寺表”内，也用两处分栏列载杜桂寺及兴善寺的历史沿革，可见两者并无关连。

历经千年的湖熟香林寺至明末清初尚存，毁于何时未见记载。该寺所遗门楣上的二龙戏珠石刻，20 世纪 60 年代，南京市文保会王先生还见过，现已不见踪影。

同泰寺与鸡鸣寺

同泰寺与鸡鸣寺是南京城内两座著名的寺庙。同泰寺建于1490多年前的南朝，鸡鸣寺从明初建寺至今也有600多年了，两寺皆奉皇帝旨意兴建，在佛寺史上享有崇高的地位和香火旺盛的辉煌盛况，颇多轶闻趣事。由于时光流逝，旧迹多湮，而文字所述又互有抵牾，加之望文生义，以讹传讹，使历史真相渐行渐远，以至于说今天的鸡鸣寺其前身即为同泰寺之类。

同泰寺不在鸡笼山上

“千里莺啼绿映红，水村山郭酒旗风。南朝四百八十寺，多少楼台烟雨中。”晚唐诗人杜牧的《江南春》，形象地道出了南朝寺庙之盛况。金陵为王者都会，名胜甲于海内，而梵宫为最盛。如《南史》所言：“都下（指建康，即今南京）佛寺五百余所，穷极宏丽，僧尼十余万，资产丰沃。”南朝寺庙又以宋、梁为多，齐、陈较少（《建康实录》）。而在南朝寺庙中，梁武帝萧衍敕建的同泰寺最为崇闳。

南朝梁大通元年（527年），“（梁武）帝创同泰寺，寺在宫后，别开一门，名大通门，对寺之南门……帝晨夕讲义，多游此门，寺在县东六里”（《建康实录》卷十七）。该寺共有大殿六座、小殿十余座，还有七层的大佛阁和九层的宝塔，供奉着十方金像和十方银像，规模宏大，壮丽辉煌。同泰寺建成后，梁武帝不但率大臣进寺礼佛，还四次舍身入寺为僧，人们称其为“菩萨皇帝”。他穿布衣，吃素食，还颁令寺庙僧尼一概禁酒戒荤。中国僧尼素食之制 即肇始于此。由于梁武帝的大力倡导，佛寺在梁时特别繁盛，香火终日缭绕，梵声磬音不绝于耳，南朝四百八十寺，吸引着多少僧尼信众虔诚膜拜。

岂料，一场劫难突然降临。人们都说南朝皇帝多短寿，可是生于秣陵同夏里（今南京城东南）的萧衍此时已 86 岁。由于侯景之乱，梁武帝被困饿死台城，皇宫亦受损坏。

隋灭陈后，台城皇宫殿宇几近荡然无存，紧邻的同泰寺也损坏大半。所剩部分杨吴时改称台城千佛院，南唐称净居寺，不久又改称圆寂寺，至宋朝又在其侧建法宝寺。其余大部废墟，在南宋淳祐七年（1247 年）设置军营，称精军寨，空地辟为菜圃。一座规模宏大、地位称雄佛界的同泰寺，至此“名沉迹灭，靡得而传”。宋人杨修之赋诗慨叹曰：“佛事庄严国立疲，照天金碧倚栏危。沉檀炉上烟云合，恰似当年煨烬时。”

同泰寺虽已离我们远去，但其在南京佛教史上的地位不可磨灭。对于其兴衰尤其是该寺所在何处众说纷纭。有文说同泰寺在鸡笼山上，有的更直说鸡鸣寺的前身为同泰寺。《金陵野史》在《鸡鸣寺香会》一文中就说：“步入‘古同泰寺’，到处人声鼎沸，人似潮涌。”此说广为流传，实则大误。

查阅《梁书》《南史》、唐《建康实录》、宋《景定建康志》，以及宋《六朝事迹编类》、元《正金陵新志》等文献，没有一书说同泰寺是建在鸡笼山上，都说在台城（皇宫）北掖门外。《建康实录》引南朝陈朝顾野王编的《舆地志》说：该寺在台城“北掖门外路西，寺南与台隔，抵广莫门内路西”。当年梁武帝在台城北掖门外建同泰寺，寺与台城仅隔一条小路，为便于进寺礼佛，还在台城北墙开大通门，使寺之南门与宫城北门直对。

那么台城的北墙在哪里呢？据文献记载及近年的考古发掘，台城的南限在今大行宫北，台城的北限在今珠江路北侧附近（多年前在珠江路北侧建华能住宅小区挖地基时，在地下一米左右的地层就出土许多石柱础、瓦当及陶瓷残片）。而同泰寺与台城仅隔一条小路，说明两者紧邻。虽然同泰寺规模较大，占地亦不会太少，但也绝无可能寺基会跨越六朝都城和潮沟抵达几里路之遥的鸡笼山，以致建在鸡笼山上。再据《梁书》所载，侯景之乱，掘开堤坝“引玄武湖水灌台城，城外水起数尺，阙前御街并为洪坡矣”。说明台城及近在咫尺的同泰寺是建在平地，才会被水淹数尺，若是在鸡笼山上，湖水再高洪坡也不可能淹到山上去的。说同泰寺是鸡鸣寺的前身，亦只是附会罢了。

综上可知，同泰寺的位置当在珠江路以北，今兰园以南一带，与鸡鸣寺相距里许。

鸡鸣寺名称背后的趣闻

鸡笼山上的鸡鸣寺历史留下诸多谜团，其中之一就是名称的由来。

很多人认为，这个名字的由来和南朝的鸡鸣埭有关。其依据就是清初诗坛领袖、刑部尚书王世祯的一首诗：“鸡鸣山上鸡鸣寺，绀宇凌霄鸟路长。古埭尚传齐武帝，风流空忆竟陵王。”

王世祯这首诗中所用典故引自《南齐书》和唐朝许嵩《建康实录》，说的是南朝齐武帝萧颐夜半率领宫女、大臣驾车从宫城台城出发，到钟山狩猎，走到一条古埭（指堤坝）时恰闻鸡鸣，该埭即被命名“鸡鸣埭”。

鸡鸣埭之名自此流传开来，经常在后来的诗文中出现。唐朝李商隐在《南朝》一诗中咏道：“玄武湖中玉漏催，鸡鸣埭口绣襦回。”穿着锦缎服饰的宫女在鸡鸣埭追逐嬉游的景象，犹如回旋飘动的彩霞一般美丽。

清人余宾硕在《金陵揽古》中说得更为直白，称：“（鸡鸣）寺前有鸡鸣埭。齐武帝早游钟山，射雉至此，始闻鸡鸣也。”

其实因齐武帝而得名的这条鸡鸣埭，与鸡鸣寺之间还是有一段不小的距离。

《建康实录》说募士桥：“其西南角过沟有埭，名鸡鸣埭。”清溪募士桥在今竺桥北。而宋张敦颐《六朝事迹编类》说：“（齐武）帝数幸琅琊城，宫人常从早发，至湖北埭鸡始鸣，故呼为鸡鸣埭。若尔，其埭又当近北。”该书接着又说，“父老传曰：‘今清化市真武庙侧，是其处也。’二埭恐皆当时所历，姑两存之。”《实录》说鸡鸣埭，在玄武湖北；《编类》说有两处鸡鸣埭，一在南即真武庙侧，一在北即玄武湖北边。历史学家蒋赞初先生考证认为鸡鸣埭在玄武湖北。可见鸡鸣埭与鸡鸣寺之名称没有丝毫关联。

其实鸡鸣寺是因鸡笼山得名的。它所在的北极阁，旧称鸡笼山，“高三十丈，周五里，形若鸡笼”，故名。洪武十八年（1385 年），明太祖在鸡笼山“敕建鸡鸣寺，造浮屠五级，祠宝公，岁遣官祭祀”。

鸡鸣寺位列金陵三大寺（报恩寺、灵谷寺、天界寺）之后，为次大刹。它由崇山侯李新于洪武二十年正式督工兴建，“尽撤故宇而开拓之，由是殿堂门庑，举轶旧观，建大浮屠，尤出新制”。寺随山势，曲廊迤逦，又与山南十庙

鸡鸣寺山门（茅鸿兵摄于 2021 年）

相近，形成大片庙场，吸引远近大批信众前来礼佛，香火繁盛达几个世纪。因该寺位于山巅，背倚明城墙，下瞰玄武湖，远眺紫金山，环境清幽，景色绝佳，所以“鸡笼云树”就成为著名的“金陵四十八景”之一。

至清朝，康熙、乾隆二帝南巡多次到此。康熙曾经为鸡鸣寺题写“鸡鸣古迹”，乾隆又赐“古鸡鸣寺”匾额。

不过，乾隆对事物喜好寻根问底，那天他又提了个问题，这里为什么叫鸡鸣寺？随行官员一时无人回答。皇帝当即写了一首《题鸡鸣山》，诗曰：“元黄剖判初，江流山即峙。山不自道名，名况非其始。六朝称鸡笼，或云因形似。易谓鸣者谁，纷任后人揣。汉魏前无闻，时宁未有此。或闻处士馆，教授传经旨。或创浮屠宫，清净演禅理。我来畅远目，元武澄见底。欲倩扬清波，称谓一以洗。”

刨根问底这不是第一次。乾隆到清凉山时，也问起扫叶楼究竟是谁家的，当时官员们只晓得这里并非传说中的龚贤住所，但又不晓得谁是真正的主人，就没有正面回答，所以那一次乾隆是带着遗憾离开的。

后来乾隆又一次提及鸡鸣寺名，早已提前做好准备的官员做了详细汇报：该山原名鸡笼山，因形似鸡笼。“易谓鸣者”则是明太祖朱元璋。洪武十四年（1381 年），朱元璋要在山下建国子监，曾亲临此地，觉得“鸡笼山”这个名字不雅，遂改称鸡鸣山，取“晨兴勤苦”之意。后在山上建寺，寺随山名就叫了“鸡鸣寺”。

乾隆的疑惑终于得解，欣然赋诗一首：“钟阜西去堆翠崖，丹梯宛听天鸡喈。元武湖光上眉睫，金陵春色怡胸怀。江山不厌城郭占，闾阎关与桑麻皆。旷观台畔瞻天藻，烈并崇峰讵可阶。”

状元境之名的由来

在南京夫子庙闹市区一隅，东起贡院西街，西至教敷营（为原轿夫营的讹称）的地名状元境，现在不少人传说秦桧父子曾中过状元，其府第称“状元境”，据查此说源自民国初年编成的《钟南淮北区域志》：“宋秦桧父子居此，皆举状元，以丑其人，故没其姓氏，但称其为状元境。”乍看上去此说似有道理，细考证实为臆测。

秦桧父子均未中过状元

此说最核心的一条是秦桧父子皆中过状元，有了“状元”称号这个前提，才能说状元境与秦桧父子有关。

据《宋史》和宋朝《景定建康志》记载，秦桧于宋政和五年（1115年）春三月己卯科中进士，该科共取进士670人。一甲第一名状元是何栗，并非秦桧。秦桧自金逃归后，在南宋临安朝廷逐渐得势，挟高宗而专权，身居相位，奉为太师。因罗织罪名杀害岳飞、岳云父子，而臭名昭著。公元1155年病殁后，由建康郡王进封为“忠献申王”，由临安归葬江宁县牧龙亭。

其兄秦梓为政和六年进士，因恶其弟秦桧所为，举家由江宁避徙溧阳。

秦桧养子秦熺，字伯阳，是秦桧妻兄王映的儿子，为绍兴十二年（1142年）进士（一甲第二名）。该科状元是陈诚之。秦熺以秘书少监领修国史。秦桧居相位时，朝议“记录皆熺笔，无复有公是非”。秦桧死，秦熺遂废。秦桧死后六年，秦熺病殁。追封为“少师、福国公”，由临安归“葬于江宁县惠化乡牧龙亭武意山之原”，即今之江宁县清修村。

秦熺有三子：秦堪、秦埙、秦塬。次子秦埙，为绍兴二十四年（1154年）进士，该科状元为和县乌江东（明洪武九年置江浦县，该地划入江浦）人张孝祥。而秦桧兄秦梓有二子：秦焴、秦燧。其次子秦焴与秦桧孙秦埙为同科进士。自宋、元、明、清以来的正史、府志、县志皆无秦桧、秦熺、秦埙中过状元的记载，可见“秦桧父子皆举状元”之说实为无稽之谈。

至于状元境是否为秦桧府第，也无根据。这无论在秦桧得势之时，或秦桧名败之后，无论正史、方志都没有状元境与秦桧父子府邸有关联的记述。且今状元境之名出现在清初康熙年间，其时秦桧早已臭名远扬，当地人不可能再以奸贼之名来作为该处地名。既然此名与秦桧无关，那状元境之名究竟由何而来的呢？

状元境之名的真正由来

状元境之名的内涵是相当丰富的，它的由来有个演变的过程。

早在南唐时期，先主李昪在秦淮河畔创立国子监，其地称“国子监巷”，到了元、明时，这个地方就改称“状元坊”了，明《南畿志》说：“状元坊，旧名国子监巷。”明代中后期，此巷又称“夫子庙街”。随着贡院的扩建，在

今日状元境（茅鸿兵摄于2021年）

贡院之西形成一条出售刻本书籍的街市。到清康乾时期，这条街非常繁华，书商和学子云集，为“书贾萃止”之所。其中有座书坊名叫“状元阁”，最为著名。以后这条街道就被称为状元境。状元境及龙门街之名，皆与国子监、贡院有关，寓意富贵吉祥之意，是对科举考试众学子跳龙门中状元的美好祝福与期盼。

今状元境为一狭区街巷，已无当年的繁华，不过在状元境巷口处，由金陵饭店兴建者陶欣伯先生投资建设的五星级“状元楼大酒店”，倒显得气度不凡。

大教场与小教场

明朝定都南京后，明太祖朱元璋为拱卫京畿之地，置“军于京城内者三十七卫”。《明史·兵志》说：“明以武工定天下，自京师达于郡县，皆立卫、所，外统之都司，内统于五军都督府。”又说，“大率五千六百人为卫，千一百二十人为千户所，百十又二人为百户所。”当时的前、后、中、左、右五军都督府衙署设在皇城午门以南至正阳门以内，而卫（除亲军外）皆驻在城郭“要害地”，初驻“京卫卒二十万七千八百多人”。在南京“畿辅一带军屯土地，被占的达九千六百余顷”，除在沙洲圩作军屯之外，还在城内鼓楼以北地区也开辟土地种粮，为保卫京都安全及提供军粮、物资起了重大作用。

从明朝初年至明朝末年（清朝仍继续沿用），在城内、城外“置大小教场，分教四十八卫卒”。这两处大型教场，供驻军及教习演武之用，分别称之为“小教场”与“大教场”（今人误写为“大校场”）。

大 教 场

大教场在正阳门（今光华门）外，“都城外南二里”，明初驻“操练官旗军一万九千六百三十四”，主要为羽林左卫、金吾前卫等四个卫的军士。至嘉靖时，“实驻军一万三千九百一十二”。明成祖朱棣入主南京皇宫后，除在皇城西侧小教场驻守嫡系部队外，又在大教场西侧建神机营，驻“操练官旗军五千八百二十一”，至嘉靖时，仍驻军“三千七百六十二”。

清军进入南京，顺治至康熙年间，仍为驻军及演练之所。康熙二十三年（1684 年）十一月初三，康熙帝玄烨首次“南巡至上元，以将军署为行宫……越日，驻跸大教场受臣民朝见”，并在大教场检阅将军、都统、总兵等驻防官兵武艺。那天，天朗气清，教场内黄、蓝、红旗猎猎，战马飞奔，大刀挥舞，

箭射靶心，欢声雷动。康熙帝按捺不住兴奋的心情，竟离座位亲自上场演武。只见他举起弓箭，左右开弓，“右发五矢皆中，左发五矢四中，士民观者以数万计，皆踊跃欢呼”。“吾皇万岁！”之声此起彼伏，令康熙帝十分欣慰。

康熙帝在大教场阅武（清人绘）

到乾隆中期，驻军减少，大教场闲置土地数千亩。乾隆三十三年（1768年），江宁将军奏请朝廷钦准，“正阳门外空闲教场召民开垦，计四千四百亩，岁征银一千五百六十两”。其后，清人编绘的《国朝省城图》就标为“大教场故地”。

1929年，因城内明故宫机场狭小，又军机与民航共用，不便管理，便在城外原大教场筹建“大教场飞机场”。其范围在今土桥村以南、夹岗村以北、外秦淮河上游以西、红花村以东地区。至民国二十四年，航空委员会南京空军总站向南京土地局发函征用土地，以进一步扩建机场。笔者查阅原档案发现，在数十份报告及土地局复函中，所用名称出现混乱，即使在同一份文件中，“事由”部分写“大教场”，而正文部分又写“大校场”，前后名称极不一致，有“大教场”“大校场”“飞机场”“飞行场”“飞行跑道”等等，可能由于出自多人之手而造成名称、说法的不规范。所幸在南京市财政局土地处的用地正式印制的图纸上倒工整印为“大教场”，其图内容也皆印为“大教场”用地等。另外在1948年10月出版的《民国南京市街道详图》上，也印为“大教场机场”。

沿称了六百年的古地名“大教场”，今人不知其缘由，误写成“大校场”。

20世纪50年代中期，城内明故宫机场停用，再次启用城外大教场机场，军民共用持续了40多年，直至禄口国际机场建成才迁走。

小 教 场

小教场“在城内覆舟山之南”，六朝时为皇家苑囿之地。南宋时“为御教场”。明洪武初建教场为演兵教习之所。明太祖朱元璋多次于此召试将士卫卒，故称“御教场”。

小教场南沿近今珠江路（东段），与鞍辔局、皮作局、兵器局相接，北达覆舟山（今九华山）药垒园之南，东接小营路，西界在今珍珠河之东约 300 米南北一线，与明国子监毗邻。明初，驻“操练官旗军一万三千三百二十六”，到嘉靖时，仍有驻军“九千三百七十”。明初三朝，江南行省乡试和全国会试多次在该教场举行。

清军进入南京后，该教场为旗军、绿营驻地及教习演武之地，习称“小营”。康熙、乾隆二帝南巡至江宁，皆召将士“射于教场”。康熙二十八年（1689 年）二月，康熙帝于雪霁后在该教场检阅官兵演练，见将士武艺精熟，十分高兴，当日借题赐宴文武将士，并赋诗诫勉。《赐江宁将士宴于教场》诗曰：“瑞雪捧日晓初晴，丽景初开羽仗明。扈跸纠桓多绛灌，分行俊誉尽璁珩。三浆满浥沾须遍，五载南巡泽再倾。文穆武恬渐化理，万方无事宴升平。”乾隆十六年（1751 年）辛未春三月，乾隆帝弘历也亲自到该教场阅武，并在《阅武》诗中策勉将士：“……放牛归马承平久，踞虎蟠龙指颈新。我适孝陵禋谒罢，当时创业想艰辛。”但对于那些武功不精者则给予惩处。

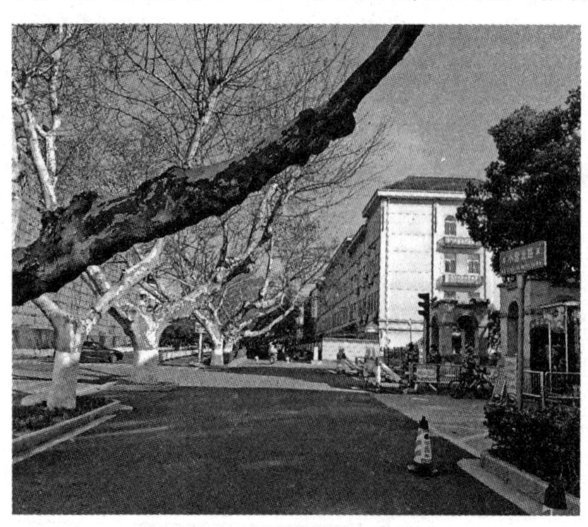

小营北路（茅鸿兵摄于 2021 年）

同治四年（1865 年），为武举考试之所，于小营中心地建造厅房，为“阅武较射武乡岁试生率于此”。六年和九年又分次添造营房二十八间。光绪二年（1876 年）“造考试官厅五所十五间、披厦十八间，又以武乡试添中、东、西三阁房十四间，暖阁一座”，习称之为演武厅。其地至今尚留有“演武厅”的地名。

钞库街话大明宝钞

南京从东吴时起就开始铸钱，历史上曾铸过许多稀有的钱币，如“比轮钱”“沈郎钱”“大观通宝”“崇祯奔马”、太平“天国大花钱”、民国“开国纪念金币”等，因铸钱和印钞而命名地名的就有“钞库街”和“钱厂桥”。明洪武七年（1374 年），朱元璋下诏设宝钞提举司，下设钞纸、印钞二局，宝钞、行用二库。这条街遂称为“钞库街”，名称沿用至今。次年开始印制“大明通行宝钞”。开始宝钞由中书省印制，到洪武十三年，废中书，分户部与工部。户部负责印纸钞，工部主持铸铜钱。所印“大明通行宝钞”，上下高一市尺、左右宽六寸半（另右边有一寸半宽处印有编号，如“泉字贰拾玖号”）。

钞库街今貌（范必胜摄于 2012 年）

此钞面之大为中国印钞史上所仅有。纸钞面额分六种，即一贯、五百文、四百文、三百文、二百文、一百文，每贯等于铜钱一千文，或白银一两，四贯合黄金一两。钞券上还印有“户部奏准印造大明宝钞，与铜钱通行使用，伪造者斩，告捕者赏银贰百伍拾两，仍给犯人财产。洪武 × 年 × 月 × 日”字样。该钞从洪武八年发行起，沿用时间长达 150 年之久，始终保持这一面额，这种统一性和连续性，为以前历代所罕有。只是到后来由于只发不收，市面钞票越来越多，引起通货膨胀，至嘉靖元年（1522 年）令宝钞停用，以铜钱取代。当时铸造铜钱的地点在今太平南路白下会堂附近，该地有座桥，因临近钱厂，故称钱厂桥。印钞贮钱的地名钞库街之名至今仍在，铸钱的地名钱厂桥，至清代在钱厂原地办起了钟山书院，而钱厂桥之名也就时过境迁而湮没了。

南京的盐地名与辛酸贩盐女

盐业自古以来都是商业的重头戏。南京自南宋乾道年间就有设“盐市”的记载。到明清时更是我国的盐业重地，因此从明清至民国含“盐”字的地名数不胜数，像盐仓桥、盐市街、盐码头、盐卤巷等。盐仓桥位于下关挹江门内、狮子山之南，南起中山北路，北至北祖师庵。明代在钟阜门南，今新民门附近设有盐库，人称“盐仓”，仓前有小桥，故称盐仓桥。这些都已记入史籍，尽人皆知。可是还有一些虽不以盐为名却与盐有关的地方却鲜为人知，如六合区长芦乡、栖霞区马家渡。尤其是马家渡，它连着长江南北两岸，这里昔日活跃着一批贩盐女。如果说山西商人从做盐生意起家，风光无限，而马家渡的贩盐女为生计却历经坎坷，洒下许多辛酸血泪。

朱元璋“以盐换粮”发达了晋商

食盐因家家户户生活需要，且本小利大，所以始终有人做起盐的生意。据说中国商人最早就是从经营食盐开始的。商贾一词的“贾”即由“盬”（读古）而来，“盬”者，盐也。几千年来，盐铁之税与田税为国赋收入的主要常项，所以盐在历朝历代皆有朝廷专人掌控。早在《周礼·天官》中就有“盐人，掌盐之政令”及供盐之事的记载。

近年有一部颇为轰动的电视剧《乔家大院》，说的是山西祁县乔家从乾隆中期到民国初年六代人顽强拼搏经商致富的坎坷历程。不过乔家只是众多晋商中比较突出的人物，晋商中的富豪大有人在，而晋商经商并非从清代开始，早在明代就已开始，晋商之所以能经商而且致富，是在南京做皇帝的朱元璋为他们提供了创业的条件，最终使晋商走上风光无限、富可敌国的黄金路。

元末明初，朱元璋命大将军徐达率大批将士在西北作战，并陆续在山西等处建立十二镇，驻军多达百万之众。这些将士急需粮秣，而解决供应问题成了朱元璋十分头疼的大事。这时一位大臣提出以盐换粮的建议，即采用宋朝使用“盐引”的办法。朱元璋当即传谕，凡提供二百石粮食者可发一张盐引（贩卖盐的执照），且“盐与引不得分开”。山西商人早就想做生意，无奈本地物产匮乏，无生意可做，现在机会来了，便闻风而动，纷纷组织粮食供应驻军以换取盐引。起初这些商人只在安邑西南边的解池（今山西运城）的盐场以“引”购盐贩卖，后来生意越做越大，就远赴江淮以“引”运盐到西北出售。这样既解决了明朝驻军的粮秣供应难题，又为晋商开辟财源，最终发了大财。

栖霞马家渡成百姓求生的盐运暗道

到了明朝，作为都城的南京，也迎来了众多盐商，南京的食盐贸易相当繁荣。当时在南京城里今下关一带还设立储盐仓库，从两淮由木船运来大批食盐屯储到盐仓库，再由此用小船或车转运到各地。这里长年累月进盐、出盐，车水马龙，甚为繁荣。

清朝，在奇望街针巷口（今建康路夫子庙小学分部附近）设置江南盐法道衙署，由按察副使之官掌管整个江南（今江苏、安徽、上海）的盐政之责。又在今六合区长芦乡置盐官分管江北一带的盐政。这时一些有头有脸的人物，可到盐政机关搞到盐引或盐票，这些人遂成为腰缠万贯的暴发户。

可对于生活在社会底层的普通百姓，他们一无资金，二无背景，不要说搞到盐引，就连搞一张一两百斤的盐票做个常年小生意也是难上加难。可是为了生活，他们不得已从江北十二圩购盐，经马家渡过江到龙潭、下蜀、油坊、桥头、高资、炭渚等处贩卖，赚取差价，由此形成了一条马家渡盐运暗道。这种状况一直持续到民国时期。

马家渡贩盐的大多是年轻女子

马家渡位于宜昌洲（今栖霞区花园乡、营防乡、长江乡，该洲盛产小麦、油菜籽、玉米、黄豆、棉花、黄麻等）南端江叉处。这里临近古黄天荡，江阔

浪急，受官府缉查的可能性不大，虽然时有翻船溺江之事发生，为了生存他们也不得不冒险。通常渡江往往选择在一天江潮平稳之时。

贩盐以女子为主，她们大多30多岁，年轻的只有十六七岁至20岁出头，多数是来自江北的失地农民或破产之家。不要看她们没有文化，可是经过生活的磨炼，倒也显得成熟干练，口齿伶俐，对人诚恳亲切，加之盐价便宜，所以人们喜欢买她们的盐，并亲切地称她们为“贩盐女”。

贩盐女除冒江涛风险之外，有时还受恶警的刁难及地痞的敲诈与凌辱。对付恶警塞些钱尚可打发，如果碰上地痞恶棍可就惨了。有的长相姣好的贩盐女除了盐物钱财被掠走之外，有时还被强拉上岸遭到百般凌辱。几乎每年都有年轻的贩盐女因蒙受凌辱而跳江自杀。

当年许多盐津码头都能看到贩盐女的身影

府西街往事

南京内桥西南，有一条东西走向的街道，名叫府西街。别看它现在很不起眼，可在历史上曾是叱咤风云之地。早在三国时，传为孙吴“将军府”、周瑜“大都督府”驻地。宋朝为“大军库”。元至元十六年（1279年），总管府始于西锦绣坊旧大军库内置府。至元二十二年，以宣慰司为枢密行院，宣慰司迁居总管府，此后为元御史大夫宅。明以元御史大夫宅建应天府署。清朝，江宁府衙驻此。此后，又是太平天国二王的府署，清末还是两江总督行辕，曾在这里发生过震惊朝野的大事件。其右为南捕厅，左首东北部即为南唐宫廷及朱元璋进驻江南后吴王府驻地。

明清府衙驻此五百年

府西街，在元代称“西锦绣坊”，在此设有织锦机构。它的东面，在今中华路东侧有东锦绣坊。东锦绣坊稍北即为南唐皇宫及官署区，宋为建康府的府署所在地。元代建康总管府一度设西锦绣坊。元末，集庆（今南京）改名“应天”。明初，将府衙由长乐路迁到西锦绣坊（今南京一中所在地）。由于此街位于宋建康府衙及吴王府之西，故称为“府西街”。从此往后直到清朝末年的五百年间，应天府衙、江宁府衙基本上均设在此处。江宁府管辖上元、江宁、句容、溧水、高淳、六合、江浦七县。当时江宁府衙范围包括今南京一中校址及原江苏省粮食厅所在地，府衙“大门之内为仪门，仪门内为莅事堂，东为广积库，左右设经历司、照磨所，翼以使胥诸房科。后为忠爱堂，堂西为册库，为待考官房，后为奉给仓。官廨列于堂北，西为厅幕。廨东西并达仪门”。咸丰三年（1853年），衙署部分毁于兵火。

太平天国豫、忠二王府

太平天国定都天京（今南京）后，咸丰四年，豫王胡以晃“初封为春官正丞相，住江宁府署，加封护国侯，改封护天侯，旋封豫王”。豫王府署加“绘一龙一虎”。咸丰九年，忠王李秀成王府由明瓦廊迁此，并扩建，“墙高矗大，袤延数百步”，“府后的花园布满太湖石山”。英人富礼赐在《天京游记》中说，忠王府“全府气象如一间中国大衙门”。后湘军攻陷，府衙堂舍告毁。

清同治四年（1865 年），府衙复建，计建房 216 间，穿堂 22 号，上谕亭碑楼一座，内外碑楼六架，监狱一所（在对面府城隍庙偏西处），挡众台二座。府前有二坊，坊额为“保厘”“师帅”。复建后的规模虽不及嘉庆时的府衙，但仍很气派。因此时总督府（曾为天王府）被毁后尚在重建之中，所以江宁府新府衙就成为两江总督的行辕。

清末“张汶祥刺马”奇案

同治九年七月二十七日晨，这里发生了一起震惊朝野的大案。据《清史稿·马新贻传》记载：马新贻于同治七年由闽浙总督调任两江总督。九年七月，马赴署旁箭道阅兵，阅毕步返府署，突遇张文祥迎上，假装陈述事理，遂抽刀猛刺马新贻肋下，随后卫兵冲上将马架去，由于马伤势过重于次日身亡。马新贻被刺，清廷十分惊慌，立即令漕运总督就近驰往南京查办。随后又遣兵部尚书郑敦谨为钦差大臣，会同曾国藩审讯此案。

张文祥被捕后，历经拷问终“不吐一词”，审讯一无所获，经清廷核准凌迟处死。这场大案由于案情复杂，问官含糊，供词闪烁，即被称之为“清末四大奇案”之一的“张汶祥刺马”（其人真名文祥，清朝文书为贬此人，特将“文”加三点为“汶”）。

中国最早的师范学堂

光绪二十七年（1901 年）五月，由两江总督刘坤一、湖广总督张之洞联名上奏朝廷，申述办学堂事宜疏：“中国不贫于财而贫于人才，不弱于兵而弱于志气。人才之贫，由于见闻不广，学问不实；志气之弱，由于苟安者无履危救亡之远谋。”（《光绪政要》）二十八年，由继任两江总督张之洞奏准、魏光焘主持，用江宁府署内的部分房屋创办三江师范学堂（1903 年秋后，迁至北极阁山下，后改名两江师范学堂），专培师资。可谓“中国师范之立，以两江为最早”。

20 世纪 20 年代中期，特别区试验学校（即南京一中前身）在此创办。先前那条长长的箭道因扩建校舍被利用，那座上谕亭所在的假山，办起了气象站。昔日，一边是府衙，一边是城隍庙。一边戒备森严，回避肃静；一边钟磬和鸣，香客云集。此时已被“日出东方，书声琅琅”的气氛所取代。新中国成立后，引进新的教学机制，强化德智体美的全面教育，一进校园就能感受到浓厚的学习氛围。校园内东侧有两座中西结合风格的团结院和前进院教学楼，操场北端正中为三层的和平大楼，其东侧有小山，传为三国时周瑜之妻“小乔墓”，几株古树掩映，愈显其历史和文化之深厚。今日府西街已是高楼矗立，一端是一中教学大楼，一端是粮油进出口总公司，更凸显出新时代的勃勃生机。

南京一中大门（茅鸿兵摄于 2021 年）

商埠街春秋

南京下关有一处地名叫商埠街，这是自《天津条约》把南京辟为商埠后而得名。要说这里如何建港成为商埠，还有一段曲折的历史。

通过第二次鸦片战争，英、法两国胁迫清朝政府于1858年6月，分别签订中英《天津条约》和中法《天津条约》，开放南京为通商口岸。而当时南京为太平天国都城，英法等国侵略者不敢来此经商，南京开埠暂时搁置下来。1864年，清军攻下南京城后，大肆烧杀掠夺，又使南京“元气大伤，商民疲困”，英、法等国见无通商价值，一时未来此建造码头通航。而美商旗昌轮船公司则于1868年在长江开辟航线后，即在下关建一处洋棚。1871年，李鸿章令朱其昂试办轮船招商局，委派庄椿山为司事。1873年招商局正式开业后，就在下关设立棚厂，接运客商。所谓“洋棚”，即简易码头，大一点轮船靠不了岸，等轮船到达时再用驳船接送上下客，“上船每客二百文，下船每客一百文”。这是商埠的最初阶段。可是，这在气候正常的情况下，尚可维持，一旦风大浪急，驳船靠不上轮船，交通即告中断。光绪八年（1882年），曾发生“外省试子来南京，由于长江风浪险恶，起落不便”，试子不能按时到达，以至于影响了科举考试的正常进行。两江总督遂命建造正规码头，设立营船，开始了近代史上南京港的营运业务。

帝国主义者眼看这里有利可图，英、法等国又与清政府于1898年4月再次订《修改长江通商章程》，并胁令于次年开办。光绪二十五年二月设金陵关，公历5月1日正式开关验货征税。可他们并不满足，而是开办洋行，设立码头，扩充地盘，排挤华商，企图取而代之。招商局原先已在下关沿江建造码头、货栈，英商看中了这块地方，便不择手段将庄椿山收买。庄椿山“率将地契交存太古洋行收执，希图洋商代为把持……且庄椿山在于下关假托洋商购买基地”，致使洋商在下关沿江惠民桥监立界石多块。招商局为此于光绪二十五年二月二十六日致函南洋大臣刘坤一，要求将庄椿山“严拿到案惩办，勒限追交”。刘坤一接函后深感“事理离奇”，一面饬江宁（南京）府“照会英领，迅将契据移还，并指明买自何人”，“以凭究出主名，尽法惩办”；一面要江宁府饬江宁县“密速拿办”庄椿山。刘坤一将上述处置亲笔写信给督办轮船招商局头品顶戴“杏孙仁兄大人阁下”。可是胳膊扭不过大腿，洋人不买账，反倒无理要求惩办“肇事者”。招商局的头品大人和南洋大臣都无法，眼睁睁地看着这一大块地方给洋人占去，招商局无奈只得另寻地建立码头、货栈。同年四月，招商局还得和英商怡和、太古洋行共议上下水装货运价。下关码头，中国人自己却不能做主。

由于长江航运繁忙，先于光绪二十八年已另组成内河招商局，专司江、浙两省的内河航运业务，于南京设立分局。三十二年，来往船只猛增，外商蜂拥而至，下关原有设施已不敷应用，于是纷纷添建楼房、改拓街道、增设货栈、开办学堂、新建教堂、安装路灯、设立巡警分局及清道站等，一条新兴的繁华街市已经形成，这条街随即被称为“商埠街”。

商埠街今貌（茅鸿兵摄于 2021 年）

物产风土

南京云锦

南京云锦，素享盛名。何谓云锦？一般认为因其图案纹饰多用“云纹”而得名。其实，古代并无“云锦”之名称。晚清以来，南京民间丝织业分成“花”“素”两个行业。无花织物“素缎”，称为“缎业”；而提花织物“花缎”，称为“锦缎业”。南京锦缎，用料考究，织造精良，为御用贡品，其花纹色彩典丽精美，犹如天上云霞，因而这种各类提花丝织锦缎在晚清以后便被改名曰“云锦”。

据考证，南京织锦始于南朝刘宋，当时设锦署管理丝织品的生产。后来，元、明、清三朝相继在南京等地设立官办织造，为南京云锦真正形成和发展时期。细究之，南京云锦始于刘宋，发展于元，成熟于明，清朝又有新的发展。明代一件龙袍，上面织有 17 条龙、14 颗彩光珠、66 朵云彩，以及海水江牙、金边彩晕等复杂图案，而这些图案又全用孔雀羽线、金线和彩线在蚕丝绞纱织物上织成。其工艺极其复杂精巧。

南京云锦区别于苏州、杭州等其他地区锦缎的一个重要特点在于它是大量用金（捻金、缕金，亦包括缕银和银线），并善于用金装饰织物花纹的提花丝织物。其主要品种有四：一曰“花缎”，通常称为“库缎”，有起本色暗花的和地花异色的两种；二曰“织金”，有织金锦（通常又称“库金”）和织金缎之分；三曰“织锦”，即通梭织彩的彩锦，亦有大花彩锦和小花彩锦之别；四曰“妆花”，即挖花妆彩的锦缎，包括“金宝地”。

清代江宁织局，不但生产出美丽无比的南京云锦精品，而且还造就了大文学家曹雪芹。曹雪芹之所以能创作出不朽巨著《红楼梦》，亦因为出身于织造世家。正由于江宁织造同皇家的特殊关系，才使曹雪芹亲身体验到封建社会的兴衰，并在《红楼梦》中形象反映。《红楼梦》中许多关于人物服饰和丝织品的具体描绘，诸如“缕金百蝶穿花大红云缎窄肩袄”“大红金钱蟒引枕”“秋

云锦服饰（摄于2004年）

香色金钱蟒大条褥”等，既增强了作品的时代感和生活感，亦为我们提供了大量关于当时云锦等丝织物的极有价值的历史资料。这些描绘，毫不夸张地说，都得力于南京云锦的生产制造。

（吴福林）

金线金箔

南京生产金线、金箔，已有1500年的悠久历史。金线的使用起于隋唐之前，隋代壁画和彩绘佛像及供奉人身上就有用金的服饰。唐代诗人秦韬玉曾有“苦恨年年压金线，为他人作嫁衣裳”的诗句。这里说的“金线”，即片金线，将金压成薄片，粘在羊皮上，按需要织入丝织品或剪贴于衣帽作装饰之用。后来将片金线裹在丝或棉的芯上，立体感强，极为华丽，织成云锦和绣品，色彩浓郁秀丽，永葆光泽。北京定陵的明朝万历皇帝朝服即用金箔线织成。

金箔是以黄金为主要原料，经化条、柏叶、打箔、出起、切箔等工序，人工捶打而成。金箔薄如蝉翼，平均厚度在0.1微米左右。南京生产金线、金箔以南京金线金箔厂为主。该厂1955成立，生产的金线、金箔得到用户的广泛赞誉。全国几十个城市的工厂派人前来订货或学习。厂虽不大，但产品首屈一指。据南京云锦研究所反映，该厂历来以金箔制成的真金线用于云绵织造。该所复制明朝万历皇帝朝服，就是用该厂出产的金线，已在当年全国工艺美术品“百花奖”评比中获得珍品奖，得到金杯。潮州市潮绣厂用该厂真金箔制成的真金线手工刺绣各种高档绣品，如1982年生产的“九龙屏风”“吹箫引凤”等罕见产品，被国家博物馆定为珍品。该厂金箔近年来用于毛主席纪念堂、天安门、中南海，扬州平山堂，镇江金山寺、句容茅山道院，南京栖霞寺等高档建筑，工艺品贴金受到国家、施工单位的普遍好评。山西平遥县推光漆厂、北京金化镶嵌厂等单位采用该厂金箔生产出口漆器，甚受欢迎。1979年朝鲜还派过代表团到该厂参观学习。

现在该厂对这一传统工艺品的生产，进行技术改革，使金线、金箔的产量和质量有较大的提高。又新研制出涤纶金银线、涤纶圆金线、电化铝、镀铝人造革等价廉物美、性能优良、用途广泛的现代化新产品，来满足国内外市场和人民生活的需要，并为国家节约大量外汇和黄金白银。涤纶金银线在国内系该

手工打箔（张文娟摄于1970年）

厂首创，于1978年获全国科学大会奖状和省优质产品奖。如今江宁金箔厂已发展为享誉海内外的重要金箔生产基地。

（施正潭）

金陵折扇

折扇携带方便，既可扇风，又可遮阳，如在扇面绘画、题诗，还是一件艺术品。

扇子，从羽，说明最早的扇子是用羽毛制成的。晋代陆机写过一篇《羽扇赋》，说楚国大夫宋玉、唐勒“皆操白鹤之羽以为扇”，可见战国时已有羽扇了。苏轼在《念奴娇·赤壁怀古》一词中也有“羽扇纶巾”之句，描绘周郎头戴纶巾、手持羽扇的勃勃英姿。而折叠扇，通称折扇，又称聚头扇，出现则较晚，大约在北宋时由朝鲜传入我国。苏轼说：“高丽白松扇，展之广尺余，合之只两指许。”到了明朝，初由内府定制，皇帝将折扇赐给群臣。正统年间南京民间已开始仿制，至成化年间已颇精制。周晖《金陵琐事》说：“东江顾公清云：南京折扇名天下。成化年间李昭竹骨、王孟仁画面，称为二绝。诗以志感：‘李郎竹骨王郎画，三十年前盛有名。今日因君睹遗墨，却思骑马凤台行。’”

民国时期的三山街折扇庄（邵丹供图）

清代南京制折扇，集中于通济门附近的扇骨营和东北郊石埠桥两处。栖霞石埠桥是横跨九乡河上的三瓮青石大桥，桥下为百十户人家的小集，但制扇历史悠久。南京折扇分竹、木两种，普通的以竹为扇骨，高档的以“檀香、桃丝、乌木为扇骨”。制骨有水磨或模雕两品。模雕者能在两大骨面上，雕苏东坡《赤壁赋》全文，诚为绝技。水磨之骨，滑润如玉，光可照人。表素洁之纸折叠之，谓之苏面，向来行销极广。尤以仰氏所制之扇最为著称，称之为“仰氏扇”。清代后期及民国期间，以三山街和门东门西为扇业批销中心，生意十分红火。当今栖霞纸扇形成规模生产，销往海内外。

后庭花

年年岁岁，花落花开，人们以花喻人，以花喻己，以花抒怀，以花咏史。如“梅花香自苦寒来”是励志；荷花“出污泥而不染”是洁行；而“商女犹唱后庭花”则是警世。这后庭花既是花名，又是剧曲名、词牌名。千百年来，多少名人以之咏叹、哀婉，甚而怒责，可见其影响之大。但是后庭花究竟是什么花？“后庭花”作为词曲名又经历了怎样的变迁呢？

陈后主与后庭花

《玉树后庭花》的典故在南京流传甚广，其典出自南朝陈最后一位皇帝陈叔宝，史以陈后主荒政亡国之鉴。

陈后主奢侈荒淫，臣民也流于逸乐。陈后主为张丽华、龚贵妃、孔贵嫔等嫔妃建“临春”“结绮”“望仙”三阁。陈后主往来于三阁之间，左右逢源。此外陈后主更把中书令江总，以及陈暄、孔范、王瑗等一班大臣一起召进宫来，饮酒赋诗，征歌逐色，自夕达旦。著名的亡国之音《玉树后庭花》就是陈后主所写：“丽宇芳林对高阁，新装艳质本倾城；映户凝娇乍不进，出帷含态笑相迎。妖姬脸似花含露，玉树流光照后庭；花开花落不长久，落红满地归寂中！”

当时陈后主还特地选宫女千人习而歌之。这明明形容的是嫔妃们妖娆媚丽，堪与鲜花比美竞妍，但却笔锋一转，蓦然点出“玉树后庭花，花开不复久”的哀愁，时人都认为是不祥之兆。果然，不多久，陈便为隋所取代。于是“后庭花”便成为历代众多文人金陵怀古诗作中的重要典故。

后庭花成历代“流行歌曲”

《隋书·乐志》说：“陈后主于清乐中作《黄骊留》及《玉树后庭花》《金钗两鬓垂》等曲，与幸臣等制其歌词，绮艳相高，极于轻薄，男女唱和，其音甚哀。”于是这“亡国之音”便在后世广为流传。很多诗人用这一典故表达对金陵旧事的深思与感叹。唐代大诗人李白说：“天子龙沉景阳井，谁歌玉树后庭花。”李商隐诗曰：“谁言琼树朝朝见，不见金莲步步来。”晚唐诗人杜牧赋诗：“商女不知亡国恨，隔江犹唱后庭花。”

千百年来，各朝各代都有以“后庭花”命名的“流行歌曲”。唐朝时，“后庭花”成为曲名，这些曲子在教坊中广为传唱。宋代张先作词《玉树后庭花》，又把其变成了词牌名。元代，著名元曲家郑廷玉撰《后庭花词》，由剧中人刘义庆与翠鸾唱和，又为杂剧名。后人增改之为《桃符记》。后庭花之所以流传千古，除了“亡国之音”的典故，还要归功于后庭花被改编为词曲历代唱传之故。

后庭花是什么花

那么后庭花究竟是什么花呢？

北宋苏辙《寓居六咏》中有“后庭花草盛，怜汝计兴亡”，句后自注云：“或言矮鸡冠花，即玉树后庭花。”这是指出“后庭花”为具体植物的最早记载。

南宋王灼《碧鸡漫志》中亦云：“吴蜀鸡冠花有一种小者，高不过五六尺（寸），或红，或浅红，或白，或浅白，世人曰后庭花。”

明末陈仁锡在《潜确类书》中说得更具体：“寿星鸡冠即矮脚鸡冠，有浅、白二色，即后庭花也。”

由上可见，“后庭花”不是泛指植于后院的诸多花卉，而是专指一种矮脚鸡冠花。换言之，“后庭花”即为矮脚鸡冠之别名。而矮脚鸡冠花，南京园林广有栽种。上世纪七八十年代，在南京市级机关大院大门外道路两旁园圃中即植有矮脚鸡冠花，高五六寸，秋季开花，花形似鸡冠，除上述花色外，还有金黄色红顶者，为国庆、中秋两节增添喜庆的节日氛围所栽培。

后庭花（即矮脚鸡冠花）

但是也有人说后庭花是其他花卉的。明《正德江宁县志》记载："玉树后庭花，陈后主酷爱此花，一名映日红，即今雁来红。"清末金陵文人陈作霖《凤麓小志》说是绣球花。

西府海棠

金陵有海棠，品种齐全，历史久远。明《正德江宁县志》载，南京之“海棠，有垂丝、贴梗、毛叶三种”。并引《方舆志》曰：“金陵有蜀海棠。曾极诗：‘传芳远出自西邻，锦伞高张慰眼新。花睡觉来红泪落，年年如意故宫春。’”说海棠花开之时，如张开的锦伞，艳丽而悦目，传说来自西邻。诗中的“故宫”想必是指昔日的天妃宫。而明《万历上元县志》也云：“本朝黄姬水《天妃宫看西域海棠诗》：‘仙观台荒蔓草中，海棠一树太憎红。可怜亦是星槎物，不学葡萄入汉宫。’”黄姬水的诗题即点明，此花在天妃宫。其时仙观天妃宫已败落在荒草之中，唯余一株海棠红得抢眼，也说是“西域”之物。清末陈作霖在《金陵物产风土志》中，则记述甚详：“静海寺西府海棠，高大蔽数亩地，花开如锦。明永乐中，太监郑和自西洋携归，建寺时植诸殿墀中者

莫愁湖海棠园（陈遥摄于2006年）

也。”如是说来，从永乐中植至此时，该株西府海棠历时近500年，已“高大蔽数亩地”，是可信的，实属罕见珍贵之花木。所记也说是“自西洋携归”。三书皆说该花“出自西邻”“西域”或“西洋”。

这株花或许来自域外，但须说明的是海棠原产中国，这在古代文献中多有记载。英国即称“西府海棠”为“中国海棠”。这如同麋鹿，近年从外国引进，但原本是从中国清朝时期传出去的。

尤其是西府海棠之名，就是源自建康（今南京）之西的和县“西府”之地。据《晋书》记载，晋将王愉督豫州四郡，建西府。其时豫州侨置于历阳（今和县）。“愉建军府于此，以在京都（建康）之西，故称西府”。府地培育出稀有品种海棠，花大而艳，称“西府海棠”，后各地皆有栽种。

今南京许多园林都植有垂丝、贴梗海棠，而莫愁湖公园20多年来，每年春季均举办盛大的“海棠花会”，盆栽圃植，品种繁多，如锦似霞，游人争往观之。

金陵菊花

秋高气爽，人们爱到玄武湖公园的梁州去赏菊，有的还在菊花扎景前留影，以记良辰美景之趣。

金陵红菊（陈遥摄于2007年）

南京人赏菊历史悠久，培菊历史就更久了。宋朝诗人范成大说金陵蓺菊“甚高，园丁结成楼塔，高一二丈，名曰菊楼”。并赋一首金陵《咏菊楼》诗：“东篱秋色照疏芜，挽结高花不用扶。净洗西风尘土面，来看金碧万浮图。”诗中十分逼真地描绘了菊楼的姿态。这情景在当时为各地所少见。金陵蓺菊名扬天下。菊花原产我国，后传至国外。最早的菊花只有黄色的一种，南朝在建康定都，杰出的科学家陶弘景记下了南京园丁培育出一种白色的新品种。这是菊花栽培育种技术上的一次大突破。到唐朝菊已有黄、白、紫三种。宋朝各地竞相栽培，品种激增，达35种之多，而当时南方的江宁（南京）、苏州，北方的汴梁（开封）、洛阳形成四大名菊产地。江宁以扎景为奇特。

到明朝，朱元璋定都南京后，社会安定，人们对花卉更加喜爱，培育菊花的人更多了，南京和全国菊花品种有了极大的发展。李时珍说有300种之多。茎有紫、赤、青、绿之别；花有单叶、千叶、有心、无心、有子、无子之分；色有黄、白、紫、红、绿、间色，深浅不同，可谓色香形俱美，凝重、高洁、典雅皆备，故深受人们的喜爱。

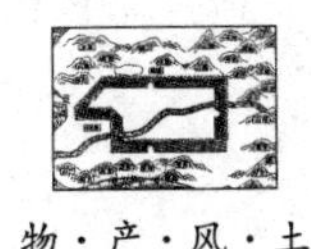

到了清代至民国初年，临近玄武湖的鸡鸣山后（明代将鸡笼山改称鸡鸣山），土地肥沃，辟为培菊的专门花圃。进入秋分之后，千畦万圃，灿若锦绣，花团锦簇，各色纷呈，赏花之人终日不绝。更有远道骑驴来游者，到晚竞相选购，驮载而归，一路花香笑语，南京人称之为“山后赏蓺菊”。金陵人家凡餐厅酒楼门前、天井，无不陈列数十至百盆，层叠相次，谓之“菊山”，五色缤纷，蔚为大观；席上无不选佳菊置中，菊绽蟹肥，把酒嗜蟹，味美绝伦。更有千家万户，以菊熏酒称“菊酒”，香味咸醇，饶有风味。

20 世纪 80 年代，南京园艺家培育出夏季开花的“夏菊”。21 世纪初国内引种改良意大利产的红菊，但此红菊色浅、单瓣。2007 年秋，南京农业大学园艺工作者在汤山菊花种植基地培育出直径约 5 厘米，花瓣重重叠叠、鲜艳猩红色的红菊，名“金陵红玫”新品种，是育菊史上的一大突破。

雨 花 石

雨花石，晶莹圆润，色彩斑斓，令人爱不释手。20世纪50年代初，人们到雨花台凭吊烈士时，总爱在山丘上寻觅几粒五彩透亮的石子作为纪念。近几年来，上乘的雨花石装在古色古香的小盒子里供国内外游客选购；有的加工成项坠、戒指等装饰品供出口。

雨花石，南京雨花台一带，包括雨花台区的铁心桥、西善桥等地皆产。直至20世纪五六十年代，当地农民在开采沙矿时，一边筛沙，一边遇到“色彩斑斓，晶莹透亮”的小石子，就随手拾起来放在盆钵里，积多了便拿到集市上去出售。近年来，这一带开沙矿少了，产量也随之大减，远不如邻近的六合、江浦产量多，因之精品也多，其中六合灵岩山的“五色文石”最佳。因这一大范围的地层都属“雨花台组砾层”，所产之五色文石，统称之为“雨花石”。

对雨花石，诗人、作家颇多题咏，江苏一位著名作家还呼吁大家把雨花石名字的由来搞清楚。有人还推断说，雨花石的名字首先出自郭沫若先生之口。此说确与不确，不妨先看看郭沫若于1946年在《梅园新村之行》一文中是怎样写的：“正中一个小圆桌，陈着一盆雨花台的文石，这文石宁静、明朗、坚实、无我，似乎也就象征着主人的精神。”郭先生在文中只说是“文石”，亦未直呼雨花石，所以不能说首先出自郭沫若先生之口。那么到底从何时、由何人首先题名雨花石的呢？还是让我们查看历代文献是怎么记载的：

1. 宋《庆元志》：雨花台“其地名玛瑙岗。出五色小石，堪为环耳”。

2. 明《一统志》：“应天府（指今南京市）聚宝山，府南聚宝门外雨花台侧，上多细玛瑙石，因名。”

3. 明《正德江宁志》：“雨花台石，在聚宝山。其地亦名玛瑙岗。朱希真猎较集，合以小石种菖蒲。诗云：雨花台上五色石。”

4. 明末清初的张岱《雨花石铭》、徐荣《雨花石》诗，均已直书雨花石之名了。《雨花石铭》说：“大父收藏雨花石，自余祖、余叔及余积三世而得十三枚。奇形怪状，不可思议。”《雨花石》诗则咏：“天雨诸香下帝台，大同天子讲经来。尚留子石临江活，恰似房花向日开……”

5. 1930 年 4 月 4 日由李清悚、蒋子奇编印的《首都乡土研究》第六章第二节《特别物产》中说：“雨花石，石多五色，产于雨花台。”

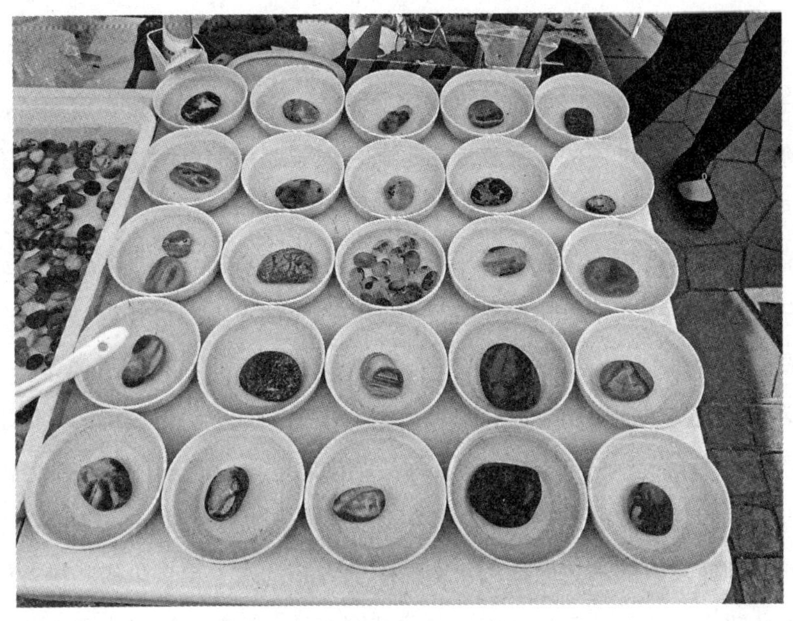

雨花石（茅鸿兵摄于 2021 年）

仅从上述几种史料即可看出此石之名，由“五色小石”“玛瑙石”“雨花台石”，到“雨花石”这一演变过程，而且早在明代中期即有“雨花台石”之称，到明末清初更直呼“雨花石”了，至 1930 年《首都乡土研究》已把“雨花石”正式列为乡土教材的内容。可见“雨花石”之名已有三四百年之久的历史。

南京板鸭

“古书院，琉璃塔，玄色缎子，咸板鸭。”这是一首明代流传于南京的民谣。古书院，指的是当时规模最大的国立大学——南京国子监；琉璃塔，指的是被称为当时世界奇迹的大报恩寺塔；玄色缎子，指的是南京著名特产玄色锦缎。将小小板鸭，与之并列，可见人们对南京板鸭的看重。

清时，南京板鸭曾为进献皇家的贡品，称为“贡鸭”。官宦之间又互相将此“白门佳品”“六朝风味”互赠，南京板鸭又被冠上“官礼板鸭”之名，名声尤噪，远销海外。

南京人吃鸭子的历史记载，可以追溯到梁朝。据史料记载，萧梁太平元年（556 年）三月，北齐大将萧轨等人与梁朝降将任约、徐嗣徽合兵十万南犯梁朝。六月，北齐军悄悄地到达钟山龙尾处，三天后进至幕府山，旋即进至玄武湖西北。梁朝权臣陈霸先先是派水军切断北齐军的水上粮食供给，接着调遣各路大军从覆舟山移驻北郊坛北面，与北齐军对峙。这时，连日大雨，北齐军昼夜坐立泥中，粮食供应不上，士兵极为疲乏；而梁军驻处地高路燥，可以轮流休息，陈蒨（后来的陈文帝）又及时运来大米和鸭子。六月十二日，梁军饱餐后，于拂晓出幕府山，陈霸先与沈泰、吴明彻夹击北齐军，侯安都从白下城袭击北齐军之后，北齐军大败，大将徐嗣徽被擒斩首。梁军乘胜追击，俘获北齐萧轨等将帅 46 人，北齐军伤亡溺死者大半，建康转危为安。

南京板鸭，始于南京南郊之湖熟。五六百年前，有回民弟兄二人从北方流落至湖熟，便以打野鸭烧制销售为生。有时候，鸭子多了，估计一下卖不完，便腌制起来保存。以后便有了一般熟鸭和板鸭两种制法。这说法虽平淡无奇，却自然可信。

南京板鸭誉有四绝：用秦淮河水烧制的鸭胚，皮白肉嫩，色泽鲜艳；用松枝烧煮，含有一股松脂香味；用荷叶包裹，荷香扑鼻，清雅醉人；加上烧煮的

祖传绝技，入口油而不腻，香味可口，常食不厌。

不过，亦有不少人特别是外地人，慕名而来，带回板鸭，却因不会制作，一味烧煮，不是味太咸，便是肉过老，而大呼上当。南京板鸭的烧煮技术较为考究，简言之，要诀有三：一曰浸泡，南京板鸭为便于保存，腌制很咸，一定要用清水浸泡 12 小时左右，化去积盐，方能制作。二曰佐料，一般要在鸭腹中塞入香葱、生姜和大茴，汤水中不再放盐。三曰火候，先将锅中水烧开，再放板鸭。水以浸盖板鸭为度。一定要使鸭腹内浸满滚水。放鸭后，再将水烧滚，然后用文火焖 40 分钟，之后将鸭肚内热水倒出，汤内添少量冷水，把鸭放进，等水烧滚，文火再焖 30 分钟即成。

（吴福林）

金陵寒具

“江南尚有余寒在，莫依东风褪絮衣”。仲春时节，乍暖还寒，结伴游春，多携冷食。古代江南称此类冷食为“寒具”。

南京的寒具指何物?《客座赘语》说“寒具即馓子”。《国民生活历》也说：“丹阳（今南京）油炸之馓，谓古寒具。”馓子以油和麦面糅拉成细条，盘绕环状，油炸而成。馓子称寒具，但寒具并不只是馓子。《国民生活历》又说：“京口（指镇江）以饼为寒具。饼为六角形，谓京江饼。”而杭州、宁波则以青团作寒具，“以青麦叶或嫩艾叶捣汁，和糯米作青粉团”。陆游在《晚春感事》诗中咏：“青瓷旋转作寒食，白葛预裁充暑衣。”还有的地方以面团、糍粑等作寒具。

这些食品为何称寒具?“寒具”之名的出现与寒食这一节日有关联。清明前一日之寒食节是后人为纪念春秋时期的介子推相约到此日不用火，只吃冷食，以表追思，故称“寒食”。由于这一天要吃冷食，都赶在日前制作，市场亦有出售。这种食品就叫“寒具”。市井郊野出售寒具时，还吹箫以招揽顾客，这在古诗文中屡有所见，如宋代宋祁“箫声吹暖卖饧天”、陆游“陌上箫声正卖饧”。孔尚任在《桃花扇》中写明末清初南京文人在清明节举办“盒子会”时的一段唱词：“扫墓家家柳，吹饧处处箫。莺花三里巷，烟水两条桥。”阳春三月，郊野处处有吹箫卖饧的情景。这“饧”就是用麦芽熬成的饴，掺和面粉做成的寒具（馓子），吃起来香酥可口，别具风味。正如清宣宗在《卖饧箫诗》中所咏颂：“气象近清明，街衢始卖饧。雨中看柳色，风里送箫声。韵递游春客，音传食馓名。酬钱因焚火，节物最关情。”春日踏青，带上寒具，边吃边游，或加糖用开水冲泡食之，自有一番风味。如今南京还流传这样的风俗，妇女生育，亲友往往馈赠，以表关切之情。

“点心”与“打间”

江南物产丰饶，“红苋紫茄种满吴兴之圃，绿葵翠薤殖盈钟阜之区”，人们除“饭稻羹鱼”的主食之外，还有副食“点心”；除正餐之外，还有“打间”。

点心，《辞海》释为“饥时略进食物”。点者，少许的意思。清末陈作霖《金陵物产风土志》说：“金陵民，日三食。屑麦糯和糖霜调盐酪，巧制汤饼、馄饨、糍团油炸诸品，晨食之，曰点心。点心者，宋人语也。”

要说南京人吃点心，始于东晋。当时太尉郗鉴“东床选婿”，王羲之毫不在意，衣冠不整，自顾读诗书，吃胡饼，传为佳话。晋人即以馒头招待客人，此时的馒头是包了馅的，即今天的包子。南朝梁昭明太子读书时，即以点心充饥。唐人《韦巨源食谱》附录《建康七妙》中就记有金陵人喜食的七种精制食品。不过以“点心”一词载之于文献的，始见于吴曾《能改斋漫录》：“世俗例以早晨小食为点心，自唐时即有此语。按：唐郑傪为江淮留后，家人备夫人晨馔，夫人顾其弟曰：‘治妆未毕，我未及餐，尔且可点心。’其弟举瓯已罄，俄而女仆请饭库钥匙，备夫人点心……”“点心”一词始见于唐。

至于“打间”，今人可能不解，因为习称“打尖”。曹雪芹《红楼梦》第十五回就是这么说的：“那时秦钟正骑着马随他父亲的轿，忽见宝玉的小厮跑来请他去打尖。”“打尖”，《辞源》释为“旅途中休息或进饮食”。虽作此解但还是难明其意，怎么“进饮食”成了“打尖”？清人福格著《听雨丛谈》所述，似更符合原义：“今人行役，于日中投店而饭，谓之打尖。皆不喻其字义，或曰中途为住宿之间，乃误‘间’为‘尖’也。谨按《翠华巡幸》，谓中顿曰‘中火’。又见宋、元人小说，谓途中之餐曰‘打火’。自是因为‘火’字而误为‘尖’也。”金陵人夏季日长，常在晌午十时后，或下午三四点钟，往往是用锅巴加少许盐或糖开水泡食之，称打尖。其意是在早、中和中、晚两餐之间加小食，可理解为“间食”，即“打间”也。

民俗风情

南都村田乐

明代南都金陵，立春之时流行一种“村田乐”的娱乐活动。这种活动从明代一直延续下来，长达数百年之久，深受群众的喜爱。近阅明代中叶的笔记，上面说：“相传太祖见田野中有此，命翰林撰词，使城中亦为之。至今及其时，江宁、上元两县给批，举行不废，谓之村田乐，然所唱非旧词也。”起初，村田乐仅在南郊冯家边流行，后来发展到孝陵卫，二三人、四五人不等，“鸣锣跳唱”。经太祖朱元璋命翰林院按旧曲填新词，让城里人“亦为之”，于是从立春前十数日起，城里城外，大街小巷，三三两两，敲打小铜锣，说说唱唱，跳跳打打，“打”来了又一个新春。后来人们因此称立春为“打春”。这种打春、唱春活动至今还在南京郊县高淳等地流行。

“东郊迎迓土牛回，晓日曈曈曙色开。夹道儿童齐拍手，府衙前看打春来。”这首《白下新春词》为我们描绘了立春之日太守“鞭打春牛”这一别具情趣的活动。《正德江宁县志》和《金陵古迹诗注》都说，立春之日一大早，从府衙前到东郊（有时在南郊）的大道上，挤满人群，观看一年一度的新春庆典：太守率领府县官员、各方显贵齐集东郊，三声铳响过后，烧香“接春”，并令一个盲人用五色笔涂画牛身（“牛”由儿童事先用泥塑好），从画的部位及花纹以“觇”年成，叫“觇春”。然后太守用“五色纸裹的芦梗”，即“五花棒”鞭打春牛，又称“打春”。太守鞭打几下之后，便将五花棒散丢地上，任人拾取，随之鼓乐齐鸣，祭祀活动达于高潮。接着，命两名穿节日服装的青年男子在锣鼓声中，在大批人员的簇拥之下，将土牛抬往城内闹市，供人赏悦，叫“送春”。将土牛送往大户，所受者无不受宠若惊，大放鞭炮迎接，盛备茶点款待。“打春”队伍行走的线路还有讲究：从江宁府衙所在地府西街出发，经中正街（今白下路）出通济门到“土牛厂”，而后由聚宝门（今中华门）入经中华路回府，叫不走“回头路”。

南京人称立春为新春，重视新春不亚于新年，故有“新春大似年”之说。这一天除举行庆典活动外，家人要向长者拜谒，表示敬意，以祝家庭和睦，叫“拜春”。全家团坐吃春饼，叫“咬春”。咬春饼由来已久，唐时有春盘，宋、明有春饼，朝廷以春饼赐群臣。清时，南京的春饼是很有名气的。诗家才子袁枚说南京的春饼“薄如蝉翼，大若茶盘，柔润绝纶”。薄薄的春饼卷上韭黄、荠菜、冬笋、肉丝，咬起来别具田野风味，无论官员、百姓都甚喜爱，所以风行一时，以至南国的人也都爱吃。近代鲁迅、郭沫若都品尝春饼，并极赞誉。

南都的村田乐，令人欢愉，别有风情。

过年游玩夫子庙

夫子庙本是祭祀孔子的场所，人称孔庙或文庙。可是在南京，夫子庙远远超出单纯祭孔的范围，其内涵要丰富得多。当然旧时的夫子庙与我们今天所见到的夫子庙是截然不同的。一条秦淮河将夫子庙分成南、北两片区： 在北边，自明至清，既是孔庙、学宫、贡院聚集的文苑地，又是酒楼、茶社、旅馆、小吃的经商之所，还是画舫、戏院、舞厅、杂耍集中的旅游、娱乐之处。而在南部则有教坊、勾栏、富乐院等狎游调笑之地。一座文德桥将南北两片连成一体，北边日照南边雨，两种完全不同甚至对立的社会现象居然能在一处共存达数百年之久，着实令人难以置信。不过对于市民来说完全是冲着夫子庙热闹好玩而来的。尤其是过年逛夫子庙是南京人最开心的事了。

记得旧时正月初一那天，才进夫子庙入口处，人们就簇拥着往里挤。到了现在的游乐场便是几座简易大棚，里面有唱京戏、扬剧的，有说书的。到泮池边的

夫子庙旧影

春节逛夫子庙（摄于 1989 年）

夫子庙广场更是黑压压的人群，大多是来看花灯的。广场四周有一圈圈的人群被各种表演吸引着，有的在看魔术表演，分明看见一个小姑娘钻进了陶坛子，转眼坛子里的人不见了；一会儿一位年轻女子被两人抬着放在一把宝剑的尖上，女子居然稳稳当当地睡在剑尖上安然无事；一会儿上身打着赤膊的男子把一把长剑穿进喉咙，吓得人不敢睁眼看。再一处是拉洋片的，长长一排上下两层的架子，上层放着画有各种人物、花鸟、走兽、风光的景框；下层被隔成一只只暗箱，五六人坐在长凳上透过凸透镜朝里面看“西洋景”，一男一女两人各站一端，拉一次换一景，边拉边喊：“往里面看来，往里面瞧——”声音拖得长长的，特有韵味。还有捏面人的，手灵巧得很，捏成的喜鹊、小猴、仕女，一个个活灵活现，叫人舍不得离开。小动物表演也很有意思，一只山羊拉着车子，上面坐着一只小猴子，做出各种动作，滑稽好笑。还有几个上了年纪的人穿着长袍、戴着瓜皮帽分散在几处招揽游人卜卦、算命、看手相。可谓五花八门，包罗万象。颇有人气的地方是卖小吃的，有桂花汤圆、糖粥藕、回卤干、麻花、馓子、冰糖球等等，多得叫人数不清。游玩的人即使不买东西，过年一家人一起逛夫子庙看热闹，也是很开心的事。

正月十五赏花灯

过年赏花灯，是南京人的一大乐事。火树银花，璀璨夺目，家家走桥，人人看灯。“银烛影中明月下，相逢俱是踏灯人”，就是当年南京人过年观灯情景的真实写照。

从明朝初年的元宵灯节，延至如今的农历过年观灯，长盛不衰，深受广大人民群众的喜爱，成了南京人的传统重要习俗。

明朝万岁灯天下独有

明朝初年，南京灯市在午门前举行，盛况空前，尤其是“鳌山万岁灯”是南京独有。这种“万岁灯”，以千百种几万盏灯叠为山形，中间用五色玉栅簇成“皇帝万岁”四个大字，灯光一射，五光十色，熠熠生辉，灿若繁星，令人眼花缭乱。

这时，四面八方的人群蜂拥而至，等皇帝、皇后妃嫔、文武大臣观后离去，众多百姓如潮水般涌向午门，“听臣民赴午门外观鳌山三日，自是岁以为常”。永乐十八年（1420年）秋，朱棣迁都北京，十九年正月初午门“万岁灯”虽未再办，但午门外的长安街仍有灯市。

清朝三处灯市异彩纷呈

清朝中期以前，南京灯市主要集中在评事街、笪桥空旷处举办。过年期间，笪桥至评事街沿升州路一带，灯火通明，大街两旁扎满松棚，松棚四周缀满巨型花灯，灿若白昼。松棚里还有乐队，箫鼓声宛如仙乐。不时还有穿着戏装踩高跷、摇旱船者走过，吸引大批百姓走街串巷，观赏争奇斗艳的三星灯、

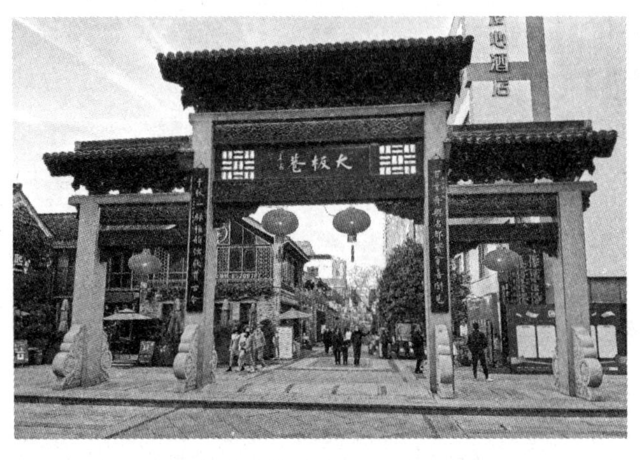

今日灯市（茅鸿兵摄于 2021 年）

八仙灯、聚宝盆、皮球、西瓜、草虫、金鱼等多种花灯。

那么多的花灯中，创于南朝的“走马灯”可谓一绝。走马灯外罩灯笼，灯内上方有一风轮，蜡烛点燃，空气遇热膨胀上升，引发灯内空气持续对流，推动风轮旋转，带动连在轮轴上的灯笼转动，笼面上画着各种姿态的骏马疾驰，犹如万马奔腾。

同治后，南京有三处灯市竞放异彩，即府学（今朝天宫）前、县学（今夫子庙）前及笪桥，灯市盛况空前，人们几处奔走，以观其妙。夫子庙县学前广场还有舞龙灯的，彩龙翻舞，虎虎生风。还有富家子弟合在一起演“打十番”，套路甚多，有水漫闹台、滴滴金、八段锦、蜻蜓翅、蝴蝶须等，击打起来震耳欲聋，把过年的气氛烘托得热烈而有情趣。人们围观得里三层外三层，久久舍不得离去。

民国灯市也热闹

清代末年，夫子庙商业日趋繁荣，人流大量增加，县学前的夫子庙灯市更红火，渐渐取代了其他两处灯市。后来，由于朝代更替以及战争影响，夫子庙灯市时兴时衰。但只要市面一旦平稳，人们观灯的热情就丝毫不减。

记得 20 世纪 40 年代中后期，过年到夫子庙还是人如海，灯如潮。大人们总要给孩子买一只手提荷花灯，有的孩子则喜欢装有四只轮子的兔子灯，放在地上，灯内点上蜡烛，用棉线扣上拖着走，灯火一闪一闪的，极有情趣。

祭社稷　吃社饭

“桑柘影斜春社散，家家扶得醉人归。”这是唐代诗人描写祭社活动的诗句。祭社是怎么回事，现在已不大为人所知。祭社在古代视为重要活动。

古时称国家为社稷。社，是社神，即土地之神；稷，是稷神，为五谷之神，有了土地和五谷，人得以存，国得以立。古时上自天子，下至百姓都要立社祭祀。《礼》书上说：“王为群姓立社，曰大社；王自立，曰王社；诸侯为百姓立社，曰国社；自为立社，曰侯社；大夫以下立社，曰置社。”以二十五家为里（社）；十家五家为社者，叫私社。隋采周制，以二十五家为一社。春秋两季人们集会于土坛前，举行祭典，叫祭社，这坛叫社稷坛。祭社活动充分表现了古人对乡土国土的深厚感情和以农为本的思想。

朱元璋于称帝前一年（1367年），在南京皇宫的前方，设“右社稷，左宗庙”，社稷坛的地位同于祖庙又高于祖庙。起初社稷坛分为社坛与稷坛，相距五丈，共用一道围墙，坛南植松树，上填五色土，代表五个方位：东青、南赤、西白、北黑、中黄。为了象征中央的统治，又以黄土覆盖面上。用五色土代表五个方位之典，始于汉朝。《汉书》记载，天子大社以五色土为坛，分封诸侯则取该方面土裹以白茆授之，以立社于其国。洪武十年（1377年），朱元璋认为社稷分为二坛好比将父母分开，不合经典，于是合为一坛。明初五色土祭坛共有三座，即南京、临淮（凤阳）、北京。北京的一座建于永乐年间，仿南京规制，至今在中山公园内尚可见到。

明代每里社一百户立坛一所，祀五土五谷之神。五土，指山林、川泽、丘陵、坟衍、原隰，以社代表之；五谷，指黍、稷、稻、麦、菽，以稷代表之。社稷也可简称为社，祭社就是祭祀社稷。一年两次，有春社和秋社。

举行春社的日期，据《礼记·月令》记载，当初为“仲春之月，择元日，命民社”。就是说原先是在二月初一结社，后来演变为“以立春后五戊（取戊属土之义）为春社，约当今春分前后”。清朝末年即以春分之日举行春社活动。

祭社，先举行拜祭仪式，庄重肃穆；而后为娱乐活动，气氛欢乐，意为“敬神娱神”，娱神也娱己。南京最隆重的春社活动，是在洪武元年二月初一。据黄汝良《乐律志》记载，这一天，朱元璋亲率文武百官至端门右祭大社大稷，三拜九叩。“初献，奏寿和之曲，武功之舞；亚献，奏豫和之曲，文德之舞；终献，奏熙和之曲，文德之舞；彻豆，奏雍和之曲；送神，奏安和之曲；望燎，奏时和之曲”。

祭社后，要演社戏，吃社饭，饮社酒，热闹盛况不亚于岁终大蜡。祭社活动历代相习，诗人争相咏颂。唐代大诗人韩愈有诗曰：“愿为同社人，鸡豚宴春秋。”宋陆游诗曰：“雨余残日照庭槐，社鼓咚咚赛庙回。又见神盘分肉至，不堪沙雁带寒来。”都说的是社日祭神或赛庙会的热闹景象。社日所吃的社饭，“以猪肉杂碎调和，铺于饭上”即是。民间还用葫芦瓢端社饭相赠，以表故旧之情。南京此俗始于六朝。看来今日人们所吃的盖浇饭，大约是古社饭的遗风吧。

明亡清立，兵灾连年，人们生活异常艰苦，不要说吃盖浇饭，连稀饭有时也难填饥肠，于是社稷活动在大江南北遂趋衰落。《桃花扇》作者孔尚任目睹当时荒凉情景，曾在诗中写道：“村村社鼓久停挝，饧粥何曾到齿牙。”就是当时景况的真实写照。清代后来虽然提倡，但至咸丰年间战争迭起，人们也渐渐无心于此了。

现在社稷活动虽不再流行，但几千年来炎黄子孙养成的热爱国家，热爱乡土的深厚感情，却已深深扎根于人们的心中。

三月三　上巳节

上巳节是一个什么样的节日？知道的人恐怕不多。可是要说农历三月初三荠菜花生日，老南京大都非常熟悉，而三月三正是由古老的上巳节演化而来。古时，上巳节有临水祓禊（在水边消灾祈福之意）、曲水流觞、吃彩蛋及踏青游春等活动。此俗历史悠久，一直受到历朝历代统治者的重视和提倡，庶民百姓也热情参与。在六朝时期，南京（时称建康）此俗为全国最盛。

上巳节的由来

江南三月，草长莺飞。丽日春风之下，桃花绿水之间，度过了严冬的人们纷纷在三月初三这天来到青溪、淮水（今秦淮河）边，嬉水优游，消灾求福——生活在这片土地上的人们曾经就是这样度过上巳节的。

上巳节在我国已有两千余年的历史，早在周朝即有过上巳节的活动，源于古祓禊之礼。上巳节就是在农历三月上旬的第一个“巳”日，即上巳（魏晋以后将上巳节定为三月初三）。这一天要举行重要仪式以消灾避邪，祈求吉祥平安。《周礼·春官》上说：“女巫掌岁时，祓除衅浴。”衅浴就是用牲血涂身，也就是说起初此项活动是在宗庙、社坛举行，用牲血涂身；后来移到水边举行。古人认为水是至洁之物，所以仪式要临水举行。春秋时，郑国就于三月上旬之巳日，男女偕同来到水边，执兰招魂，戏谑恋慕。孔子在《论语》中描述过这样的场景：“浴乎沂，风乎舞雩，咏而归。”上巳节，由此流传久远。

上巳节与东晋政权

晋永嘉元年（307 年）的上巳节，对建康地区百姓来说，不同往年。这天有位历史上非同寻常的人物在青溪同百姓一起欢度，此人就是东晋开国皇帝司马睿（当时为琅琊王）。他为什么在军政要务如此繁忙之时，屈驾建康青溪呢?这是有来由的。

西晋末年，“八王之乱”后，北方的外族大肆进犯中原，司马睿率领30万人马从中原仓皇来到江东，想在建康喘息，站稳脚跟，重整旗鼓，再建晋室王朝。可是住了一个多月，江东的豪门望族无一人登门，都抱着冷淡观望的态度。谋士王导见此情景极为忧虑，他深深懂得晋室南迁，要是得不到江南士族的支持，就休想在江南立足，重建晋室政权。一天，王导的哥哥、执掌兵权的扬州（治所在今南京）刺史王敦来见，他们商定，借上巳节的传统活动，导演一幕为司马睿树立雄威的活剧。

上巳节那天，天朗气清，阳光温煦，建康城上至豪门士族，下及庶民百姓，成群结队来到九曲青溪、十里淮水（后称秦淮河）之滨，取水沐浴，荡涤心胸，追逐嬉闹。突然，浩浩荡荡大队人马来到水边，前有仪仗开道，左右卫队护驾，司马睿大模大样地坐在轿内，王敦、王导等大批有声望的北方士族骑着马毕恭毕敬地随行其后。这一派皇帝出巡的架势，被江南士族的代表人物顾荣、纪瞻等远远窥见，他们无不惊愕，想不到名不见经传的司马睿在北方士族中竟有如此崇高的威望，于是相约前来拜见。司马睿从此在江南士族中赢得支持，政权日渐巩固，并顺利地登上了皇帝的宝座。上巳节的一出戏，为司马睿称帝立业奠定了基础，所以在东晋一百年间，建康的上巳节是十分热闹的。

魏晋以后，上巳节逐渐改为固定日期，“多用三月三日，不复用巳日”。至唐朝，此俗更盛，是时，很多青年男女携游于江河湖沼。尤其是每逢三年一次的科举大比之年，试子们都会在这天去水边优游，而达官显贵的贵妇人则陪着闺女到水边相亲，形成“三月三，情人会”。杜甫有诗曰：“三月三日天气新，长安水边多丽人。”这一活动遍及南国和中原，尤以长江中下游为最盛。

曲水流觞　文人雅集

上巳节在流传过程中，其形式、内容日益丰富，在祈求消灾避祸的同时，又增添了宴饮娱乐活动。一些文人雅士独辟蹊径，引水环曲成渠，在上游放置

酒杯，任其顺流而下，停在谁面前，谁即取饮，此谓流觞，也叫流杯，席间作诗赋辞，相与为乐。东晋时著名的皇家园林华林园，即建有祓禊堂、流杯渠。这种游戏活动到南朝时更加风靡，上至王室公卿，下至商贾平民，“并出江渚池沼间，为流杯曲水之饮”（《荆楚岁时记》）。宋文帝刘义隆更兴造北苑（后改称乐游苑，今南京九华山公园一带），规定每年的夏历三月禊饮于此。元嘉十一年（434 年）三月，宋文帝率百官宴饮于北苑，与会者赋诗，颜延之为序。梁代，乐游苑又重现流杯仪的盛况——梁武帝命人在庭院中间设乐队演奏并上演各类杂耍戏剧；殿上流杯池中行酒具，杯至谁前谁即饮酒，然后酒杯又随流而转，首尾不绝，热闹有趣。

上巳节吃五彩蛋，则是与流杯之戏同时进行的习俗活动。人们把鸡蛋或鸭蛋煮熟，染上各种颜色，放入水中，流到谁面前谁取食，这叫作“曲水浮素卵”。诗曰：“羽觞乘波进，素卵随流归。”

明清以来的三月三

明初，朱元璋为显太平盛世，逢三月三便携文武大臣去南郊同游牛首山。全城百姓闻风出动，牛首山彩幄翠帐，人流如潮，为当时一大盛事。

清朝，江苏、安徽地区，人们在三月三除到水边欢腾雀跃地举柳枝洒水，进行祓禊活动外，还有习俗将荠菜悬挂在门上，或置于灶台、铺席下，妇女儿童则戴荠花。南京人则相传三月三为荠菜花生日，在这一天妇女均戴荠花，民谣曰：“三月三，荠菜花赛牡丹，女人不戴无钱用，女人一戴粮满仓。”又有歌唱道：“三春荠菜花，桃李羞繁华。”

时至今日，逢到三月三，南京人采荠菜花煮鸡蛋食用，说可治头痛。这几乎成为三月三最后的风俗了。

清明祭扫习俗

清明节始于周，是祭祖扫墓的节日，已有2500多年的历史。

清明又指节气，是二十四节气之一，万物生长到此时，皆清洁而明净，故称“清明”。每年4月5日前后为清明节。

南京人家每到此日皆祭祖扫墓、踏青出游、插柳放鸢、吃节令食品，既尽忠孝人伦之礼，又得游春郊宴欣赏大自然之乐。

公祭先烈先贤

史籍有“古人扫墓，原无定期”的记载，至南北朝渐渐形成了固定于寒食至清明间扫墓的风俗。到唐朝，唐玄宗开元二十年（732年）下诏书，寒食上坟，礼经无文，近世相传，已成习俗，应允为常式。到明代，清明祭扫“哀乐兼而有之，堪称盛举”。洪武六年（1373年），还制订了品官士庶家庙祭礼的礼仪。清及近代，清明祭扫形成定俗。

祭扫，有祭先贤、忠烈的公祭，有祭祖先的宗庙、家庙的私祭。

南京自古至今，公祭的人物有蒋子文、卞壸、明僧绍、颜真卿、杨邦乂、岳飞、文天祥（明清时被奉为南京城隍）、方孝孺、海瑞、林则徐、孙中山等。

新中国成立后，自20世纪50年代起，南京市政府机关、学校、团体于清明节赴雨花台凭吊先烈。当时在雨花台山坡上有毛泽东题字的“死难烈士万岁”纪念碑，两侧有松柏常青，气氛肃穆。人们抬着花圈放置纪念碑前，行三鞠躬礼，绕碑一周以志缅怀。

20世纪80年代，市政府对雨花台烈士陵园进行大规模扩建，树烈士群像、纪念碑，建纪念馆，清明节凭吊先烈已成定制。有时还在此日举行18岁成人仪式，寓意开始担负起对社会的责任。现在还有于12月13日到江东门侵华日军

南京大屠杀遇难同胞纪念馆举行“公祭”活动。

私祭祖先

私祭有祠堂祭祖和家庭祭祖。祠堂祭祖规模大，气氛隆重，有一定礼仪程式。笔者有幸参加过一次，目睹了祠祭全过程。据说，举行一次祠祭要在两个月前就准备，祠堂内要进行修葺布置，花销也大，所以一般不经常举行。

祭祖那天，祠堂门口高挂两只新糊制的堂名灯笼，白色圆柱形，上贴“百尺堂”三个红字堂名。祠堂内挂了许多名人撰写的楹联。香案上供奉有祖宗牌位，几只大盘内放着牛（头）、猪、羊、鸡、鱼等牲品及果蔬，案上点有巨型香烛。右方墙上贴有本次祭礼的主祭及出席的乡贤和司仪名单，气氛隆重得很。

10时许，司仪宣布祭礼开始，门外接连铳响三声，鞭炮齐放，接着奏乐，行跪拜礼，而后主祭宣读祭文。大体是追述本族的辉煌业绩，及对未来的祈求等。然后再行跪拜礼，奏乐、礼成。这大概就是《论语》上说的“慎终追远”吧。到午时，举行盛大宴席。宴席很丰盛，全族各房各户、男女老幼都参加，直至酒足饭饱兴尽而息。下午，按各房、各户分散去祖坟扫墓。

古人祭扫祖先

南京人扫墓，亦称上坟。全家老少穿戴整齐，带上祭品，打着纸幡，或坐车或坐轿或乘船赶去坟地。先把杂草除去，添几锹新土，挖一土帽置坟头，插上纸幡。纸幡，新坟用紫纸，老坟用黄纸或白纸镂成长条形，用新绿柳枝挑起插于坟上，称为“挑钱”。再把菜肴、水果、酒杯置好，斟满酒，再上香，烧黄表纸，叩头深情致意。近年，有些人家已将上香、烧纸，改为敬献一束鲜花，颇有新风之感。

游春踏青

清明时节，正是风和日丽之时，田畴山野铺锦叠翠，梨花杏花次第开放，藉祭祖扫墓游春踏青，所以南京又称清明节为踏青节。“借来梨蕊三分白，偷得梅花一缕魂”。人们纷纷出城，接踵连肩，翩翩游赏，放鸢戴柳，笑语盈盈。正如一首古诗云：“梨花风起正清明，游子寻春半出城。”人们拥到牛首山、雨花台踏青赏景，文人雅士咏诗作乐，视为开心之事。南京人有春游牛首山、秋游栖霞山之俗，形成“春牛首，秋栖霞”之评。清朝诗人陈章在乾隆二十一年（1756年）作《摄山游草》集“序”中有“昔人有云：‘春牛首，秋栖霞。’谓两地作游，必须其时也”。清人徐溥在《秦淮竹枝词》中描写道：“红妆结队斗铅华，高髻盘云堕鬓鸦。相与踏青联袂去，旧王府里看桃花。”

这一天，南京家家户户门窗插柳，人们衣襟、发鬓戴柳，儿童头戴柳圈，有谚曰：“清明不戴柳，红颜成白首。”扫墓乘轿归来时，轿顶插满柳枝。也有的随手插一支在岸边，来年观之已茁壮，颇为欣慰。

插柳条有杀虫除毒之效，寓祈福保平安之意。北方还有射柳之俗，南京射柳之俗并不普遍，但明代南京明皇宫中就举行过。《识小编》载：“永乐中，禁中有剪柳之戏。”禁中，即皇城内；剪柳，即射柳，将物品系于柳枝，射中即落，是集习武与娱乐于一体的活动。

野外踏青之时，人们还放风筝。起初人们放风筝，既是取乐，又是表心愿，将心中烦恼之事，用风筝放去，称之“放晦气”。所以人们见到丢弃的风筝是绝对不捡的，捡了即捡来晦气。《红楼梦》中就有这样的情节描绘。后来风筝越来越精致，成了工艺品，也就舍不得将风筝放走了。

吃青团

南京人在寒食至清明间，喜食馓子，早在唐朝时南京人就开始吃馓子。馓子称寒具，嚼着酥脆“惊动十里人”。明代朝廷从杭嘉一带迁来一批大户落籍南京，清明食青团之俗也带到南京，从此南京也流行清明食青团。青团是取艾

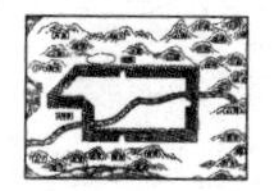

清明戴柳

叶（矮棵圆形为佳）煮烂揉碎，掺和糯米粉，在案板上反复搓揉，做成团煮熟即成，黏滑有韧性，青香可口。除自家食之外，还分送邻里，以示团结友好。即使以往有过龃龉，通过送青团也可化干戈为玉帛了。

南京人这天还喜吃煮螺蛳，有明目、化水肿、醒酒、利大小便之效，《本草纲目》上有详载。此日之后，因水温增高，有寄生虫活动，不宜再食。

蚕月挂红与立夏尝新

农历四月江南人称之为“蚕月”，陆游曾写诗曰：“蚕月人家处处忙。”四月为何称蚕月呢？因此时江南处处大忙，又正逢蚕儿上簇制茧，故有此称。南京郊县的养蚕人家，为了免除蚕儿染病，家家闭户，红纸粘门，禁忌往来，有“蚕家忌客门门闭”之俗，习称“放蚕忙”或“蚕关门”。不但亲友不相往来，就连官府也停讼罢征。郭㥄加在《棖园消夏录》中说：“三吴蚕月，风景殊佳，红贴粘门，家多禁忌，少妇治此事者，往往独宿。”

四月又是立夏时节，春光融融，蔬果鲜鱼应时而生，昔日苏南等地有“立夏尝三新”之俗。三新指樱桃、青梅、鲥鱼。

樱桃一名含桃，性温，味甘微酸，能调中益脾，美人面颜，泄精水壳痢。深红色者叫朱樱；紫色有细点者叫紫樱，味美。古时用以祀宗庙，献皇亲，朝廷亦用以赐百官。康熙四十四年（1705 年）四月二十二日，康熙皇帝第五次南巡抵达江宁（今南京）时，管理江宁织造府的郎中曹寅当夜进贡康熙的就是玄武湖樱洲产的时令佳品樱桃。康熙一见，十分喜悦，即说：“先进皇太后，朕再用。”随即差官送樱桃限二十四个时辰（即 48 小时）到达北京。

青梅，即梅之未成熟者，色青故名。味酸而脆，可蜜煎糖藏，以当果饤。

鲥鱼，《雨航集录》上说：“鲥鱼者，夏以时至，故名。”明清两朝鲥鱼一直作为贡品。曹寅曾兼任过监督运送鲥鱼去北京皇宫的贡使。他曾写过一首《鲥鱼》诗：“手揽千丝一笑空，夜潮曾识上鱼风。涔涔江雨熟梅子，黯黯春山啼郭公。三月齑盐无次第，五湖虾菜例雷同。寻常家食随时节，多半含桃注颊红。”“含桃”即樱桃。曹寅虽以鲥鱼为题，诗中却囊括了樱桃、青梅等三新，亦见他对江南风俗民情了解之深切。

立夏之日，南京人喜食豌豆糕，并借以消夏。据《金陵岁时记》称：“立夏叫小儿骑坐门槛，食豌豆糕，谓不疰夏。”因夏令炎热，人体消化力锐减，多不思饮食，想借此“压”之。当然压是压不住的，不过多吃点蔬菜水果和清淡食品倒是有道理的。

端午节

昔日南京有首民谣："五月五，划龙船，过端午。"农历五月初五叫端午、端五，因时近夏至，"日叶正阳，时当中夏"，故又称端阳节、天中节或地腊节等。这一节日是自元旦后最为普遍、颇受人们重视的节令。

端午为何"炒五毒"

古人认为五月五日是恶月、恶日，是非常不吉利的日子，非凶即恶。《风俗通》就这样说："五月盖房，令人头秃"，"五月到官，至免不迁"。说若是这月被委任，此后就不会升迁；甚至说生小孩也不利，"五月五日生子，男害父，女害母"。虽说这是迷信，可是人们深信不疑，于是人们要么祭神拜鬼，祈求保佑；要么驱邪避疫，采取"炒五毒""吃五黄"，挂"五毒图"、穿戴虎头鞋帽，以避邪恶、求吉祥平安，于是形成奇特的习俗。

《隋书·地理志》说，南方地湿，多生虫。人们以菖蒲、艾叶插门窗，其气味淡香宜人而避虫，南京人还结网兜，内装独蒜，悬挂于门旁，使虫远避之。小孩颈项挂五色丝络，络中装咸鸭蛋；臂系五色丝挽成丝绦，叫"长命缕"；穿虎头鞋，背老虎披（用五色绢布饰有天师骑虎形）；用雄黄酒在额头画"王"字。妇女鬓边插绢绒五彩老虎花。中堂悬挂钟馗图及五毒（蟾蜍、毒蛇、蝎子、蜈蚣、壁虎）形图，"驱鬼避邪"。

人们这天早晨吃粽子、绿豆糕，中午食"炒五毒"（用银鱼、虾米、茭菜、韭菜、红干杂炒）、"五黄"（烤鸭、黄鳝、雄黄豆、鸭蛋黄、黄鱼）及苋菜，饮菖蒲根浸泡的雄黄菖蒲酒，以求免灾。并用经过暴晒的雄黄水令家人洗目，谓之"破火眼"，说可免一年眼疾。

投粽于江祭先贤

粽子，俗称角黍。据传，起初人们以竹筒贮米煮熟而食，后演变为用毛竹茎部之大竹叶包裹黍米蒸煮之。黍，为黄色有黏性比小米颗粒略大之黄米，可酿酒，制糕。晋人周处《风土记》云：“俗以菰叶裹黍米，以淳浓灰汁煮之，令烂熟，于五月五日及夏至啖之，一名粽，一名角黍。”说明此时的粽子是以黍米裹成。因形制不同，有角粽、锥粽、菱锥、筒锥、秤锤粽、百索粽、九子粽。唐时已用白米包粽子，这时有一种纤巧的粽子，尖小如初生绿菱。到明清，用芦苇叶包粽子已很普遍，粽子的品种也更多了。

南朝梁时吴均《续齐谐记》曰：“屈原于五月五日投汨罗而死，楚人哀之，每至此日，以竹筒贮米投入祭之。”其后四方相传，皆以为节物。

此日，人们除投粽于江以祭先贤，进而作为节日的食物之外，还划龙舟，所祭的人物也有多种说法。

龙舟竞渡

此活动有多种传说，最主要的有三种。

一说是纪念伍子胥。春秋时，伍子胥因忠被谗赐死，吴王夫差事后又隆重哀悼，以革裹子胥尸体泛于江上。勾践灭吴后，每年哀悼于江，所以赵晔《吴越春秋》说，此举起于勾践“悯子胥之忠”。梁朝宗懔《荆楚岁时记》也说：“五月五日迎伍君逆涛而上，为水所淹。”

二说是追念曹娥。曹娥，会稽上虞人，其父能弦歌为巫。东汉安帝永初二年（108 年）五月五日，其父为免除世人水患之苦，祭水而死，连尸体也未找到。曹娥年仅十四，沿江呼号寻父，昼夜不止，溺死于水。人们遂立曹娥碑，并于每年五月五日于江上追祭。

三说是哀悼屈原。公元前 278 年，秦国大将白起率兵攻陷楚之郢都，楚国大夫屈原，见国破家亡，万分悲痛，遂于五月五日投汨罗江而死。附近百姓划船营救，由于未能找到尸体，只得用竹筒贮米投于江中，以祭其在天之灵。“鼓櫂争端，竞会亭上，为竞渡之戏，迅楫齐弛，櫂歌乱响。喧振水陆，观者如云。”（《隋书·地理志》）不过，划舟竞渡之戏，在屈原在世时已有之，当时划的舟叫“舲舟”，细长而翘首，在屈原所作的诗词中已见记述。

端午划龙舟之俗，起于南方，据《事物原始》引《越地传》说：“竞渡之事起于越王勾践，今龙舟是也。”闻一多在《端午考》等书中认为，古代的越民族以龙为图腾，为表示他们是“龙子”的身份，借以巩固自己的保护权，于是每年在五月五日这一天，要举行盛大的图腾祭，其中制有龙形的独木舟，在水上做竞渡游戏，既为祭祀，也给族人娱乐。

人们从划龙舟祭龙，演化为纪念历史人物，这与人们的思想理念及历史人物的杰出活动在风俗中沉淀有关。起初各地所祭奠的人物不同，而后逐渐统一到纪念伟大的爱国者屈原。划龙舟是祭祀的一种仪式，“敬神娱神”，娱神也娱人。

端午日龙舟竞渡，遍及江南，尤以南京之秦淮河、扬州之广陵渡、常州之白云溪、上海之黄浦江、湖州之碧浪湖、嘉定之汇龙潭、杭州之西湖、江阴之闸口为最盛。

金陵龙舟，向有“三帮”。据夏仁虎《岁华忆语》记述，秦淮河船户敛资为之，曰河帮；外江船户之入城者，曰江帮；上新河之木商所集者，曰木牌帮。午日，各帮咸集于夫子庙前之泮池……以争奇斗胜取乐。各帮龙舟均饰以彩亭，五彩缤纷，选貌美的小儿扮演杂剧中的人物间坐舟中，四至六人敲打锣鼓以助兴，艄公掌长竿，“长年之好身手者，于上做种种游戏”。沿河两岸人家，当船过之时掷银角、铜钱或放鹅鸭，为龙舟争取之以为乐，称之为夺标。这一天男女老幼倾城出游，泮池两岸罗绮如云，游舫蚁集，金鼓喧阗，欢声雷动。富户人家还事先订租游船，泛舟览胜，至夕乃归。

七夕与“乞巧”

古时以农历七月七日为“七夕”。这夜姑娘们纷纷“乞巧”，此俗始于战国，据《物原》记载：“楚怀王初置七夕。”到汉朝初年，七夕相传为牵牛织女相会之夜。至魏晋南北朝时期，在《荆楚岁时记》中已演化为一生动故事：“天河之东，有织女，天帝之子也。年年织杼劳役，织成天衣，天帝怜其独处，许嫁河西牵牛郎。嫁后，遂废织纫。天帝怒，责令归河东，唯每年七月七日夜，渡河一会。”是夜，喜鹊搭桥，以成其美。神话是异常美丽的，尤其在封建时代更牵动了人间多少儿女之心，于是演化成许多风情民俗。

每逢七夕，江南女子以赛巧取乐，巧手用面捏果油炸成各色点心，称作“巧果”，食巧果叫“吃巧”。有的于前一夜以盆盛水经夜起皮，轻轻丢针（或将蟋蟀草剪为针状）使之浮于面上，观其水下影状，叫“卜巧”。入夜，女子引线穿针，面朝月儿向织女求艺，叫“乞巧”。人们称此日为“女儿节”或“妇女节”。

古代秣陵（今南京）乞巧之风尤甚。自东吴时起，秣陵就有了丝织业，到南朝丝织业遍布全城。传说秣陵巧织云锦的技术就是织女传授的。难怪秣陵女子对织女有特殊感情：一到七夕，上至宫廷，下至闾巷，无不有女子走出屋宇面向银河穿针引线。就连南朝齐武帝，也特命宫女于此时登“层城观”，对初生之月引丝线穿七孔针以“乞巧”，故此楼又称“穿针楼”。到了南唐，据说后主李煜适逢七夕生辰，他为了使万民欢乐不致因其寿诞而受影响，遂将七夕移前于七月初六举行。于是七月初六度“七夕”，即由长江流域传至中原。到了宋代，宋太宗于太平兴国三年（978 年）为恢复传统七夕还下了一道诏书：“七夕嘉辰，善于令甲。今之习俗，多用六日，非旧制也，宜复用七日。”人们又改在七日行乞巧。

对于“乞巧”之事，宋人杨备（字修之）写了一首诗：“秋星如弹月如

乞巧（清吴友如绘）

梳，宫妓香添乞巧炉。万缕千针同一意，眼穿肠断得知无？”这一问问得好，“诀窍”有没有“乞”到呢？前人马野亭作诗回答：“工夫只是凭心手，此外冥茫不足论。”看来，是夜穿针乞巧，只是为节令增加一点乐趣罢了，“巧”是“乞”不来的，技艺只有常练才会熟能生巧。

如今七夕已不为节令，但美丽的传说还深为人们喜爱而广为流传。

中秋玩月

八月十五中秋节，江南又称八月节，八月节的起源、兴盛都与南京有关。

作为岁时节令，中秋节形成较晚。但玩月之举却由来已久。先秦时，已有祭月、拜月之记载。东晋时在南京，“牛渚玩月”已是流传至今影响最广的赏月佳话，以至演化为千百年来广大人民群众乐以欢度的中秋佳节。

牛渚（今采石矶），汉时即属丹阳郡秣陵（今南京）。早在1600年前，东晋于南京（当时叫建业）建都，镇守牛渚的谢尚月夜泛舟牛渚江上，听到有人在船上吟咏自己的《咏史》诗，大为赞赏，于是邀请过船，此人即是袁宏。他们一见如故，吟诗畅叙直达天明。当时谢尚身为镇西将军，而袁宏只是个靠运租费为生的穷书生。由于受到谢尚的赞誉，从此名声大振，以致延聘为桓温大司马府记室、掌书记，后成为东晋著名史学家。此次巧遇传为佳话，于是文人雅士泛舟、登楼玩月者连绵不绝。唐朝大诗人李白游历金陵闻知此事，即赋诗：“昔闻牛渚咏五章，今来何谢袁家郎？”感叹今日是否还有此等美事。遂登城西孙楚酒楼“玩月达曙”。

八月十五，时届三秋之中，故谓中秋。中秋时节，气温乍凉未寒，天高气爽，月朗中天，为玩月最佳时令，人们多爱此时玩月，自唐以下渐演为节令。

人们在中秋之夜吃瓜果、月饼。月饼唐代已有。唐僖宗中秋所吃月饼，味极美。宋朝大诗人苏东坡有“小饼如嚼月，中有酥与饴”的诗句。南宋年间，中秋之夜，建康（今南京）、临安（今杭州）竞放水灯，烛摇月白，尤呈奇观。

明洪武元年（1368年），朱元璋在应天府（今南京）登基。八月初二，徐达攻下元大都，消息传来，朱元璋高兴得连忙传下口谕，在即将来临的中秋节，让全体将士与民同乐，并将当年起兵时用以秘密传递信息的“月饼”，作为节令糕点赏赐群臣。此后中秋尝月饼更为普遍，而“月饼”制作愈发精细，品种更多，大者如圆盘，成为馈赠的佳品。晚清至民国年间，六合瓜埠“赖月”月

祭月（清吴友如绘）

饼（注：赖月为高僧法号。赖月制的月饼称赖月月饼）闻名于世，成为贡品。

南方人中秋爱吃月饼、鲜藕、熟菱、柿子、石榴、糖芋头等。这天夜晚，南京人月下聚饮，必吃金陵名菜桂花鸭。“桂花鸭”于桂子飘香之时应市，肥而不腻，味美可口。酒后必食一小盏糖芋头，浇以桂浆，美不胜言。

南京妇女此夜有“摸秋”之俗。一是去太平路钱厂桥，抚摸铁锚之一角，因其形似男根，说可宜孕。一是去门东茉莉园摸瓜豆。《金陵岁时记》曰：“金陵俗：中秋月夜妇女有摸秋之戏。尝往茉莉园以得瓜、豆为宜男。”

中秋之夜，南京人必赏月，合家赏月称“庆团圆”，团坐聚饮叫“圆月”，出游街市称“走月”。赏月是在满月未升之时就抬出供桌放在庭中或门前，桌上陈列供品，如鲜藕、石榴、月饼等。月饼要放四至八块叠为品字形。并且请一幅绘有广寒宫、吴刚及嫦娥形象的木刻画。待月升起时，点燃摞成三至七层的斗香，然后由女子跪拜，称“拜月”，祈福平安。明初南京有望月楼、玩月桥，清代狮子山下筑朝月楼，皆供人赏月，而以游玩月桥者为最。

“玩月桥”在夫子庙秦淮河南（今白鹭洲公园内），桥旁为名妓马湘兰宅第。这夜士子聚桥头笙箫弹唱，追忆牛渚玩月，对月赋诗，故称此桥为玩月桥。明亡后，逐渐衰落，后人有诗云：“风流南曲已烟消，剩得西风长板桥。却忆

重建的玩月桥及马湘兰宅第（摄于2007年）

玉人桥上坐，月明相对教吹箫”。长板桥，即原玩月桥。

民国以后，南京是国民政府所在地，社会畸形发展，夫子庙前灯红酒绿，八月十五达官富贾泛舟秦淮玩月，而千家万户苦不堪言。当时曾流行一首歌谣："八月十五是中秋，有人快活有人愁。有人楼上吹箫管，有人楼下皱眉头。"

近年来，南京夫子庙已重新修葺，恢复明清年间的一些亭阁，疏浚河道，桨声灯影景观重现。昔日位于白鹭洲内的玩月桥及马湘兰宅第，已于2006年重建，颇有雅趣。随着改革开放，人民生活水平的提高，中秋聚会、中秋赏月又兴盛起来。中秋佳节作为传统的三大节日之一而受到人们的重视。

重阳登高会

农历九月九日，因月日均为阳数，故称重阳。晋人周处《风土记》中说：“重阳相会，登山、饮菊花酒，谓之登高会，又云菊花会。”说明在东晋时，南京已有登高之俗。南朝齐武帝于永明四年（486年）重阳节那天，率领群臣到南京东郊孙陵冈登九日台，饮菊花酒。

人们重阳登高、饮菊酒、佩茱萸，是源于古代的一个离奇的传说。据《续齐谐记》记载，东汉时，汝南有个桓景，跟随道人费长房游学。一天费长房对桓景说，九月九日这天你家中有灾，得赶快回家，要每人制一个绛色囊袋，内装茱萸，系在臂上，登高饮菊花酒，此祸可除。桓景照此办了，到晚归家时，发现牲畜都暴死，人皆幸免。这当然是迷信之说。从此重阳登高、饮菊酒、佩茱萸之俗，逐渐流传开来。到唐朝，佩茱萸之风尤盛，这在唐诗中有颇多描写：“明年此会知谁健？醉把茱萸仔细看。”（杜甫诗）“独在异乡为异客，每逢佳节倍思亲。遥知兄弟登高处，遍插茱萸少一人。”（王维诗）

宋人重阳聚会往往吟咏诗句。黄州鄱大临有一年于重阳节前，目睹秋来景色，件件是佳句，欣然提笔，当他刚咏出“满城风雨近重阳”，忽然催租人到，很是扫兴，仅留下这一名句。后人纷纷据此续诗，南京有韩淲和方岳两人也分别续之。

韩淲诗为：“满城风雨近重阳，独上吴山看大江。老眼昏花忘远近，壮心轩豁任行藏。从来野色供吟兴，是处秋光合断肠。今古骚人乃如许，暮潮声卷入苍茫。”

方岳诗曰：“满城风雨近重阳，城脚谁家菊自黄？又是江南离别处，寒烟吹雁不成行。”

过去南京人在重阳节这一天，都要登雨花台、北极阁、幕府山，饮菊花酒，吃重阳糕，插重阳旗，祝福平安长乐。据明《正德江宁县志》及《金陵岁时记》

记述，这一天，家家户户蒸重阳糕，“或粉或面为之，又用面裹肉炊之，曰骆驼蹄”，人皆喜食。有的还加枣、栗，称“枣栗糕”，赏给儿女，取“早日自立高升之意”。这天有放彩条、插重阳旗之戏。许多人家制重阳旗，中嵌令字，有的插门头，有的给儿童作玩具。放彩条是用五色纸连接为条，长一两丈，多的十余丈，粘于竹竿顶端，或竖于庭前，或携带上山，展放开来，随风舞动，五彩缤纷，称之为“放彩条”。如这一天适逢嫁女，母亲必送旗及时鲜盒，称“重阳节盒”。

此日，亲朋好友借酒宴饮。晋时，有“九月九日宴会”之俗。李欣诗云：“风俗尚九日，此情安可忘。菊花避恶酒，汤饼茱萸香。”晚上，店家都习惯招待店伙计。《金陵岁时记》说：“吾乡重九之夕，铺家治酒剥蟹，以犒店伙，佐以咸鸭。自是夕酒后，工人始夜作矣，至清明而罢。亦铺家俗例也。”昔人有诗云：“蒸出枣糕满店香，依然风雨古重阳。织工一夜登高酒，篝火鸣机夜作忙。”

重阳节之际，南京人赏菊之风特盛。重阳节前后，千畦万圃，灿若锦绣，赏花之人，终日不绝，形成盛况空前的“菊花会”。重阳习俗，现已不大流行，但南京人到这时节结伴去玄武湖畔赏菊，扶老携幼登高赏景的人还是不少。现在人们登高当然不是为避邪，而是纵目远眺壮丽河山与建设新貌，惬意之感油然而生。1987 年，南京市又确定阴历九月初九为“老人节”。

除夕金陵风俗图

在中国老百姓的心目中，除夕夜的团聚和年夜饭是春节最重要的标志。从2008年开始，除夕被国务院列入春节假期，体现出国家对传统习俗的尊重和继承，春节将因此过得更从容欢乐。

画雄鸡、置桃符、贴春联

南京人称除夕为大年夜，人们在这一天贴春联、放鞭炮，张灯结彩，喜气洋洋，一派欢乐的喜庆气氛。

现在过年人们喜爱贴春联和大红“福”字，可是在古时，南京人过年却是画雄鸡或置桃符。南朝梁代宗懔《荆楚岁时记》就记述了这种风俗：“贴画鸡于户上，悬苇索于其上，插桃符于其旁，百鬼畏之。”

为何要画雄鸡？这源于一个古老的传说。《拾遗记》说，尧在位时，“祗支国献重明鸟，状如鸡，或一岁数来，或数岁不至”。重明鸟羽毛光鲜美丽，昂立有生气，为祥瑞之物。于是百姓纷纷洒扫庭院，期盼重明鸟飞到自家门上，带来吉祥安康。可总没有等到重明鸟，人们便刻画鸡形，象征重明鸟，贴于门上。“唯鸡司晨，羽毛美丽，鸣管发达，昂然独立，最富朝气”，因而广受人们的喜爱。过年画雄鸡贴门户成了南京人千百年来的传统习俗。

雄鸡年画

置桃符，是取两块桃木板画神荼、郁垒二神像，置门左右以“驱鬼避邪”。

这是在春联出现之前，人们过年祈求平安、装点门户的习俗。宋代大政治家王安石《元日》诗云："千门万户曈曈日，总把新桃换旧符。"

春联又称门贴、门对，俗称对子，上面写的是字数相等、平仄相对的两句联语。对子一贴，红彤彤满壁生辉，平添许多喜庆气氛。

关于最早的春联，一说为后蜀太子所题。宋人黄复休的《茅亭客话》记述："先是，（蜀主）每岁除日，诸宫门各给桃符一对，俾题'元亨利贞'四字。时伪太子善书札，选本宫策勋府桃符，亲自题曰'天垂余庆；地接长春'八字，以为词翰之美也。"另一说为后蜀孟昶所题。《宋史·西蜀孟氏传》说："初，昶在蜀……每岁除，命学士为词，题桃符，置寝门左右。学士辛寅逊撰词，昶以其非工，自命笔题云：'新年纳余庆；嘉节号长春。'"这两种说法，都认为春联始于五代后蜀。

可是南京早在南朝梁代已有刘孝绰写出一副对联："闭门罢庆吊，高卧谢公卿。"比孟昶写的对联要早400多年。其实这还不是最早的春联。据《南京民俗志》："我国春联萌于汉代。《敦煌遗书记》有'三阳始布；四序初开''门神护卫；厉鬼埋藏'的对联，而且是于'岁日''书门左右'，为我国最早见载的春联。"只是这些春联藏在深闺人未识，一直未能广为人知。

春联的广泛应用，明太祖朱元璋该记一功。清代学者陈云瞻《簪云楼杂记》说："春联之设，自明太祖始。帝都金陵，除夕传旨：'公卿庶士之家，门上须加春联一副。'"贴春联从此普及开来。朱元璋不仅传旨号召，还亲自为臣下及庶人赐联。《金陵琐事》说朱元璋为第一功臣徐达写了两联，其中一联是："破虏平蛮功贯古今人第一；出将入相才兼文武世无双。"《列朝诗集》说他给学士陶安也题了一联："国朝谋略无双士；翰苑文章第一家。"说起朱元璋写对联还有许多趣事。一次他微服去酒楼独饮，碰到一名国子监监生名叫任福，问他何处人氏，任回答说："四川重庆府。"朱元璋遂咏出一道上联："千里成重重水重山重庆府。"任福猜想此人非同一般，便答道："一人为大大邦大国大明君。"朱元璋十分欣赏任福的诗才，隔日就派他做浙江布政使。太祖还为阉猪匠写过一副春联："双手劈开生死路；一刀割断是非根。"被传为美谈。

过去南京人贴对子，大门上写得最多的是："向阳门第春常在；积善人家庆有余。"厨房门上常见的对联是："一人巧做千人食；五味调和百味香。"房门上除贴对联外，还喜爱贴“麒麟送子”“五子夺盔”、圆形“和合”形象。

合家团坐吃年饭

大年夜贴好春联，点上大门口的两只红灯笼，接下来就是祭祖。祭祖是除夕至初六每晚餐前必祭，尤以除夕晚最为看重。各家在中堂悬挂祖先画像，供桌上放菜肴、水果，杯中斟酒，点一对蜡烛，上三炷香，全家老少齐跪磕头致祭（后几日，只点三炷香，家主叩首即成）。礼毕，全家才合围就座吃年饭。

这“年饭”是很丰盛的，有的人家很早就预备了风鸡、腊肉，各色荤素一应俱全，尤其是“年鱼”和“什锦菜”，是南京人年夜饭中不可少的。

有的人家还用大碗盛满年饭，上插柏枝、小元宝、枣、栗、桂圆、红橘、乌菱、荸荠于饭上，置于堂前案上，到年后才蒸吃，谓“压甑饭”，取“岁岁有余粮，年年有饭吃”之意。此俗六朝时已有。昔人有诗云：“风俗隔年陈，中堂位置新。但教炊如玉，不使甑生尘。苍翠松标正，青饤竹果匀。家家欣鼓腹，留此待开春。”

围炉守岁乐融融

“一夜连双岁，五更分二年”。入夜，爆声鼎沸，焰光闪闪，在这新旧交替之际，人们对新的一年无不抱有热切的企盼，于是人们合家欢聚，长坐不眠，谓之“守岁”。

守岁，在晋人周处《风土记》中已见记述，说明晋时金陵已有此风，延至今日已有 1600 多年历史。唐王崇敬在《守岁诗》中把除夕守夜时人们的心境作了生动的描述：“夜久怜春逼，开樽不欲眠。今宵尚今岁，明日即明年。万古推迁夕，千门宴乐天。爆声听不断，远近凤城边。”

很多人家守夜时会点上一对红烛，称“守岁烛”。还要燃火盆，明《正德江宁县志》说：“除夕各燃火炉于门外，古谓之粡盆（今用松柴燃烧，讹呼为‘松盆’）。”随后将火盆移于堂屋，室内增添融融暖气，大家合围团坐，笑语盈盈，享受天伦之乐。此时，长者要给小辈赏钱，即“压岁钱”；已自立之男子以红纸包封钱敬献长者，称之为“百岁钱”。还有主人给佣工包钱，叫做“送红包”。

守夜时，老南京人用红枣、福建莲子、荸荠、天生野老菱合煮汤食之，称“洪福齐天”。时至今日，则是在吃过年饭后，全家围坐在电视机前，看着春节联欢晚会，聊天娱乐，欢声笑语，其乐融融。

南京梅花节

“疏影横斜水清浅，暗香浮动月黄昏。”南京人植梅、赏梅历史悠久，梅花又分蜡梅和春梅两种。南北朝诗人陆凯《赠范晔》诗云：“折梅逢驿使，寄予陇头人。江南无所有，聊赠一枝春。”梅花传送着春的信息，成为春的象征。每逢梅花盛开，香雪成海，市民都外出赏梅。如遇雪后那种“花外见晴雪，华里闻香风”的景色，更使人赏心悦目。梅花又是五福的象征，即幸运、长寿、顺利、和平、快乐，故又称“五福”花。梅花花瓣色彩瑰丽，香气高雅，花容端庄，树形、枝形姿态独特，具有很高的欣赏价值，深受人们的喜爱。

六朝后，南京植梅、赏梅之风历代相沿。唐代诗人李白《新林浦阻风寄友人》云：“昨日北湖（今玄武湖）梅，开花已满枝。今朝东门柳，夹道垂青丝。”唐宋时，南京成片植梅。宋末元初，雨花台东侧梅岭冈植梅500株。到明代，南京植梅、赏梅之风日盛，已成民俗。尤其是钟山脚下、灵谷寺以东的梅花坞，为赏梅胜地，文人墨客来此赏梅，留下许多咏梅佳篇。《明诗综》中沈章有一首《灵谷看梅诗》：“下马看碑度孝陵，山椒十里树层层……春动粉须都化蝶，野寒花片欲成冰。”明万历年间顾起元作《灵谷梅花坞》：“韦曲烟花此坞稀，即看琼树满山扉。绝怜照水千株出，只恐临风一片飞。雪态淡摇双玉佩，天香深护六铢衣。春光骀荡人皆醉，坐惜繁英暝未归。”明末徐渭作一幅《钟山梅花图》，描述了梅花坞香气逼人的盛况。然而入清以后，梅花坞逐渐湮没了。

民国时期，钟山造林与园林绿化得以发展。1932年，陵园园林布景形成四季观花区，吴王坟（亦名孙陵岗，今梅花山）成为春季观梅景区。春天梅花盛开之际，游人络绎不绝。日军侵占南京后，钟山林木无人管理，一片荒凉。1946年，国民政府还都南京后，加强钟山林木管理，增补各种花木。

新中国成立后，南京植梅更加普遍，钟山每年均封山造林。1957年着手创

梅花山赏梅（摄于2006年）

建新的四季景区，原春景吴王坟观梅区扩大范围，增植梅花。1958年以后，开辟100多亩荒山，大量栽植猩猩红、骨里红、宫粉、跳枝、千叶红、玉蝶等珍贵梅花品种。1983年梅花被确定为南京市花。1986年后，又从日本引进黑云、五彩、草思梅、醉心梅、林子梅、五色梅等品种植于梅花山。1992年，中山陵园管理局又在梅花山东侧开辟一座新梅园，新梅园是梅花山的延续，又是自成一体的自然山水型梅花专类品种园，全园面积7.2万多平方米，新植梅树2500余株，梅花山赏梅区扩至26.6万平方米。同时，新梅园还配植了樱花、合欢、池杉等观赏植物，并铺设草坪。园内亭、桥、阁、廊错落，刻有咏梅诗句的湖石散立涓流小溪之畔。至1993年底，梅花山梅树增至1万余株，梅花品种已达100余个。

为了充分挖掘利用梅花资源，1996年首次推出了南京梅花节活动。首届南京梅花节于2月28日开幕，3月18日落幕，活动地点设在梅花山。此时，梅花盛开，繁花满枝，绵延不绝，“南京红”“素白宫粉”“红须朱砂”“一重寒红”等各展风姿，红白争艳，朵朵鲜润，花香幽远，弥漫数里。游人“俯瞰其中，则梅花万树，姿放纵横，一望十余里，如坐香航浮玉海也”。梅花节期间，

吸引中外游客达30万人次。

1997年为中国旅游年，南京市再次举办了“97中国南京国际梅花节”，这届梅花节打出了“国际”品牌，规模更大，内容更丰富。整个梅花节分为旅游节庆活动、文化学术交流、旅游交易、友好往来四个部分，有十多项活动，梅花节期间，接待游客达40多万人次。1998中国南京国际梅花节，被国家旅游局列为“98华夏城乡游”国家级重点活动项目，并被列为南京市一年一度的固定节庆活动，至今已举办23次。2005年起，又扩大观梅景区，建成梅花谷，使梅园面积达到1533亩，植梅35000余株，品种达330多个。在园中新建惟秀亭、梅花妆韵、商飙别馆、台想昭明、水韵花溪等，使梅花山四周皆景，并与世界文化遗产明孝陵连成一片，成为东郊著名景区和游览胜地。如今南京梅花节已由地方性节日，发展为国家级节日，影响扩大至海内外。春季东郊赏梅已成为南京人的一道文化大餐。

（乔　鸣）

植树节由来

世界上有植树节，首始美国。起初只是在内布拉斯加州，后很快风行全美，其他许多国家亦纷纷仿效。我国植树节，始于1915年，当时农商部规定在清明节。

由于各地气温殊异，4月5日左右的清明节，北方较寒，尚可植树；而南方已草木萌动，树木一经移栽，有碍生长，故须另择日期。1928年，当时的国民政府中有人提议，孙中山先生是领导推翻几千年封建王朝、创立民国的伟大元勋，功悬日月，名垂千古，以他的逝世纪念日3月12日为植树节，无论意义与时令均甚合宜。这一提议后获得通过。

1930年3月12日，这一天在南京的国民政府要员，齐集东郊中山陵，参加第一次“国父逝世纪念植树仪式”。此后每年举行。但由于当时政府倡而不力，未能推广开来。

新中国成立后，由于人民政府大力提倡，绿化造林取得了很大成绩。1979年，全国人民代表大会常务委员会确定，将3月12日定为全民植树节。现在每到这一天，党政军民，工农学商，纷纷出动植树造林，绿化祖国，形成了群众的自觉活动。全国许多城市还选了市树、市花。南京选雪松为市树、梅花为市花。3月12日植树节，已深入人心。

教师节溯源

我国的教师节最早出现在1931年。这年5月，教育界人士邵爽秋联合中央大学教育学院院长、教授程其保，南京一中校长李清悚等人向国民政府倡议：拟定每年6月6日为教师节。其目的为改善教师生活待遇，保障教师之地位稳固，增高教师之专业修养，使之逐步形成尊重教师的社会风气，振兴中国的教育事业。倡议得到南京、上海教育界人士的响应。他们于当年6月6日在南京中央大学致知堂召集了第一次大会，300多位南京、上海的教育界人士参加了庆祝活动。但当时的国民政府并没有采纳这一建议。此后几年，虽然有些学校仍于每年的6月6日举行庆祝活动，但还只是教育界人士的自发行动，规模不大。

1938年，抗日战争进入相持阶段后，国民政府为了巩固国统区统治，也为了表示政治进步，开始注意教育。教育部遂于1939年5月向国民党中央提出，拟定8月27日孔子诞辰（按：孔子诞辰为农历八月二十七日，公历应为9月28日）为教师节，“既以表彰圣德，亦以振奋群伦”。此议得到批准公布后，教育部又制定了《教师节纪念暂行办法》，宣称“以鼓励教师服务精神，融洽师生情感，并唤起社会尊敬教师之观念为宗旨”。规定这一天，各级教育行政机关、学校、团体应分别或联合举行纪念仪式，“表扬著有劳绩之优良教师”，“提倡改善教师待遇”，“发表奖学金得奖学生名单”，各报著论阐扬尊师，并提出将教师节纪念仪式与孔子诞辰纪念仪式合并举行。

1939年8月27日，是我国第一个法定教师节。当时未沦陷的不少省、县举行了庆祝活动，如广西、浙江、宁夏、西康等省分别召开庆祝大会。中共领导的陕甘宁边区也举办了各种庆祝活动。后由于著名学者董作宾对孔子诞辰日提出异议，此后教师节遂成了悬案。

1943年7月，教育部颁发了略有修正的“教师节纪念办法”正式确定每年8月27日孔子诞辰日为教师节。规定各机关、团体、学校举行集会、游艺会等纪念活动，但由于战局不稳和国民党政权日趋腐败，实际上成了一纸空文。

抗战胜利后，国民政府坚持独裁统治，压制民主，破坏国内和平，引起了广大爱国师生的激烈反抗。1946 年，国民政府为了镇压风起云涌的学生运动，拉拢教师，安抚人心，又一次想起了教师节。这年教师节，南京市除了招待教师看电影外，还优待教师减价购买日用品及图书，教育部长朱家骅、南京市市长马超俊还发表了广播讲话。

1947 年 7 月 31 日，教育部发出代电，要求各省市举行庆祝活动，并扩大推行尊师运动。8 月 21 日，由国民政府教育部、国防部、社会部、内政部、励志社、新生活运动总会及国民党南京市党政机关联合召开了“首都各界联合举办尊师运动大会第一次筹备会议”，决定 8 月 27 日举行“首都各界联合举办三十六年度教师节尊师运动大会”。8 月 27 日上午，蒋介石亲自在朝天宫主持了祭孔及教师节纪念仪式，还有国民党元老吴稚晖、张继讲述孔子言行及孔子学术思想。下午又分别在玄武湖、励志社礼堂举行了尊师游艺大会。

1948 年 7 月，国民政府又颁布了当年教师节纪念办法，要求各省市“约集教师举行座谈会，讨论有关疏导当前学生运动及防止职业学生操纵学潮各项问题”，此时防止学潮成了教师节的主要内容。这时人民解放军已转入大反攻，国民党军队节节败退，国民党统治已到土崩瓦解之际。这一年的教师节，只有南京在朝天宫草草举行了祭孔典礼。这是国民党统治大陆时期的最后一次教师节。

新中国成立后，于 1985 年始定每年 9 月 10 日为教师节。

（方山　夏蓓）

折柳送别折柳亭

南京是一个柳的都城，南京人自古以来就对柳有着一种特殊的情感。唐代诗人韦庄一句“无情最是台城柳”，道尽古城沧桑历史，而大诗人李白则在南京留下了“春风知别苦，不遣柳条青”的感怀，折柳相送挚友，依依惜别。宋人更是据此在秦淮河畔修建了一座折柳亭。到了明清，“北湖烟柳”更是成为“金陵胜景”，醉倒多少游人。

南京曾建劳劳亭、折柳亭

南京历史上有两座著名的惜别之地，分别是劳劳亭和折柳亭。这两地都和柳树有关。因为柳有“留”之意，南北朝时就有《折杨柳歌辞》：“上马不捉鞭，反折杨柳枝。蹀座吹长笛，愁杀行客儿。”诗中用谐音来寓意。“行客儿”上马后看到杨柳，就会想到“留下”，对故里的留恋之情油然而生，折下柳枝下了马，吹起柳笛来，滞留在原地不走了，但是又不能不走，所以有“愁杀”之语。

古劳劳亭位于“城南十五里”的劳劳山（今石子冈）上，相传为三国时期所筑，古人送客至此，折柳相送，依依不舍。唐代大诗人李白在此写下《劳劳亭》一诗：“天下伤心处，劳劳送客亭。春风知别苦，不遣柳条青。”

据记载，历史上的折柳亭建于宋代，就在水西门之南，《建康志》记载：“由饮虹桥沿秦淮而西，出折柳亭前曰下水门。”下水门就是今天的西水关，在水西门南。宋景德四年（1007年）八月，张咏出任昇州（今南京）知府后，修建了折柳亭。十里秦淮到此盘桓而下，佳景聚集，亭榭众多，送别友人，登临亭上，折柳相送。

劳劳亭早已不复存在，而折柳亭同样屡毁屡修。如今在水西门广场南侧，

重建的折柳亭（陈遥摄于 2007 年）

又新建赏心亭、折柳亭，春风吹拂，杨柳依依，令人发思古之幽情。

旧名“丹杨”缘于赤柳多

杨柳自古就与南京人有着深深的不解之缘，早在先秦时期，南京地区湖塘沟渠纵横，山野湖畔多生红茎细叶的植物，称为赤柳。公元前 210 年，秦始皇南巡到此，他纵观地势，发现此地扼江南苏皖边界的交通咽喉，于是设县于此，因为赤柳遍地，赤就是丹，杨柳称杨，因而取县名为“丹杨”，后世改称丹阳，其治所就在今天的江宁丹阳镇。

六朝时期，台城御道多栽植槐柳，浓荫蔽日，游人免受烈日炙烤之苦。自此之后，南京植柳赏柳的习俗一直流传。

北宋宰相王安石辞官后，回到江宁（今南京），每当春暖花开之际驾着小舟穿行于北湖烟柳间，乐在其中，并赋诗一首：“老翁堑水西南流，杨柳中间杙小舟。乘兴欹眠过白下，逢人欢笑得无愁。”从“乘兴欹眠、逢人欢笑”可见，王安石完全陶醉在阳春美景之中。

到了元代，著名词人萨都剌到南京，同样被此地如画的景色所吸引。离开南京时，萨都剌留下诗句："秦淮鸥鹭白荡荡，白下杨柳青依依。"惜别之情溢于言表。

建康宫"台城柳"

唐代诗人韦庄曾游历南京，写下了几首诗篇，其中有一首便是脍炙人口的《台城》："江雨霏霏江草齐，六朝如梦鸟空啼。无情最是台城柳，依旧烟笼十里堤。"台城柳也因此名扬天下。

关于"台城柳""十里堤"的具体方位，后人多有争论。有人认为，十里堤就是从孤凄埂通往翠洲的长堤。其实这段长堤是清代两江总督左宗棠倡导修筑的，也就是后人所称的"曾公堤"。

南京大学教授蒋赞初曾著文说："1600多年前的东晋初年，沿着玄武湖南岸修筑了一条长堤，东起覆舟山（今九华山）麓，西抵幕府山下，长达十多里，这条长堤大约就是晚唐诗人韦庄诗中所指的'十里堤'。"不过近年有文章提出异议，认为十里堤应是台城两侧的驰道。"台城柳"意指台城驰道旁的杨柳。

明皇宫流行"剪柳"游戏

据《识小编》一书记载："永乐中，禁中有剪柳之戏。"也就是说，在明永乐年间，皇宫中流传着关于剪柳的游戏。所谓"剪柳"即射柳。"剪柳之戏"的玩法有三种：一是以柳枝编成圈，悬挂于某处，众人以弓箭依次射击，射在圈中者为胜。二是在柳圈上挂上许多红枣，仍以弓箭射之，最后以红枣落地最多者为胜。三是在柳枝桠上放个大葫芦，葫芦里放着布谷鸟或鸽子，葫芦口有个小盖子，把盖子射落后，放在葫芦中的鸟便会飞起来，谁的鸟飞得高，谁就是胜利者。

老南京的女子妆饰

“妆罢低眉问夫婿，画眉深浅入时无？”（唐人朱庆馀诗）古代女子与今人一样，在装扮上也有着对时尚的追求。千百年来，南京女子的妆饰多姿多彩，别具风情，随着时代的变迁和潮流的影响，多有变易。东晋时，北方南迁的贵族女子多为云鬓高髻，敷粉施朱，明朝初期的教坊司和民国时期夫子庙的歌女多浓妆艳抹。但大多数南京女子浅妆淡抹，不肆奢华，先后有“簪茉莉”“梅花妆”“戴绒花”等妆饰习俗。

簪　茉　莉

茉莉花以其玉洁冰清和幽香四溢赢得人们对它的喜爱。茉莉花在南京人心目中更有特殊的地位，一曲《茉莉花》从南京唱响神州，传唱海外。六百年前的洪武初年，部分南京人迁往甘肃，他们把“鲜花调”（民歌《茉莉花》原型）也带到了甘肃洮河流域，至今传唱不衰。除了吟咏歌唱，早在一千多年前，南京女子就把茉莉花作为妆饰簪在发髻上，逐渐形成“簪茉莉”的习俗。

《晋书》有“都人簪奈花”的记载。“奈花”是何种花？嵇含《南方草木状》解释为“末利”，《洪迈集》作“末丽”，而《丹铅录》和李时珍《本草纲目》皆云：“即今之茉莉花也。”

晋时建康（今南京）即引种南海奈花，明朝南郊花神庙广种茉莉，作为香料、用于制茶或者作为女子配饰。直至清末及民国时期，簪茉莉还是广受南京女子喜爱的一种妆饰。

《儒林外史》作者吴敬梓写明末清初南京人的穿着打扮和生活情趣时有这样的描述：“那秦淮到了有月色的时候，越是夜色已深，更有那细吹细唱的船来，凄清委婉，动人心魄。两边河房住家的女郎，穿了轻纱衣服，头上簪了茉

东晋宫中女子妆饰（顾恺之《女史箴图》）

莉花，一齐卷起湘帘，凭栏静听。所以灯鼓船一响，两边帘卷窗开，河房里焚的龙涎、沉香一齐喷出来，和河里的月色烟光合成一片，望着如阆苑仙人，瑶宫仙女。”

20世纪40年代，笔者从乡下来到南京状元境附近的亲戚家，初夏时节，茉莉飘香，每天清晨就有年轻女子提着浅帮竹篮走街串巷叫卖茉莉。据亲戚说，这些卖花人都是花神庙的，她们天不亮就采摘茉莉花，赶到城里也不过7点左右，正是家家户户妇女梳妆打扮之时。记得亲戚家的夫人用毛刷蘸刨花水刷发，用木梳仔细梳理，将头发梳得服帖乌亮，在脑后盘个传统的巴巴髻。然后她便招来沿街叫卖的卖花女在身旁坐下。卖花女左手抽出一根约5厘米长的细铅丝，右手轻取茉莉花，一朵一朵顺次穿上，约有20来朵。卖花女一双巧手将花朵按相同方向理顺，花朵向上，然后把铅丝弯成弧形，两端各弯一小钩，往巴巴髻上一戴，两端顺手一按即钩牢稳妥。乌黑发亮的头发配上朵朵洁白的茉莉，让人立刻平添几分温馨与妩媚，从早到晚，走到哪里便会把淡淡的幽香带到哪里。

梅 花 妆

梅花妆是南朝时期建康女子的时尚妆饰，相传始于南朝（都城在今南京）宋武帝刘裕的女儿寿阳公主。据《太平御览》引《宋书》记载：寿阳公主在一个新年的人日（正月初七），与宫女们在庭院里嬉戏，随后休憩于含章殿檐下。其时梅花盛开，花香扑鼻，一阵微风吹过，梅花随风落下，落到寿阳公主的额头上，额上遂留有花的印痕，拂之不去，公主更显得妩媚动人。此后，寿阳公主常取梅花花蕊的黄粉点饰额头，有时也随手摘下梅花的花瓣贴于眉心。宫女们见了都觉得很美，于是一个个效仿起来。这种妆饰被称作“梅花妆”，简称“梅妆”，又因出自寿阳公主，也称“寿阳妆”。这花蕊之粉，在古诗文中多被称为“花黄”或“蕊黄”。五代前蜀诗人牛峤《红蔷薇》：“若缀寿阳公主额，六宫争肯学梅妆。”说的就这个典故。因为用花粉要受季节限制，无花的时候，人们即以研制的黄色粉料取代，此又称“鸦黄”。

这一妆饰流传甚久，唐代女子仍以饰梅花妆为美。诗人李商隐在《对雪》诗中曰：“侵夜可能争桂魄，忍寒应欲试梅妆。”不过当时这种妆饰多在少女中流行，所以称未婚闺女为“黄花闺女”或“黄花女”。“今朝面向黄花姐，明日红颜绿鬓妻”，道出了女子出嫁前后妆饰的不同变化。

梅花妆后来有所发展，不止是黄色，还有红色、绿色，也不止是梅花形，还有牛角形、扇面状、桃子样等。除了用颜料点画，还有用金箔、纸片、玉片等贴在额头，最妙的是用蜻蜓翅膀剪成花瓣形，涂上金粉贴在额上。这种风尚以唐代为盛，唐人画的仕女图上常见这种点缀在额头眉间的妆饰，它们宛如一朵朵绚丽鲜艳的奇葩，把女子装扮得雍容华丽。

戴绒花

绒花为南京女子又一独具特色的传统妆饰。绒花是用缫丝的下脚料，经练丝、脱脂、染色等工序制成绒条，由熟练的工匠扎制成绒花。“绒花”因谐音“荣华”，寓有吉祥祝福之意，深受喜爱。据《南京民俗志》引著名绒花世家传人吴长泉《绒花史料》介绍，南京人遇婚嫁喜事、春节、端午、中秋，称“一事三节”，普遍用绒花作饰。绒花明朝始兴，清康熙、乾隆年间极盛，直至民国时期仍长盛不衰。

绒花分鬓头花、帽花、胸花、罩花、戏剧花几大类，女子妆饰用的就是鬓头花。当年南京城南绒庄街和马巷为绒花的集中产地与销售市场，外地大批客商常年驻此收购转运，南京绒花远销华北、西北、中南等地，甚至作为贡品进贡朝廷供宫廷女子佩戴。清朝宫廷皇后、妃嫔喜戴绒花。2018 年热播的宫廷剧《延禧攻略》中富察皇后头上佩带的不是金钗珠翠，而是绒花。该剧组特在南京订制 19 款绒花饰，即历史的真实再现。

清末民初汉族女子的妆饰

女子佩戴绒花颇有讲究。富贵人家的女子多佩戴由“龙”“凤”形体组成的“龙凤呈祥”，寓意富贵吉祥，显得雍容华贵、庄重大气；未婚姑娘多佩戴“万事如意”；已婚妇女戴“百福吉祥”，老太太戴“福寿双全”；孀妇则戴淡黄或白色造型单一的绒花。20世纪三四十年代，笔者尚能见到一些出席婚嫁晚宴的女子仍戴着这种传统绒花妆饰。绒花一般插于鬓，但造型大、层次丰满的“喜鹊登梅”（意味喜上眉梢）等则戴于脑后发髻上，给人以华而不佻、含香吐瑞之感，庄重大气典雅，有较强的烘托渲染效果。若在晚宴上戴上这么一枝绒花，会立刻引来众多宾客艳羡的目光。身材修长、长发披肩的女子会将头发用发夹拢住，将绒花插于发夹的上方；扎长辫子的女子将绒花插于发辫根部束结上，显得风姿绰约，亭亭玉立。还有的将绒花插在鬓边，下垂花蕊，移步轻摇，微微颤动，娇媚可人。

南京绒花以其独特的艺术魅力，丰富和美化了人们的生活，其倩影风韵使人久久难忘。

清代南京官署联拾趣

我国在封建社会里，新官上任无发表施政演说的习惯，但有个简便易行的办法——贴门联表政愿。

南京在清代为江宁府，所辖七县，其中上元、江宁二县同城而治。乾隆时，陈大文总制两县时，就在官署的大门上贴了一副“以颁职守”的门联。联曰：

堂上一官称父母，莫道一官好做，当尽些父母恩情；

阶下百姓即儿孙，休言百姓可欺，须留下儿孙地步。

上元、江宁两县也曾先后贴出门联。上元县署（今白下路101号院）的大门联是：“政先六十一县，非曰能之；风行二百三里，固所愿也。”县令许维枚以后还在二门上写了一副门联：“愿皆为良善民，无干刑法；誓不作贪酷吏，

清上元县衙署旧址

有负生平。”江宁县署也贴过几副门联，一副是乾隆年间由知县袁枚写在大门上的：“有一日闲且耕尔地；无十分屈莫入我门。”一副是道光年间，由知县陈澧贴于二门上的：“未免应酬，常恐亲民时刻少；果然悦服，何妨观我国人多。”这些对联都是当政者为表明自己的官风和心迹，并起先声夺人的作用而苦心写就的。

在官署衙门上贴对联表政见，据说起于宋朝。南宋有个余阶曾任四川安抚制置使。他一到任，就在行署的大门上郑重其事地贴了一副对联：

一柱擎天头势重，
十年踏地脚跟牢。

横批是“靠实功夫”，表明自己要脚踏实地治理好全境。

白下路 101 号（茅鸿兵摄于 2021 年）

血泪斑斑秦淮妓

“秦淮万古多情水”。笔者居住在秦淮河夫子庙一带多年，面对悠悠河水，不由得抚今追昔，想到当年两岸卖笑的妓女。解放前，自武定桥到东关头，秦淮河沿岸几乎妓院毗邻。表面上笙歌达旦，暗地里人间地狱。妓女穿戴珠光绮丽，肉体鞭痕条条；逢人强作欢颜，背地血泪斑斑。妓女属社会最底层，任人凌辱折磨，没有人身自由。今天我见到她们已是退休工人，享受国家劳保福利，抚儿弄孙，欢度晚年，变泪眼为笑容，不禁为之欢呼。

细察历史，妓女自古有之。白行简《李娃传》曰：“汧国夫人李娃，长安之娼女也。”（汧国，西周末秦襄公所都）王仁裕《开元天宝遗事》说：“宁王宫有乐妓宠姐者，美姿色，善讴歌。”证明妓女原是女乐，以歌舞悦人者，并非卖淫之辈，而且只限于宫廷。明时，为安行旅，繁华市场，在都城南京建花月春风十四楼，遍布城区，蓄妓以应客，其中以评事街的南市楼规模最大。官府设教坊司管理一切，设衙署，置公堂，有衙役、刑杖、签牌等等，以儆顽抗。乐户必须向教坊司登记纳捐，受其保护。私自开院、逼良为娼，有干律条，从严惩处。乐户聘乐师授以礼仪，弹唱、歌舞、文艺、书画，招待达官贵宾。

明清两代的秦淮妓女中不少出自仕宦之家。明太祖对罪臣严刑峻法，除合家男丁服刑流放外，妻女婢妾一律交官媒送教坊司发配为娼。清沿明制，不过较前朝放宽一条，那就是准许“纳课自赎”，按照官媒评定身价，完足银两赎身。就以清光绪末年南京两件大案而言，一是赵某（名字记不清）原任长芦盐运使，住状元境。一是潘学祖，原任江南造币厂督办，住东关头利涉桥东首，曾因建造了三层西式楼房、屋顶花园，轰动南京城。这两家没有满足慈禧宠儿李莲英的需索，而遭密旨拿办。两家的男丁发配充军到东北，妇女包括丫鬟在内没籍发配为娼。潘家儿媳各由婆家娘家分头筹款赎身，而姨太太和奴婢无人援救。赵家最惨，女儿年幼未定亲，落入烟花行列，备受暴虐。

秦淮两岸的妓院与贡院科举息息相关。明都南京，江南行省乡试在此，秋闱开科，考生云集，其中狡猾诡诈之徒，利用朝廷重视人才，恩例“大比”之年，四方举子过往舟车，沿途关卡一律免检放行，投机搬运大宗货物，牟取暴利，腰缠万贯，结马连骑，征歌选色。因此，妓家应接不暇，生意鼎盛，兴建河房，布置园林，飞檐翘角，雕梁画栋。附近商店酒家也应运而生，货皆上品，时装珠翠，绫罗绸缎，随时应市。加之吏图税，法废弛，私家设院，无人干预，秦淮沿岸便逐渐演变成了妓院集中的地方。

1912年，孙中山曾下令严禁开设烟馆、妓院。在今贡院西街设济良所，收容无依妓女，诊治梅毒，学习文化，操作工艺，择配佳偶，人心大快。惜好景不长，袁氏窃国，军阀混战达十四五年之久。1927年，国民政府定都南京，人口骤增，逐禄政官，牟利商人，纷至沓来，秦淮两岸的妓院歌场，游艇画舫，纸醉金迷，酒绿灯红，盛极一时，隐藏多少人间罪恶。

妓院鸨母视妓女为摇钱树，对稍具姿色者也加培养，使其能诗善文，以抬高身价。一些妓女不甘沦落，颇具侠义，不同凡响，事迹、身世、命运甚为感人，兹略述一二。

明末清初，南京有四大名妓：顾横波、董小婉、李香君、柳如是，她们才貌出众，知奸辨贤，轻财爱士而闻名遐迩。就是近代也有侠义妓女。汪伪时期，一名政府部长，依权仗势，强夺“花魁”女。花魁拒不从，特务威胁，花魁持枪面对该部长，问他要死要活，汉奸噤若寒蝉，而她随淮南煤矿吴某扬长而去。再说王玉蓉，秦淮雏妓，由于军阀混战，苏北灾荒，农民无法生活，父母受鸨母诱骗，5岁即被卖入娼门，读书习艺。稍长，不甘堕落烟花，私自报考京华中学。后来校长傅况麟得知出身娼妓而将其除名，社会上掀起轩然大波。有人在《中央日报》上展开批评，要求恢复玉蓉学籍。此时玉蓉又遭受鸨母毒打囚禁。直到抗战军兴，这桩公案才告结束。

在旧社会，妓女地位极为低下，沦入娼门，如陷火坑。年轻时，为鸨母卖俏接客摇财，到了年老色衰，或身染梅毒等症，卧床不起，鸨母眼见榨不出油水，即一脚踢出门外，不问死活。因此，路倒者有之，投河自杀者有之。民国二十年前后，秦淮四小名妓之一的陈怡红，30多岁便身染重症，不仅无人过问，且无立足之地，后倒毙在中华门外尼庵走廊。如此悲惨下场，又何止陈怡

夫子庙秦淮河畔（摄于清末）

红一人！又有一云锦织匠之女，11岁丧父，无力殡葬，卖身葬父，误入娼门。且不说学艺三载，役使如婢。演唱时，别看绫罗绸缎披身，珠翠满头，而揭开锦衣便可发现，除脸、手之外，几无完肤。14岁强迫她接客，备受蹂躏，后偶遇一学生，对她深表同情，结为风尘知己，领班得知消息，率一群暴徒，殴打青年几至气绝。又将她捆锁柴房，剥衣赤身，私刑拷掠，血流遍体，凌辱备至。

世人只知道纨绔子弟污辱妇女，鸨母压榨妓女，还不知道尤有地方“百毒”毒害娼门。即宪兵、警察、地保、帮会、地痞，乃至散兵游勇，敲诈勒索。越是红姑娘，需索越苛，稍不如意，便行凶闹事。于是，无赖文人、记者、律师，乃至参议员或更高官员，出面保镖，鸨母姑娘变成前门拒虎，后门引狼，供奉无底，难填欲壑。

妓还分等，钓鱼巷、东关头、大石坝街一带，多居歌女，身价较高。白塔巷、高家巷、管家巷、小石坝街一带简直是人肉市场，一夜几度接客。如果接不来客，不仅没有饭吃，而且还要遭受毒打，逼得沿街拉客，不堪入目。贡院街、桃叶渡、姚家巷、淮清桥一带小客寓，其中最大的如海洞春、第一春、南洋大旅社等，每家都是几十房姑娘，俗名台基，多年轻色美，无文化，不懂弹唱，专以色相诱人的，斯谓中等。夜度资还要与旅馆拆账分成。风尘血泪，难

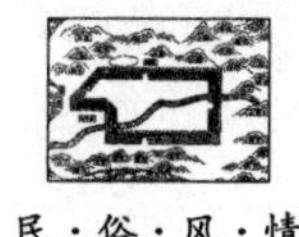

以尽述。

新中国成立后，秦淮妓女得救了。她们开始以劳动为生，先行生产自救，而后办街道工业、区属工厂。当年妓女成了生产骨干，不少被评为先进生产者、劳动模范。她们常常感动地说："共产党是我们的大救星！"

（王芷湘）

金陵节令酒

南京人素重礼节，亦表现在茶与酒上，茶有数种，酒分节令。本文仅说南京酒。

南朝宋文帝率臣登钟山北巅，其地为“照石泉”，文帝命萧思话于泉中石上弹琴，琴声悠扬，泉水淙淙，文帝说此乃松石闲意，遂赐萧“银盅酒”。

唐代大诗人李白在金陵畅饮名酒“金陵春”后曾题诗：“白门（指南京）柳花满店香，吴姬压酒唤客尝。”宋朝南京设有四大酒库：东酒库（在细柳坊）、南酒库（在长乐坊）、北酒库（笪桥南）、公使酒库（在西锦绣坊北）。明朝皇帝朱元璋“命工部建十楼于江东诸门外，令民设酒肆以接四方宾旅”。“花月春风十四楼”，后又建两楼，共建酒楼十六座，还“赐百官钞，宴于醉仙楼”。南京好客之风既久且盛。此外南京在不同的节令，还有相应的酒，盖呼“节令酒”，端午有菖蒲酒，重阳有菊花酒，新年共饮屠苏酒。

菖蒲酒 用菖蒲煎汁和曲米酿成。简单的办法是取菖蒲根，洗净，细切成屑，和少许雄黄末，浸于酒中即成。据《本草图经》说，饮此酒“可治三十六风，一十二痹，通血脉，治骨痿，久服耳聪目明”。南京郊区百姓在端午节喜饮。

菊花酒 有歌曰“菊花照酒满缸香”。南朝齐武帝于永明四年（486 年）重阳那天，在南京东郊孙陵冈（俗呼九日台），以宴群臣，赐饮的就是菊花酒。杨备（字修之）曾有诗曰：“甲光如水戟如霜，御酒杯浮菊半黄。东日西风满天仗，萧韶一部奏清商。”菊花酒，制法多种，简易的办法用菊花煎汁，同曲米酿成，如加地黄、当归、枸杞更佳。或者用干菊花二两五钱、熟地一两二钱、人参一钱、冰糖屑二两五钱（旧秤），入烧酒二斤密封，七十日，滤渣即成。菊酒能愈头风，明目，去痿痹，养脾肾，功效甚佳。南京城内居民在重阳节，登雨花台、北极阁、幕府山，饮菊酒，风气特盛。

屠苏酒 宋朝政治家王安石在《元日》一诗中咏道：“爆竹声中一岁除，春风送暖入屠苏。”用屠苏草泡的酒即谓屠苏酒。屠苏草是什么？按照《通雅》上说：“盖阔叶草也，今广西瑶人，呼大叶似蒿者为头苏，音近。”还有一种说法，就是画大叶草在平屋上，该平屋叫“屠苏”，而在这样的“屠苏”内造的酒，即称屠苏酒。此说见于杜甫诗注：“屠苏酒，盖昔人居屠苏酿酒，故名。”这有点像茅台酒之名，产于贵州茅台镇者叫茅台酒。不过在唐朝，孙思邈已经研制了一味通用的屠苏酒方，而这一酒方在南京流传下来，《金陵岁时记》有记录：赤木桂心七钱五分，防风一两，菝葜五钱，蜀椒、桔梗、大黄各五钱七分，乌头二钱五分，赤小豆十四枚（两处为旧秤十六两制）。将其共研碎，以三角绛色袋装好，除夕夜悬井中，初一清晨取出，放置酒内，煎四五沸即成。

屠苏酒是在大年初一早晨饮的。饮此酒还有一套传统习惯，面向东方，“自少至长次第饮之”，年少的先饮，年长的后饮，取旭日东升，蒸蒸日上之意。《桃花扇》作者孔尚任曾饮此酒，赋诗曰：“叠饮屠苏杯，围炉循俗例。”

如果新年在餐桌上，备一盅金陵美醪“锅巴酒”，那就更妙了。据南京的志书记载：“锅巴酒，系用炊饭后之锅巴酿成，色微黑，极醇美，能健脾胃，不可多得。”由南京节令酒之多，可见南京风俗之一斑。

南京茶礼种种

客人进门，主人敬茶，这已成为一种常礼。旧时南京人的茶礼别开生面，饶有情趣。

南京人说茶，含义较广，除茶叶茶外，还有糖茶、果茶、松子茶、元宝茶等多种。茶叶茶是尽人皆知了，而糖茶、果茶、松子茶、元宝茶，虽也称之为“茶”，其实并不用茶叶，且因人而异。

受茶允婚 从前南京人有一种习惯，女方的母亲到男方相亲，男方的母亲必献上一杯茶。可是这一杯茶是不能轻易饮的，如果看了不满意，就滴水不沾，表示婉言拒绝；饮了茶，即表示答应这门亲事。如果饮了茶又不答允，按常礼是说不过去的。在《红楼梦》中就有这样的描写。王熙凤说林黛玉：“你既然吃了我们家的茶，还不给我们家当媳妇？”这虽然是一句逗趣的话，却是符合当时南京风俗的。

糖茶发旺 杯中放蜜（现在改放白糖），开水冲和，端给登门的亲友，以祝生活美好发旺，关系和睦亲密。

松子茶敬老 新春期间，用松仁、芹芽、核桃仁，加红枣点茶，叫茶泡，又称松子茶。献给长者，敬祝健康长寿。

果茶、元宝茶恭喜发财 清末民初，夫子庙得月台茶社用小碗加一两枚青果冲泡，清凉去火。新年玩灯之时，游玩的人多来此啜饮这种“果茶”，称“送元宝”，取吉利之意。而“元宝茶”即是用茶叶煮鸡蛋，又称“元宝蛋”。新春佳节，亲友上门拜年，连奉两只，称为“进双元宝”，恭喜发财。

秤砣茶定心 新嫁女及新婿回门，母家必烧“秤砣茶”，祝其在新家安心度日，称心如意。这“茶”就是向开水锅里打三四只鸡蛋，装入碗内加糖即成。蛋要煮得适中，既不硬又不流黄，软硬适度。左邻右舍也向回门的姑娘送茶，以表示旧情不忘。这个“茶”，就是数枚生鸡蛋。这个习俗，至今还在郊区部分地区流行。

南京的风俗是极为丰富多彩的，除了本地固有的以外，还因南京地处南北要冲、吴楚之交、十代都城，人员来自四面八方，南风北俗萃于一城。门东、门西风俗接近，城南、城北习俗迥然，因此仅茶一项，就有这许多种。

后　记

本书除由陈济民主撰外，还收录了几位专家学者的数篇文章。陈济民独立撰写的文章文后均未标注作者，其他作者撰写的文章均在各篇文后注明作者姓名。在本书编撰过程中，得到南京市地方志办公室、南京大学、南京师范大学、中国第二历史档案馆、南京市档案馆、南京图书馆、金陵图书馆等单位的大力支持，得到南京出版社领导的关心和支持。此外，《南京日报》《现代快报》《金陵晚报》《南京晨报》及《南京史志》杂志同仁均给予支持协助。尤其是在选题策划等方面得到南京出版社社长、编审卢海鸣博士的鼎力相助，还有多位人士为本书提供了珍贵的资料图片，书内所收100余幅图照，除署名者外，还有部分图片从《南京历代风华》《南京明清建筑》《南京民国建筑》《南京史志》《南京民俗志》《民国官府》等书刊中转引，在此一并表示衷心的感谢。

本书出版后，承蒙读者和新闻媒体的支持与垂爱，书中有数十篇文章被多家报刊及志书转载收录。值此第三次修订出版之际，又对篇目及内容做了增删，对有的文章做了修订，谨此说明。

陈济民

2021年2月